# L'autorité au quotidien
## Un défi pour les parents

Collection du CHU Sainte-Justine
*pour les parents*

# L'autorité au quotidien
## Un défi pour les parents

Brigitte Racine

Éditions du
CHU Sainte-Justine

**Catalogage avant publication de Bibliothèque et Archives nationales du Québec et Bibliothèque et Archives Canada**

Racine, Brigitte, 1956-

L'autorité au quotidien : un défi pour les parents

(La Collection du CHU Sainte-Justine pour les parents)
Comprend des réf. bibliogr.
ISBN 978-2-89619-430-8

1. Enfants - Discipline. 2. Rôle parental. 3. Parents et enfants. I. Titre.
II. Collection: Collection du CHU Sainte-Justine pour les parents.

HQ770.4.R322 2012      649'.64      C2012-942017-4

Illustration de la couverture : Marion Arbona
Conception graphique : Nicole Tétreault

Diffusion-Distribution au Québec : Prologue inc.
en France : CEDIF (diffusion) – Daudin (distribution)
en Belgique et au Luxembourg : SDL Caravelle
en Suisse : Servidis S.A.

Éditions du CHU Sainte-Justine
3175, chemin de la Côte-Sainte-Catherine
Montréal (Québec) H3T 1C5
Téléphone : (514) 345-4671
Télécopieur : (514) 345-4631
www.editions-chu-sainte-justine.org

Dépôt légal : Bibliothèque et Archives nationales du Québec, 2013
Bibliothèque et Archives Canada, 2013

ASSOCIATION
NATIONALE
DES ÉDITEURS
DE LIVRES

Membre de l'Association nationale des éditeurs de livres

À mes fils Pierre-Olivier et Jean-Gabriel qui m'ont permis de goûter à une seconde enfance tout en m'enseignant à devenir leur mère.

Avec toute ma tendresse, je vous dis merci d'être dans ma vie, d'être devenus des adultes épanouis qui me donnent autant et dont je suis si fière.

# Remerciements

Je désire exprimer mes remerciements aux personnes suivantes :

À tous les enfants de nos vies qui nous offrent la chance de grandir avec eux et à tous les parents, enseignants et éducateurs qui ont enrichi ce livre par leur confiance et le partage de leur vécu ;

À Marie-Ève Lefebvre et Marise Labrecque, des Éditions du CHU Sainte-Justine, pour cette occasion de m'adresser à une multitude d'adultes en position d'autorité et pour leur grande disponibilité, leur enthousiasme, leur soutien et leur confiance. Quel privilège de travailler avec une équipe comme la vôtre !

À Johanne Charron, pour son modèle inspirant de mère et tout ce qu'elle met en œuvre afin de rendre nos « Soirées parents en tournée » si agréables et appréciées du public.

Aux religieuses de Sainte-Croix, aux membres du personnel et aux enseignants du Collège Regina Assumpta, de l'orphelinat de Madeline et des autres écoles avec lesquels j'ai travaillé en Haïti : ils sont des exemples de courage, de dévouement et d'amour.

# TABLE DES MATIÈRES

INTRODUCTION ............................................. 13

CHAPITRE 1
« **Élever** » **un enfant** ............................. 17
L'autorité d'hier à aujourd'hui ......................... 17
Une question d'équilibre................................. 21
L'enfant « mal élevé » .................................. 23
L'enfant « bien élevé »................................. 25
S'« élever » avec son enfant ........................... 26
Et si l'enfant était ce qu'on en fait ? ................ 29
Un moment de réflexion ................................. 32

CHAPITRE 2
**Offrir à l'enfant ce dont il a réellement besoin**
**afin de bâtir un lien solide** ....................... 33

Les besoins physiques .................................. 35
La relation d'attachement et les besoins affectifs...... 43
Une attention exclusive et concentrée .................. 49
La relation parent-enfant : le principe
du « donnant-donnant » ................................. 59
L'importance de l'écoute ............................... 61
Favoriser l'expression des émotions..................... 65
Les principes de la communication non violente......... 67
Et les récompenses… s'agit-il d'un besoin ?............. 71
Les encouragements, les compliments et
les félicitations ...................................... 76

Et en avant la musique ! ........................................... 78
Un moment de réflexion ........................................... 79

CHAPITRE 3
**Le code de vie familial** ........................................... 81
Les cinq « I » du code de vie familial ........................... 83
Est-ce vraiment si important d'intervenir ? ............... 92
Faire équipe avec l'autre parent : une approche
doublement gagnante ................................................ 93
« Tu n'es pas mon père ! » ......................................... 96
Un moment de réflexion ........................................... 98

CHAPITRE 4
**Des actions préventives** ........................................... 99
Les approches ........................................................... 99
Les outils ................................................................. 120
Un moment de réflexion ........................................... 135

CHAPITRE 5
**La responsabilisation sans punition** ........................ 137
Les effets négatifs de la punition ............................... 137
L'importance de la responsabilisation ....................... 143
Un moment de réflexion ........................................... 158

CHAPITRE 6
**Exercer son autorité au quotidien** ........................... 161
Agressivité (coups, morsures,
projection d'objets, etc.) ........................................... 162
Amis (choix, influence, etc.) ..................................... 169
Argent de poche (Pourquoi ? Quand ? Comment ?) ..... 175
Argumentation ......................................................... 181
Automobile (difficulté lors des déplacements,
transports effectués à la demande de l'enfant) ........... 185
Autorité (déléguer l'autorité à un tiers) ..................... 194
Conflits ................................................................... 196

Coucher.................................................................202

Courses et sorties..............................................208

Écrans (cellulaire, jeux vidéo, télévision, iPod®,
iPad®, etc.) .........................................................213

Facebook et les autres réseaux sociaux
(Quand? Comment?) .........................................218

Habillement .......................................................219

Hygiène (bain, douche, brossage des dents,
lavage des mains, etc.).......................................225

Matins difficiles (ponctualité, tâches).........231

Procurer un cellulaire à l'enfant
(Quand? Comment? Pourquoi?) .....................237

Repas (refus de manger, comportements
inacceptables) .....................................................239

Respect (langage ou ton de voix irrespectueux,
blasphème, non-respect des différences ou
des biens matériels, etc.) ..................................248

Tâches personnelles et domestiques
(responsabilités, désordre, rangement) .........255

Travaux scolaires ..............................................263

Et le reste?.........................................................269

Reconnaître et accepter le droit à l'erreur .....270

Un moment de réflexion ..................................271

CONCLUSION........................................................275

ANNEXE.................................................................279

BIBLIOGRAPHIE .................................................287

# INTRODUCTION

Lorsque j'interroge un auditoire de parents à propos de leurs motivations à assister à une conférence sur l'autorité et la discipline, les réponses que je reçois sont multiples. Les uns répondent souhaiter vivre en harmonie avec leur enfant et ressentir du plaisir en sa présence. D'autres cherchent à valider leurs compétences parentales tout en guidant adéquatement leur enfant afin qu'il devienne un adulte accompli. Cesser de répéter, redonner une place de choix au bonheur qui a disparu de la maison, imposer avec doigté des limites à un enfant qui passe le plus clair de son temps à l'ordinateur ou apprendre à exprimer sa colère et son irritation à l'égard de son enfant sans lui causer de tort sont autant de raisons qui sont également évoquées à chaque rencontre.

Avant d'être parent, n'aviez-vous pas un idéal de la vie de famille à l'esprit ? Qui rêvait de répéter sans cesse des consignes à son enfant, de laisser planer des menaces de privation, d'élever régulièrement la voix ou d'interdire une activité à laquelle il tient vraiment ? Quel parent termine sa journée en se félicitant d'avoir puni son enfant une multitude de fois ? Qui se lève le matin avec la ferme intention d'être désagréable avec son enfant et de se mettre en colère contre lui ? Personne, du moins je le crois. Cependant, plusieurs d'entre nous ont tout de même recours à ces moyens pour asseoir leur autorité. S'agirait-il ici d'un manque de moyens plutôt que d'un manque d'amour pour les enfants ? Est-il possible qu'on ne sache pas agir autrement ? Poser la question, c'est pratiquement y répondre.

Chacun fait de son mieux avec les connaissances qu'il a acquises ou alors agit comme ses parents ont agi envers lui, transmettant ainsi un lourd héritage. D'autres sont paralysés par la peur de se tromper ou de traumatiser leur enfant. À force de répéter et d'élever la voix, de nombreuses mères m'ont avoué quitter la maison pour le travail vidées de toute leur énergie. Des pères m'ont aussi confié leur désarroi en se voyant intervenir aussi durement que leur propre père : « Je m'étais promis de ne jamais lui ressembler. Je crains maintenant que mes enfants souffrent de cette discipline rigide comme j'en ai moi-même souffert. »

En chacun de nous, il y a un bon parent qui, parfois, manque de moyens pour assumer son autorité de façon bienveillante. Or, seul un adulte aimant peut éveiller le meilleur d'un enfant et l'amener à réaliser son plein potentiel. Et bien qu'important, l'amour parental s'avère insuffisant. Vous avez beau aimer votre enfant, encore faut-il qu'il se laisse toucher par cet amour, le ressente et le reçoive. Il acceptera alors que vous le guidiez et le dirigiez. Votre enfant se sent-il spécial, important, considéré ? A-t-il une place de choix dans votre vie ou lui accordez-vous le temps qu'il vous reste, lorsqu'il en reste ?

L'approche « Éducœur », telle que présentée dans ce livre, se veut une synthèse de ce que j'ai lu, vu, entendu, expérimenté avec mes propres enfants et proposé à une multitude de parents, d'enseignants et d'éducateurs depuis plus de 10 ans. Les pistes de réflexion et les solutions mises de l'avant permettent d'atteindre un niveau inégalé de compétence parentale. Vous y découvrirez des moyens concrets, efficaces et d'une grande simplicité.

Le temps et l'énergie que vous consacrerez à la pratique des exercices proposés vous permettront d'affirmer votre autorité de façon à vous rapprocher de votre enfant et d'accéder à une belle qualité de vie familiale. Cette démarche vous fera vivre l'expérience la plus riche et la plus passionnante qui soit : celle de vous « élever » avec votre enfant.

# Première partie

## Chapitre 1

# « Élever » un enfant

### L'autorité, d'hier à aujourd'hui

« Comment agir envers mon fils qui refuse de prendre sa douche ? Interdire à notre fille l'utilisation de l'ordinateur pendant une semaine est-il un moyen efficace pour l'inciter à nous respecter davantage ? Comment m'y prendre pour diminuer les conflits entre mes enfants ? Quelles stratégies employer pour que ma fille de 8 ans accepte d'aller au lit sans rechigner le soir ? À partir de quel âge mes enfants peuvent-ils fréquenter les réseaux sociaux ? Dois-je punir mon enfant qui s'est mal comporté à l'école ? Comment mettre fin aux argumentations ? On nous dit que notre fils de 2 ans est la terreur de sa garderie. On veut l'expulser ! Que faire ? »… Il y a quelques décennies, on ne se posait pas ce genre de questions.

Dans les années 1960, les mères s'en sortaient généralement en menaçant : « Attends que ton père arrive ! » Et les pères distribuaient les punitions en arrivant à la maison, le soir venu. Plus confiants, plus sûrs d'eux, les parents élevaient leurs enfants en copiant fidèlement le modèle de leurs parents, sans outils autres que leur bon jugement. Aucun enfant ne se serait risqué à dire : « Je ne t'aime plus, maman » ou « Tu n'es pas gentil, papa ». Lorsqu'ils se fâchaient ou qu'ils punissaient, ils étaient persuadés d'être dans la bonne voie, ne connaissant rien d'autre, et souhaitaient avant tout avoir des enfants bien élevés en leur inculquant les valeurs qui leur tenaient à cœur. La plupart d'entre eux avaient la conscience tranquille quant à leurs exigences et leurs interventions auprès de leurs enfants. Les punitions étaient formatrices. « Cela va t'apprendre », disaient-ils.

Était-ce plus facile pour eux ? C'était sans doute plus simple, car le monde était plus simple. L'influence de la télévision, des amis et de l'école était beaucoup moins importante. Force est d'admettre que les modèles familiaux se sont transformés. Si, maintenant, les enfants passent avant tout et avant tous, à cette époque, c'était les parents d'abord et les enfants ensuite. Le nombre d'enfants par famille a diminué considérablement, au point qu'aujourd'hui plusieurs d'entre elles se composent d'un enfant unique. De nos jours, une famille de trois enfants est d'ailleurs considérée comme une grande famille par une bonne partie de la population. Étant moins nombreux, les enfants sont devenus plus précieux. Et si, en plus, les parents viennent à se séparer, le lien d'amour et de tendresse avec l'enfant devient le seul lien qui leur semblera durer toute une vie. Affirmer son autorité risque alors de frustrer l'enfant et de compromettre ce lien d'amour, ne serait-ce que pour une courte période. Je raconte parfois que lorsque ma mère punissait trois d'entre nous, par exemple, elle avait encore six enfants qui l'aimaient ! La peur de perdre l'amour de leur enfant en lui imposant des interdictions ou en le limitant empêche un grand nombre de parents d'exercer quotidiennement leur autorité.

De plus, de nombreuses femmes se sentent aujourd'hui noyées dans un océan de responsabilités familiales et professionnelles importantes et parfois difficiles à concilier. La crainte de ne pas pouvoir gérer cette situation, avec tous les tracas qui s'y rattachent, engendre une forte culpabilité chez elles. Comment avoir l'impression d'être une bonne mère dans cet état d'esprit et satisfaire adéquatement ses besoins affectifs tout autant que ceux de son enfant ? Les pères aussi gravissent d'importants échelons dans leur carrière, et ces étapes coïncident le plus souvent avec l'arrivée des enfants. Chacun court sans cesse et tente de gagner du temps. Or, tisser un lien d'attachement de façon à ce que l'enfant se sente aimé et accepte votre autorité requiert du temps et de la disponibilité. De nombreux parents affirment qu'ils voient si peu leurs enfants qu'ils ne leur refusent rien et s'abstiennent de les réprimander. « Le peu de temps passé ensemble doit être amusant », disent-ils. Cependant, sans limites ni règles, il arrive un moment où le plaisir n'est plus au rendez-vous, où votre autorité est en danger.

Il est utopique d'envisager d'assumer votre autorité et transmettre vos valeurs sans, en même temps, préserver et nourrir votre lien d'attachement à votre enfant. L'enfant a un besoin vital de s'attacher à quelqu'un. S'il ne se lie pas à vous, il risque de se tourner vers ses amis, ses pairs, comme le mentionne le médecin et auteur Gabor Maté :

> « Ce n'est pas un manque d'amour ni un manque de compétences parentales qui nous rendent inefficaces en tant que parents, mais l'érosion du contexte d'attachement lui-même. Parmi ces attachements concurrents, le plus courant et le plus nocif qui affaiblit l'autorité et l'amour des parents est la tendance grandissante de nos enfants à créer des liens avec leurs pairs. Le désordre qui affecte les jeunes enfants et les adolescents d'aujourd'hui a ses origines dans la perte d'orientation vers les adultes significatifs dans leur vie.
>
> Pour la première fois dans l'histoire, les jeunes ne se tournent pas vers leurs parents, leurs enseignants et autres adultes responsables pour leur éducation, leurs modèles et leur encadrement, mais plutôt vers des personnes que la nature n'a jamais envisagées pour assumer le rôle de parent — leurs propres pairs. Les enfants sont difficiles à gérer, ne sont pas coopératifs en salle de classe, ne prennent pas de la maturité, car ils ne nous prennent plus comme modèles. Au lieu, ils

sont élevés par des personnes immatures qui ne sont aucunement en mesure de leur montrer le chemin vers la maturité. Ils sont parents les uns des autres[1]. »

Il est urgent, selon lui, de « reconquérir » nos enfants, de retrouver notre juste place de parents si nous souhaitons exercer notre autorité et l'influence que nous confère notre position unique et privilégiée. L'enfant, comme le parent, en sera gagnant.

J'en ai personnellement fait l'expérience lorsque j'ai vu s'éclipser notre fils aîné de la maison au profit de ses amis durant l'été de ses 13 ans. Il n'entrait que pour manger et dormir et en semblait fort heureux. N'est-ce pas ce que l'on souhaite, en tant que parents, de voir nos enfants s'épanouir même si pour cela il nous faut céder du terrain ? Je comprenais son besoin d'indépendance, de liberté et la place privilégiée qu'occupent les amis à cet âge, mais je ressentais, en même temps, un profond malaise et nourrissais une certaine inquiétude. Comment demeurer des guides et conserver notre influence sur notre enfant sans exercer un contrôle rigide ? Aucun livre ne précise avec exactitude le temps à accorder aux amis et à la famille quand on a 13 ans. Lorsque nous discutions de sa présence rarissime à la maison, il disait : « Mais vous savez que vous pouvez me faire confiance. Vous connaissez mes amis. » J'avais, certes, un deuil à faire. J'étais prête à partager ma place avec ses amis, mais pas à la céder totalement.

Comment pouvais-je aborder le sujet sans créer de résistance et causer un éloignement encore plus grand ? « Dis-moi, ferais-tu confiance à des inconnus, toi ? » l'ai-je questionné. « Bien sûr que non, maman ! », m'a-t-il répondu. « Je te vois si peu depuis le début des vacances que tu es en train de devenir un inconnu pour moi et ça me fait de la peine. Je sais toute l'importance qu'ont tes amis, mais j'ai

---

1. Gabor Maté, « Retrouver son rôle de parent dans une culture de pairs ». *Transition*, Institut Vanier de la famille, automne 2005. www.vanierinstitute.ca/include/get.php?nodeid=1452 [consulté le 2 février 2013]

besoin de connaître le jeune homme que tu deviens, car tu comptes toujours autant pour moi. Tu comprends sûrement que je ne peux pas, dans les circonstances, t'accorder aveuglément ma confiance. »

Les amis sont demeurés très présents dans sa vie, mais mon intervention m'a permis de retrouver le sentiment d'être importante pour lui et de le voir plus souvent. Je n'étais pas prête à perdre ce lien privilégié qui me conférait une grande influence sur lui. Il peut y avoir mille et une façons d'aborder une situation conflictuelle, mais pour trouver la bonne, il faut être présent, à l'écoute et s'ancrer dans un espace aimant avant d'intervenir. En nous, parents, résident toutes les réponses. Il faut simplement s'allouer le temps nécessaire pour les entendre. Cela ne peut pas se faire dans un rythme de vie effréné.

Malgré tous les changements des dernières décennies et le contexte actuel, je demeure persuadée qu'exercer une autorité parentale saine et épanouissante pour le parent comme pour l'enfant est une mission réalisable.

## Une question d'équilibre

Quelle ironie de constater que nous n'avons jamais éprouvé autant de difficultés dans nos fonctions parentales tout en étant plus informés que jamais sur le développement de l'enfant! Depuis plus de 20 ans, différentes ressources (revues, livres, émissions télévisées, cours, etc.) abreuvent en effet les parents de conseils et de recommandations, les incitant à agir différemment de leurs propres parents afin d'éviter de traumatiser leurs enfants. Cependant, ces informations peuvent avoir des conséquences opposées: tantôt positives en servant de balises à certains parents, tantôt négatives en suscitant de l'inquiétude, de la culpabilité et une perte de repères chez d'autres. Par exemple, lorsque le livre *Tout se joue avant six ans*, de Fitzhugh Dodson, a été publié en 2006, mes enfants avaient 9 et 10 ans. « Il est déjà trop tard! », avais-je alors pensé, probablement comme bien d'autres parents…

La sensibilité du parent est fort présente par les temps qui courent, mais qu'en est-il de la fermeté? D'une autorité rigide, nous sommes passés à une carence d'autorité et, parfois même, à une absence d'autorité. Il faut dorénavant expliquer les règles à l'enfant et discuter avec lui de leur importance et de leur raison d'être. Or, cela est nettement insuffisant pour l'amener à les respecter. Il faut se rappeler que « le parent a aussi un rôle d'autorité à assumer et il ne peut y échapper, même s'il le trouve souvent difficile, lourd et négatif. Être en autorité ne signifie nullement faire preuve de méchanceté ou être en colère.[2]» Sensibilité et fermeté vont de pair dans une autorité de cœur. Être ferme implique que l'on doive agir chaque fois qu'une règle est enfreinte, que l'une de nos valeurs est touchée. Comme nous le verrons dans les chapitres à venir, cela peut se faire sans colère ni agressivité, de façon tout simplement aimante.

Un juste retour du balancier de l'autorité s'impose. Les caractéristiques d'un enfant qu'on dit « bien élevé » diffèrent évidemment selon chaque parent, chaque époque, chaque culture et chaque continent. Mais peu importe où l'on se trouve, il existe un juste équilibre qui vaut le coup d'être envisagé entre l'imposition d'une discipline de fer où l'enfant n'apprend rien par lui-même et la liberté absolue où l'enfant doit tout apprendre par lui-même.

Éduquer demeure une tâche aussi exigeante que complexe. Le quotidien d'un parent qui refuse de s'appuyer sur les méthodes traditionnelles d'éducation est souvent marqué par le découragement, l'angoisse, le désarroi et la culpabilité. Comment être un bon parent dans ce contexte? Entre cet enfant dit « mal élevé » et cet autre dit « bien élevé », il y a une merveilleuse place pour s'« élever » avec son enfant.

---

2. Michel Delagrave, *Ados : mode d'emploi*, 2e éd. Montréal : Éditions du CHU Sainte-Justine, 2005, p.107.

## L'enfant « mal élevé »

> Christiane a vu son rêve d'être grand-mère se réaliser il y a
> quelques années. Elle n'éprouve pourtant aucun plaisir à voir
> ses petits-enfants. « Ils sont tellement "mal élevés" dit-elle.
> Comment les aimer alors qu'ils ne sont pas aimables ? Quelle
> tristesse ! Moi qui rêvais d'aimer, de cajoler mes petits-
> enfants. Chaque fois qu'ils me rendent visite, ils monopolisent
> toute l'attention. C'est un défi de discuter calmement entre
> adultes en leur présence. Toutes les raisons sont bonnes pour
> nous interrompre. Au moment des repas, ils se disputent
> sans arrêt et font des commentaires désobligeants sur les
> mets préparés. Les mettre au lit, le soir, relève de l'exploit.
> Le pire est que mon fils et ma belle-fille cèdent à tous leurs
> caprices et n'interviennent d'aucune façon. »

Là où aucune règle n'est en vigueur — que ce soit à la maison, à l'école, dans un jeu ou dans un sport —, il est impossible d'avoir du plaisir. Les limites et les frustrations apprennent à l'enfant qu'il n'est pas seul au monde, qu'il n'est pas le centre du monde. Il y a ses désirs et ceux des autres. Plus tôt s'effectue cet apprentissage, plus facile sera sa vie. Claude Halmos, psychanalyste et écrivaine, a d'ailleurs observé que « les enfants, autrefois, venaient consulter avec des problèmes provenant des relations familiales, de l'histoire parentale. Aujourd'hui, c'est l'absence de repères et de limites qui, le plus souvent, les empêche de se déve-lopper normalement[3] ». Ne pas vouloir frustrer l'enfant, c'est effectivement lui faire croire à un paradis illusoire et l'empêcher de pouvoir faire face à la vie en société avec ce qu'elle comporte de gratifications et de déceptions. Trop nombreux sont ceux qui croient qu'aimer nos enfants, c'est tout leur donner, répondre à tous leurs désirs. Qu'ils aient une enfance heureuse est important, les préparer à vivre une vie d'adulte la plus heureuse possible compte tout autant.

---

3. Claude Halmos, « Avoir de l'autorité, ce n'est pas être autoritaire », *Psychologies. com*, septembre 2011.
   www.psychologies.com/Famille/Education/Autorite-Transmission/Articles-et-Dossiers/ Parents-trouver-la-juste-autorite/Claude-Halmos-Avoir-de-l-autorite-ce-n-est-pas-etre- autoritaire [consulté le 2 février 2013]

Louise enseigne au primaire, en quatrième année. Elle qualifie Julien, un enfant de sa classe, de «très mal élevé». «En plus d'être impoli et irrespectueux, il intimide bon nombre d'élèves. On lui explique que ses gestes sont inacceptables, qu'il doit s'excuser et on le fait réfléchir à la récréation, debout, face au mur.» Mais cela ne va pas plus loin, car elle avoue que le personnel de l'école a peur de ce jeune garçon. «Vous savez, nous habitons une petite ville en région et il connaît nos adresses. Nous craignons nous-mêmes de subir de l'intimidation de sa part. Il pourrait vandaliser nos maisons, crever les pneus de nos automobiles... ou même causer du tort à nos enfants si nous sommes trop sévères à son endroit.»

Le personnel en milieu scolaire n'est pas à blâmer, mais cet exemple montre à quel point les adultes se sentent démunis et dépassés devant ce genre de situations. Comment Julien peut-il évaluer la portée de ses gestes et l'ampleur du tort causé à autrui s'il n'assume pas des conséquences adaptées à la gravité de ses actes? Si personne n'intervient à la mesure des délits commis et n'exige le respect de sa part, alors qu'il est en quatrième année, que va-t-il advenir de cet enfant et de tous les autres qui souffrent de ses agissements? Comment s'étonner que certaines victimes d'intimidateurs comme Julien ne se présentent plus en classe, fuguent ou pensent à commettre l'irréparable? Et comment ces jeunes peuvent-ils sentir qu'ils comptent à nos yeux, qu'ils ont de la valeur alors que nous n'assumons pas notre rôle de protection?

Lorsqu'on se retrouve en présence d'un enfant qu'on dit «mal élevé», on peut penser qu'il y a un ou plusieurs adultes qui n'assument pas leur rôle d'autorité. Un grand nombre d'enseignants et d'intervenants se plaignent du nombre grandissant d'élèves irrespectueux, impolis et insensibles aux autres. Ne voit-on pas dans ce fait la simple conséquence du laxisme des adultes, qui n'exigent ni respect ni politesse de la part des jeunes? Si la transmission de ces valeurs nous importe, on ne peut pas se contenter de les souhaiter ou de les demander, on doit les exiger. Or, le respect, pourtant la

valeur première que tout adulte souhaite transmettre, est
justement la valeur qui semble actuellement être la plus
délaissée.

Pendant mes conférences, des rires fusent généralement
dans l'assistance lorsque je mentionne que ce sont ces mêmes
jeunes qui nous gouverneront dans 20 ou 30 ans et que
je crains pour notre génération. Pourquoi veilleraient-ils
à notre mieux-être et à notre santé au moment de notre
retraite s'ils n'ont pas appris le respect des autres ? Si cette
valeur n'est pas apprise tôt dans la vie, elle est plus difficile
à intégrer lorsque le jeune a atteint l'âge de 15 ou de 25 ans.
L'impact d'une bonne éducation et d'un encadrement adéquat pour un enfant n'a pas uniquement des répercussions
sur la famille proche ou dans la vie scolaire, mais aussi sur
l'ensemble de la société.

### L'enfant « bien élevé »

 Mon amie Marie me raconte que sa fille Daphné, 14 ans, envie
les destinations de voyage de ses amies (Cuba, Madrid ou
Paris...) alors qu'elle doit se contenter d'un voyage en automobile chez sa tante aux États-Unis. « Maman, pourquoi ne
travailles-tu pas à l'extérieur comme toutes les mères ? Nous
pourrions, nous aussi, faire de vrais voyages en avion ailleurs
que chez tante Julie ! J'aimerais bien rouler dans une voiture
de luxe comme celles des mères de mes amies et porter des
vêtements de marque comme mes amies. Je porte toujours les
mêmes vêtements ! Maintenant que nous sommes à l'école, il
n'est plus nécessaire pour toi de rester à la maison. » Chaque
fois que ces récriminations refont surface, Marie répond :
« Que vous soyez "bien élevés" demeure ma priorité. Voilà
pourquoi je choisis de rester au foyer. Il est plus important
pour moi de bien t'élever que de te procurer tout ce que tu
désires, Daphné. »

Marie a fait le choix de mettre en veilleuse une carrière pro-
metteuse afin de se consacrer exclusivement à sa famille. Elle
n'a pas pris cette décision par esprit de sacrifice, mais plutôt

pour accéder aux « rêves de famille » qui l'animaient depuis de nombreuses années. Le salaire de son conjoint Philippe leur permet ce choix de vie, bien qu'ils aient dû renoncer aux produits de luxe comme des vêtements de marque ou des voyages à l'étranger. Marie préfère être présente pour ses enfants au retour de l'école, disponible lorsqu'ils ont besoin de se confier, d'être encouragés, encadrés...

Ce choix de vie n'est évidemment pas accessible à tous. Cependant, la possibilité de tisser un lien d'attachement et d'exercer une autorité sensible et ferme à la fois, dans le respect et la satisfaction des besoins de chacun, est possible peu importe les choix de vie et d'organisation familiale. Il est tout à fait envisageable de prioriser la famille tout en exerçant une profession qui permette de s'épanouir, de se réaliser et, par la même occasion, d'assurer un salaire. Se « sacrifier » pour un enfant n'est souhaitable ni pour le parent ni pour l'enfant.

On a beau avoir souvent remplacé l'expression « élever un enfant » par « éduquer », « guider » ou « accompagner », il reste que le verbe « élever » est plus significatif, plus fort, puisqu'il implique un mouvement vers le haut. Il va de pair avec la signification profonde du mot « autorité » qui, étymologiquement, signifie : « Celui qui augmente, celui qui accroît ». Autrement dit, celui qui fait « grandir ».

## S'« élever » avec son enfant

Comment, en tant que parent, retirer un sentiment positif de soi-même lorsqu'on tente de contraindre son enfant, de l'obliger à adopter un comportement par la promesse d'une récompense, la menace d'une punition ou encore en criant ?

S'« élever » avec son enfant, c'est apprendre à s'améliorer jour après jour. Nous devons pouvoir tirer des leçons de chaque situation dans laquelle nous n'avons pas été à la hauteur de nos aspirations parentales et n'avons pas su combler adéquatement les besoins de notre enfant. S'« élever » avec son enfant, c'est également s'assurer d'intervenir avec un réel souci d'aider l'enfant à devenir meilleur, de l'encourager à faire mieux et à se corriger. Cette façon d'assumer son rôle parental avec autorité doit être effectuée avec sensibilité et avec cœur malgré la colère, la frustration ou la déception qui gronde parfois en nous.

Lorsque la colère ou l'exaspération paraît incontrôlable, il est effectivement difficile d'intervenir de façon à être fier de soi ou de parler de ses sentiments à son enfant. C'est un défi de taille ! Dans mon cas, sous le coup de la colère, la maman tendre, aimante, tolérante, à l'écoute, respectueuse, attentive aux besoins de son enfant disparaissait subitement pour être remplacée par cette autre qui était prête à réagir immédiatement pour le corriger. Les deux mères en moi occupaient deux espaces distincts, qui se chevauchaient parfois. Il y avait l'espace « aimant », du côté du cœur, et l'espace « réactif », tapi du côté de la colère. Dans les moments où mon seul désir était de priver mon enfant de quelque chose qu'il aimait, il me fallait retrouver la voie qui menait au côté du cœur. De cette façon, je pouvais redevenir la mère aimante sans toutefois négliger mes limites et assumer le rôle d'autorité qui m'incombait.

Un moyen efficace d'y parvenir m'a été donné par Sophie, une éducatrice en milieu familial qui avait aménagé dans une pièce de sa maison ce qu'elle nommait un « coin plumes ». Du plafond descendaient de nombreuses plumes multicolores suspendues à un mobile. Juste au-dessous, elle avait placé une chaise. En soufflant sur les plumes, assis sur la chaise, l'enfant désorganisé ou agressif sentait sa colère disparaître, se calmait et revenait à de meilleurs sentiments. Il arrivait même parfois que les enfants suggèrent à Sophie de se rendre elle-même au « coin plumes » afin de retrouver son calme. Certains enfants y allaient d'eux-mêmes quand ils sentaient le besoin d'être plus tranquilles.

Lorsque nous demandons à un enfant colérique ou énervé de se calmer ou de « prendre de grandes respirations », le plus souvent, il ne sait pas comment s'y prendre ou n'a pas envie d'accéder à notre requête. Se calmer alors que la colère gronde n'est pas facile, même pour un adulte. Le fait de souffler doucement pour soulever les plumes stabilise la respiration, la rendant moins saccadée. Le retour au calme s'effectue de façon plus subtile que par la seule force de la volonté.

Nous avons donc, les enfants et moi, installé un coin semblable dans notre maison. Je leur ai expliqué avec des mots simples la pertinence de ce mobile. Que l'on soit parent ou enfant, sous le coup de la colère, il y a parfois des mots, un ton de voix et des gestes qui nous viennent rapidement et qu'il vaut mieux retenir, car ils risquent de blesser ceux qu'on aime. Malgré leur jeune âge (ils avaient environ 4 et 5 ans), ils ont très bien saisi ce qu'étaient les deux espaces en chacun de nous. Je m'étais inspirée des derniers petits conflits survenus entre eux pour illustrer le concept. Nous avons ensuite imaginé un pont quittant le « côté vengeur », qu'ils associaient à un marteau, pour traverser jusqu'au « côté cœur ». J'ai précisé qu'il y avait des colères qui disparaissaient rapidement – le pont était alors vite traversé – alors qu'à d'autres moments, il fallait plus de temps pour ne plus se sentir fâché, pour se sentir de nouveau « aimant ». Les enfants avaient proposé de laisser un petit marteau et un cœur dans le coin plumes pour se rappeler, disaient-ils, leurs deux côtés. Ils avaient aussi demandé qu'on y colle des images illustrant différentes émotions : un visage fâché, un autre triste, un troisième déçu... pour qu'on puisse exprimer ce qu'on ressentait avec les « bons mots ».

Ce « coin plumes » nous a aidés à traverser le pont de nombreuses fois et à préserver l'amour et le respect qui nous liaient. Dès l'âge de 3 ans, un enfant peut comprendre qu'il y a un endroit dans la maison, dans la classe ou à la garderie qui lui évite de se servir de son « côté dur », un espace où l'on peut se retirer pour mieux revenir et discuter, avec son cœur, de la situation conflictuelle.

Pourquoi est-ce si important d'intervenir avec cœur? Lorsque nous interpellons notre « côté aimant », nous touchons le cœur de l'enfant, nous éveillons cet espace en lui alors que si nous intervenons avec notre « côté vengeur », nous sollicitons l'espace négatif, le « côté marteau » de l'enfant. Chaque personne possède ces deux espaces intérieurs à la fois. Certains en ont développé un plus que l'autre. Lorsque nous prenons le temps de nous calmer et de traverser le pont qui mène du côté du cœur, nous pouvons agir avec sensibilité. Nous touchons ainsi à la sensibilité de notre enfant, à son « côté cœur ». Nous lui permettons de développer cet aspect, d'habiter cet espace en lui alors que lorsque nous le punissons sous le coup de la colère, nous lui apprenons à se venger et à punir à son tour.

Comme l'écrit le pédopsychologue Haim Ginott : « La punition n'a pas sa place dans une relation bienveillante[4]. » Nous ne devrions jamais intervenir sous le coup d'une émotion forte, alors que nous nous trouvons du « côté vengeur » ou « marteau ». En refusant de céder à cette impulsion de colère, nous pouvons mieux faire saisir à l'enfant comment nous allons intervenir et quelles seront les conséquences de son geste.

## Et si l'enfant était ce qu'on en fait?

En comparant un enfant à son parent, on dit souvent que la pomme ne tombe jamais très loin de l'arbre. Le modèle demeure en effet le principal moyen d'asseoir son autorité et de discipliner par la suite. Ce que vous êtes et ce que vous faites a plus d'impact que ce que vous dites. Les interventions parentales auprès d'un enfant détermineront la façon dont ce dernier agira envers les autres. Si ces interventions sont dictées par l'amour que son parent lui porte, l'enfant sera sensible aux autres et les traitera de la même façon. Il apprendra lui aussi à se tenir du « côté cœur ».

---

4. Haim Ginott, *Les relations entre parents et enfants : situations nouvelles de problèmes anciens*. Paris : Casterman, 1968.

Valérie, 3 ans et demi, mord et n'écoute pas les consignes, à la maison tout autant qu'à la garderie. Chaque fois qu'elle adopte un comportement désagréable à la maison, ses parents, en colère, exigent qu'elle aille s'asseoir dans un coin de la cuisine pour réfléchir trois minutes. Ils ont aussi remarqué que, curieusement, elle passe ses journées à disputer ses poupées. Elle mime même des colères en les obligeant à aller « réfléchir ». Cela fait sourire ses parents...

Pourtant, les habitudes de jeu de la fillette montrent bien que les retraits répétitifs qu'elle subit ne sont pas sans conséquences. Lorsque ses parents lui ordonnent d'aller réfléchir dans son coin, tout porte à croire qu'ils ne sont pas, à ce moment, dans leur espace aimant, mais plutôt du « côté vengeur » ou « réactif ». Valérie agit de la même façon avec ses poupées.

Les parents devraient d'abord tenter de combler adéquatement les besoins affectifs de leur fille et remplacer les retraits punitifs par des « réparations », c'est-à-dire de petits gestes visant à compenser le tort causé. Pour un enfant de cet âge, et dans ces circonstances particulières d'agressivité, les réparations appropriées peuvent concerner directement les blessures infligées aux autres lors des crises. Après avoir signifié à l'enfant que mordre fait mal, on peut l'inciter à tenir un linge imbibé d'eau froide sur la morsure de la personne qu'il a blessée. On peut également lui demander d'effectuer un petit massage de l'endroit affecté en utilisant une lotion pour le corps. Le but est qu'il apprenne à faire attention aux autres. L'approche « réparation » sera traitée en détail au chapitre 4.

Certains enfants qui font preuve d'agressivité n'ont jamais eu l'occasion d'être doux parce qu'on ne leur a tout simplement pas appris. La réparation favorise l'acquisition de différentes qualités, dont la douceur. En entendant son parent dire : « J'aime vraiment ton massage. Comme c'est bon et doux ! », l'enfant sera incité à la délicatesse et, à la longue, portera plus attention aux autres.

Lorsque ses parents demandent à Valérie de réparer le tort qu'elle a causé avec son « côté cœur » plutôt que de lui imposer un retrait dans la cuisine, elle opte pour la sensibilité et prend soin des autres avec douceur. En lui assurant aussi qu'elle peut exécuter de petits massages lorsqu'elle en a envie sans être obligée de mordre auparavant, ils évitent qu'elle associe morsure et massage et qu'elle continue de faire des marques sur le corps.

 Chaque fois que les parents de Justin, 8 ans, le privaient de tout plaisir et d'activités en l'envoyant dans sa chambre quand il était en colère (côté « marteau »), il en ressortait en manquant à nouveau de respect et en agressant ses frères. Il ne réagissait pas bien aux retraits négatifs imposés (le côté « dur » répondait au côté « dur ») et se voyait contraint de retourner dans sa chambre… À partir du moment où ses parents lui ont demandé de réparer ses torts (donc d'agir avec cœur) en exécutant une foule de petites tâches et en jouant à de nombreux jeux avec ses frères, Justin est devenu de lui-même, jour après jour, un bon frère. Il y a pris goût. Ses parents ont à coup sûr su toucher son cœur et depuis, il est plus soucieux du bien-être de ses frères, les protège et les amuse sans cesse. Il continue donc d'agir avec cœur.

Que souhaite-t-on apprendre à nos enfants ? À être dur, à punir, à se venger ou à devenir plus humain et plus aimant ? La réponse à cette question influence directement les interventions à privilégier auprès d'eux et, par le fait même, le choix de l'espace — négatif ou positif — à occuper en nous lorsque nous agissons. En tout temps, il faut nous rappeler que nous sommes d'abord et avant tout des modèles imités par nos enfants. Il faut donc apprendre à prioriser le « cœur ».

## Un moment de réflexion

- Quel type d'autorité adoptez-vous envers votre enfant ? Êtes-vous rigide, appliquez-vous le « laisser-faire » ou optez-vous pour une discipline de cœur ?

- Votre style d'autorité ressemble-t-il à celui exercé par vos parents ? Si oui, quelles en sont les similitudes ?

- Souhaitez-vous effectuer des changements dans votre style d'autorité ? Si oui, lesquels ?

- Quelles paroles prononcez-vous ou quels gestes faites-vous lorsque vous êtes en colère ou blessé intérieurement ?

- De quelles stratégies pourriez-vous vous munir afin de « traverser le pont », de demeurer « branché » et de retrouver le calme et la sérénité nécessaires à une intervention efficace auprès de votre enfant ?

## CHAPITRE 2

# Offrir à l'enfant ce dont il a réellement besoin afin de bâtir un lien solide

L'entourage de l'enfant (les parents, les éducateurs, les enseignants de même que l'ensemble des autres adultes proche de lui) se doit d'œuvrer à satisfaire adéquatement les besoins de celui-ci pour assurer son développement tant affectif que physique. Conséquemment, un lien significatif se tissera. Tel est le premier défi à relever dans l'exercice de l'autorité.

Malheureusement, les termes *besoin* et *désir* sont fréquemment confondus, car tous deux impliquent le manque ou l'absence de quelque chose. Comment les distinguer? Boire découle d'un besoin, boire un jus relève du désir. Disposer de vêtements est un besoin, posséder des vêtements de marque, un désir. Dormir est un besoin; détenir une chambre à soi, un désir parfois impossible à satisfaire. Vivre sous un toit est un besoin, habiter une maison munie de trois salles de bain, un désir. Être reconnu est sans aucun doute un besoin, mais être complimenté de façon répétitive est un désir. Éprouver du plaisir lors d'un jeu ou d'une activité est un besoin, jouer toute la journée est cependant un désir. Que dire d'un téléphone cellulaire pour un enfant? Et d'un téléphone de la plus récente génération pour son parent? Ce sont des désirs, bien entendu.

Le propre du besoin, physique ou affectif, est d'être satisfait le plus rapidement possible sans quoi l'intégrité physique ou psychologique de la personne s'en trouve menacée. Les besoins sont présents dès la naissance de l'enfant alors que les désirs arrivent plus tard, au gré de son développement. Un désir émane pour être rêvé, entendu et discuté, mais n'a pas à être toujours comblé. Lorsqu'il n'est pas satisfait dans l'immédiat, l'enfant prend conscience qu'il s'agit d'un prix auquel s'associent des efforts. Il peut ainsi se projeter dans le futur et tenter de concrétiser son désir. Celui de marcher, par exemple, est nourri par l'envie de pouvoir se déplacer comme il le veut. Le petit est donc amené à se relever et à recommencer lorsqu'il tombe. Le désir de lire, de déchiffrer la signification des lettres, amène aussi l'enfant à fournir des efforts pour y parvenir alors que le désir d'une nouvelle bicyclette le motive à vouloir effectuer des tâches pour se la procurer ou faire réparer celle qu'il possède.

**Tableau 1 – La distinction entre besoin et désir**

| Besoin | Désir |
|---|---|
| Sa satisfaction est essentielle à la croissance de l'enfant. | Sa satisfaction n'est pas essentielle à la croissance de l'enfant. |
| Il demeure tant qu'il n'est pas satisfait. | Il est éphémère, peut disparaître, être remplacé ou évoluer dans le temps. |
| Il est assez semblable d'une société à l'autre. | Il est souvent lié au contexte culturel ou à une époque. |
| Il est limité. | Il peut être infini. |
| Il engendre la souffrance s'il n'est pas comblé. | Dès qu'il est satisfait, un nouveau désir se manifeste. |
| À long terme, sa non-satisfaction peut entraîner la mort de la personne. | Sa non-satisfaction ne menace pas la vie de la personne. |

Il est essentiel de distinguer les besoins des désirs et doser les réponses à la satisfaction des premiers (besoins) et, surtout, des seconds (désirs) afin d'exercer une autorité efficace et constante. Il semble toutefois que moins le parent s'investit dans la satisfaction des besoins affectifs de son enfant, plus il compense en lui offrant tout ce qu'il désire. Pourtant, le dosage de la réponse aux désirs de l'enfant est un moyen privilégié de l'aider à passer du principe de plaisir à celui de réalité.

Durant mes conférences, lorsque je demande aux parents : « Qui, parmi vous, a tout ce qu'il désire dans la vie, au moment même où il le souhaite ? », aucune main ne se lève. Ne pas obtenir tout ce qu'on désire de façon instantanée est une des caractéristiques de la « vraie vie ». Plus tôt un enfant sera confronté à cette réalité, plus facile sera le déroulement global de sa vie. Je suggère fortement aux parents d'aider leur enfant à bien comprendre les différences entre un besoin et un désir. Ainsi, l'enfant acceptera plus facilement leurs refus de combler certains de ses désirs. Poser des limites et refuser de satisfaire les désirs de votre enfant vous causent des difficultés ? Dressez une liste de ses désirs au fur et à mesure qu'il les exprime et dites-lui : « Je note dans ta liste de désirs ce jeu, cette bande dessinée, etc. » L'enfant aura alors le sentiment que ses désirs sont importants et entendus malgré le fait qu'ils ne soient pas comblés dans l'immédiat.

## Les besoins physiques

Je me réfère à la pyramide de Maslow pour démontrer qu'à la base, les besoins physiques d'un jeune doivent être comblés. Dans un deuxième temps, les différents adultes en position d'autorité peuvent passer aux étages supérieurs de cette pyramide et évaluer les moyens de satisfaire ses besoins affectifs.

Partons du principe général que la majorité des enfants des pays développés ne souffrent ni de famine ni de sous-alimentation. On observe par contre le phénomène inverse : la suralimentation. Nos enfants disposent de toute l'énergie nécessaire pour bouger et s'activer, mais le manque d'exercice physique leur cause du tort. Ils ont aussi une demeure, mais bon nombre d'entre eux n'y dorment pas suffisamment. Les habitudes de ces enfants plutôt sédentaires qui mangent et dorment de façon inadéquate se retrouvent au cœur de situations conflictuelles qu'aucun moyen de discipline, aussi « magique » soit-il, ne peut résoudre.

## Le sommeil

Le sommeil a des répercussions vitales sur la santé, l'humeur et le rendement scolaire des enfants. Il est donc important d'encourager de bonnes habitudes en ce qui a trait à l'heure du coucher à la maison.

 Marlène raconte que dès que son fils met les pieds hors du lit, il pleure et hurle. Interrogée sur les heures et les habitudes de sommeil de Lucas, Marlène explique que son conjoint et elle rentrent à la maison vers 18 h 30 après avoir récupéré les enfants à la garderie et au service de garde de l'école. S'enchaîne alors une suite d'événements : la préparation du souper, les devoirs de l'aîné, les bains. Il est impossible de coucher les enfants avant 20 h. Le lendemain, ces derniers se font réveiller à 5 h 30 afin que leurs parents soient à l'heure au travail. L'exercice de leurs professions, mentionne Marlène, leur permet une vie de famille enviable et des activités familiales fort agréables les fins de semaine : ski, cinéma, restaurant, etc. Mais chaque matin de la semaine, la crise de Lucas est inévitable.

Marlène est à la recherche de trucs pour illuminer d'un sourire le visage de son Lucas le matin. Or, aucun truc, de quelque ordre qu'il soit, ne peut se substituer au sommeil manquant de cet enfant. En plus d'avoir des effets sur l'humeur, le sommeil est indispensable à notre équilibre et constitue, chez l'enfant, un élément important de son développement. L'hormone de croissance est principalement sécrétée durant cette longue période de repos et c'est en dormant que le jeune mémorise les apprentissages et les expériences qui ont marqué sa journée. Tandis qu'il dort, son système immunitaire se renforce en même temps que son système nerveux s'organise et se perfectionne. Pour cela, les heures de sommeil doivent être suffisantes et de bonne qualité. Informer l'enfant de ces bienfaits facilite généralement l'heure du coucher.

Tableau 2 – Nombre moyen d'heures de sommeil et de siestes nécessaires par groupe d'âge

| Groupe d'âge | Nombre moyen d'heures de sommeil nécessaires par 24 heures | Nombre moyen de siestes nécessaires par 24 heures |
|---|---|---|
| Nouveau-né – 0-2 mois | 16-20 | 3-10 |
| Nourrisson – 2-12 mois | 9-12 la nuit, 2-4 ½ pour les siestes | 1-4 |
| Bébé – 1-3 ans | 12-13 | 1-2 |
| Âge préscolaire – 3-5 ans | 11-12 | 0-1 |
| Âge scolaire – 6-12 ans | 10-11 | 0 |
| Adolescent – 12-18 ans | 9-9 ½ | 0 |
| Adulte – 18 + | 7 ½-8 ½ | 0 |

Source : Tableau adapté de J.A. Mindell et J.A. Owens, *Sommeil et enfants : données scientifiques*, Institut universitaire en santé mentale Douglas de Montréal. www.douglas.qc.ca/info/sommeil-et-enfant-donnees-scientifiques [consulté le 2 février 2013]

Force est de constater que de nombreux enfants — tel Lucas — ne bénéficient pas d'une période de sommeil adéquate. « Le manque de sommeil et les mauvaises habitudes avant le coucher sont liés à des problèmes de santé comme l'obésité, les maladies cardiovasculaires, le diabète, la dépression, les sautes d'humeur ou l'irritabilité. Ils peuvent aussi avoir un effet négatif sur le fonctionnement de la mémoire et sur le temps de réaction[1]. »

Karine Spiegel, une chercheuse française, s'est attardée au manque de sommeil et a relevé ses impacts sur l'augmentation

---

1. Véronique D'Amours, *Des problèmes de sommeil résolus grâce à de bonnes habitudes*, RIRE - Réseau d'information pour la réussite éducative, 12 août 2010. http://rire.ctreq.qc.ca/2010/08/des-problemes-de-sommeil-resolus-graces-a-de-bonnes-habitudes [consulté le 2 février 2013]

des cas d'obésité et de diabète. Une étude québécoise[2] effectuée auprès de plus de mille enfants a aussi lié le manque de sommeil chez le très jeune enfant au gain de poids. En effet, il semble que 26 % des petits âgés de 2 ans et demi qui dorment moins d'une dizaine d'heures par nuit connaissent un surpoids vers l'âge de 6 ans. Selon Jacques Montplaisir, spécialiste du sommeil à l'Hôpital du Sacré-Cœur de Montréal, les enfants qui profitent de 11 heures de sommeil par nuit sont moins à risque de souffrir de cette situation dans une proportion de 16 %. Il précise également que ce risque de surpoids aurait une explication hormonale : « Lorsque nous dormons moins, nous produisons plus de ghréline, une hormone sécrétée par l'estomac et qui stimule l'appétit[3]. »

Selon cette même étude, le manque de sommeil serait directement en lien avec l'hyperactivité chez l'enfant. Il a effectivement été démontré que 22 % des enfants de 2 ans et demi qui dormaient moins de 10 heures avaient développé un comportement hyperactif quatre ans plus tard. Ce taux est deux fois plus élevé que celui des enfants qui peuvent compter sur 10 ou 11 heures de repos par nuit. Alors que plusieurs parents sont portés à croire que l'hyperactivité provoque l'insomnie ou les problèmes de sommeil, le Dr Montplaisir indique que c'est l'inverse qui se produit. Le manque de sommeil est le facteur qui induit l'hyperactivité. Généralement, une nuit courte provoque chez l'enfant un état d'excitation plus grand que chez l'adulte.

Mais qu'il s'agisse d'un enfant, d'un adolescent ou d'un adulte, il faut admettre que nous dormons de moins en moins parce que nous devons performer de plus en plus. Le rythme effréné de notre quotidien ne valorise pas vraiment le sommeil. Reut Gruber, pédospychologue clinique et chercheuse,

---

2. Les données de cette étude ont été tirées de l'article « Surpoids et hyperactivité de l'enfant induits par un manque de sommeil ? ». *Futura-Santé.com* www.futura-sciences.com/fr/news/t/medecine/d/surpoids-et-hyperactivite-de-lenfant-induits-par-un-manque-de-sommeil_17443/ [consulté le 2 février 2013]

3. *Ibid.*

précise d'ailleurs qu'un Canadien sur quatre ne dort pas suffisamment[4]. Les recherches ont montré que les problèmes liés au manque de sommeil n'ont plus rien d'exceptionnel au pays puisqu'ils touchent entre 20 % et 40 % des jeunes enfants et environ un million d'adolescents. Parmi ces derniers, près de 13 % souffrent même de graves insomnies.

> Alors que je travaillais en tant qu'infirmière en milieu scolaire, Josée, une enseignante de sixième année, a sollicité mon aide pour préparer une présentation sur le sommeil aux élèves de sa classe. Elle clamait que plusieurs d'entre eux avaient de la difficulté à garder les yeux ouverts et à demeurer attentifs pendant les cours. Connaissant son caractère enthousiaste, je doutais fortement qu'il s'agisse des conséquences d'un enseignement ennuyant. Après la présentation, les élèves ont effectué une recherche sur le sommeil afin d'en établir les bienfaits, de déterminer le nombre d'heures de sommeil requis à leur âge et d'identifier les impacts du manque de sommeil. Ils ont été étonnés d'apprendre, entre autres, qu'un enfant grandissait durant son sommeil. À peine quelques jours plus tard, Josée m'a confirmé que l'ensemble des élèves se montrait déjà beaucoup plus alerte et était capable d'une attention plus soutenue et d'une meilleure concentration en classe. Seules Chloé et Sophie continuaient de somnoler. Disposant chacune d'un téléphone et d'un téléviseur dans leur chambre respective, sans contrôle parental, elles ont finalement avoué dormir entre 7 et 8 heures seulement par nuit.

Il a été prouvé que ce manque criant de repos, qui découle souvent de mauvaises habitudes concernant l'heure du coucher, nuit considérablement à la réussite des élèves. Dans plusieurs familles, il semble en effet que les enfants d'âge scolaire se couchent trop tard. Le manque de sommeil freine leurs efforts de concentration et leurs capacités d'attention. Résultat : 70 % d'entre eux se sentent endormis pendant les cours du matin. Comme le mentionne William Kohler,

---

4. Les informations relatives à cette étude sont tirées de l'Institut universitaire en santé mentale Douglas de Montréal.
www.douglas.qc.ca/info/sommeil-et-enfant-repercussions-du-manque-de-sommeil-sur-la-vie-quotidienne [consulté le 2 février 2013]

directeur médical à l'Institut du sommeil en Floride : « Tout facteur qui détériore la qualité ou la quantité de sommeil mène à des difficultés de rendement scolaire et à des problèmes de comportement[5]. »

L'autorité parentale devrait être clairement assumée lorsque les enfants n'arrivent pas à faire des choix adéquats pour eux-mêmes, comme c'est le cas pour Chloé et Sophie. Vous trouverez au chapitre 6 des moyens visant à favoriser les bonnes habitudes d'endormissement et pallier les difficultés particulières liées au coucher.

### L'activité physique

Nous le savons tous, l'activité physique est vitale pour le maintien d'une santé optimale. Et pourtant...

> Au retour de l'école, Louis, 11 ans, s'empresse de joindre ses amis sur Facebook. Sa mère, Caroline, doit multiplier les appels, les menaces et les haussements de voix pour le tirer de là et lui faire respecter l'heure du repas et des devoirs. « Lorsqu'il n'est pas à l'ordinateur, il est devant le téléviseur, dit-elle. Les fins de semaine, c'est encore pire. Il est de plus en plus pénible de lui faire ranger sa chambre et, depuis peu, les activités en famille le répugnent. De la randonnée pédestre ? C'est beaucoup trop ennuyeux à son goût et bien trop épuisant ! »

L'exemple de Louis n'a rien d'étonnant. Le *Bulletin de l'activité physique chez les jeunes*, publié par Jeunes en forme Canada, révèle que 73 % des parents remarquent que leurs enfants passent la majorité de leur temps devant l'ordinateur ou le téléviseur en revenant de l'école. Le Dr Mark Tremblay, conseiller scientifique en chef de Jeunes en forme Canada et directeur du Groupe de vie active saine et obésité (HALO) précise que « le temps consacré à des activités extérieures après l'école réduit les niveaux d'anxiété, de

---

5. Cité par Véronique D'Amours, *Op. cit.*

colère, de fatigue et de tristesse[6]. » Certaines références, dont le *Guide d'activité physique canadien pour les enfants*, le confirment : en développant des comportements sédentaires, les jeunes sont plus à risque d'éprouver des problèmes de santé, notamment en ce qui a trait à leur croissance et à leur développement. Sylvie Bourcier, consultante en petite enfance et auteure du livre *L'enfant et les écrans*, tire des conclusions semblables : « On reconnaît que l'écran peut avoir une influence sur la surcharge pondérale, l'insomnie, le développement psychomoteur des petits et le développement postural [...]. La probabilité d'afficher une surcharge pondérale a tendance à augmenter proportionnellement aux heures passées devant l'écran[7]. »

Les écrans, dorénavant omniprésents, attirent davantage que l'activité physique. Toutefois, lorsque les enfants n'effectuent visiblement pas des choix sains en ce qui concerne leurs activités, c'est au parent que revient le rôle de les aider, notamment en limitant l'accès aux écrans[8].

## Qu'est-il raisonnable et important d'exiger en matière d'activité physique ?

Selon les *Directives canadiennes en matière de santé physique*[9] :

- Les enfants âgés de 1 à 4 ans devraient faire 180 minutes d'activité physique par jour, peu importe l'intensité ;

- Les enfants âgés de 5 à 11 ans devraient faire 60 minutes par jour d'activité physique d'intensité modérée à élevée ;

---

6. Citation tirée de Caroline Nadeau, « Du pupitre au divan ou le manque d'activité physique des enfants ». *Yoopa.ca*
www.yoopa.ca/sante/article/du-pupitre-au-divan-ou-le-manque-dactivite-physique-des-enfant [consulté le 2 février 2013]

7. Sylvie Bourcier, *L'enfant et les écrans*, Montréal : Éditions du CHU Sainte-Justine, 2010, p.29-30.

8. À ce sujet, voir Sylvie Bourcier, *Op. cit.*

9. Directives publiées par la Société canadienne de physiologie de l'exercice (SCPE). www.csep.ca/directives [consulté le 2 février 2013]
Voir aussi l'article de Dalila Benhaberou-Brun, « Les bienfaits de l'activité physique », *Perspectives infirmières*, juillet-août 2012, p. 22-25.

- Les enfants âgés de 12 à 17 ans devraient faire 60 minutes par jour d'activité physique d'intensité modérée à élevée.

Être actifs pendant au moins **60 minutes** chaque jour peut aider les enfants à :

- améliorer leur santé ;
- avoir un meilleur rendement à l'école ;
- améliorer leur condition physique ;
- devenir plus forts ;
- avoir du plaisir à jouer avec leurs amis ;
- se sentir plus heureux ;
- maintenir un poids corporel santé ;
- améliorer leur confiance en eux-mêmes ;
- développer de nouvelles habiletés.

Faire de l'exercice et bouger permettent également de solidifier les os et les muscles, réduire le stress, prévenir les maladies et sécréter de l'endorphine et de la sérotonine, les hormones responsables de la sensation de bien-être qui régulent également le sommeil et l'appétit. Visiblement, en étant actif, tout le monde en sort gagnant.

---

## L'alimentation

L'alimentation et les repas constituent un autre domaine où les parents doivent quotidiennement exercer leur autorité. Pour plusieurs, il s'agit d'un défi de taille.

 À moins qu'elle n'aperçoive des frites dans son assiette, la fille d'Amélie, Clara, refuse tout aliment lors des repas. Elle déteste les légumes et la viande et refuse de boire du lait. « Une véritable bataille se livre lors de chaque repas afin de l'inciter à goûter et manger autre chose », affirme Amélie.

En tant qu'infirmière, j'ai rencontré de nombreux parents qui ont admis préférer voir leur enfant manger des frites plutôt que rien du tout, craignant une sous-alimentation ou encore une perte de poids. « S'il ne mange pas, il va tomber malade… », m'affirmait-on. « S'il ne mange que des frites, ce sera bien plus dommageable », leur répondais-je. La multiplicité des produits offerts à l'épicerie, mais aussi dans les nombreuses publicités, notamment à la télévision, force les parents à faire des choix. Les aliments riches en gras, en sucres et contenant des additifs de toutes sortes sont directement liés à l'apparition de problèmes de santé comme l'obésité, le diabète, les problèmes cardiovasculaires et même certains types de cancer.

Une alimentation équilibrée est indispensable pour un sain développement et le maintien d'une bonne santé. Selon le Partenariat canadien contre le cancer[10], le pourcentage des cas d'obésité augmente sans cesse au Canada, autant chez les adultes que chez les enfants et les adolescents. Cela entraîne bien évidemment des répercussions sur le développement des cas de cancers ou d'autres maladies chroniques. Entre 2007 et 2009, près de 40 % des adultes au pays souffraient de surpoids, et 24 % additionnels d'obésité. Pourtant, selon le World Cancer Research Fund, il suffit d'adopter de saines habitudes de vie — c'est-à-dire s'assurer d'avoir une alimentation adéquate, une consommation d'alcool limitée (dans le cas des adultes) et de rester actifs — pour prévenir environ un tiers de tous les cancers qui se développent. Cela fait réfléchir et incite à l'action ! Si le fait que l'enfant puisse exercer certains choix lors des repas est une bonne chose, il reste que celui du menu doit relever des parents tout autant que celui de l'achat des aliments. Vous trouverez, au chapitre 6, des façons précises d'exercer votre autorité de façon efficace lors des repas.

## La relation d'attachement et les besoins affectifs

L'expérience acquise auprès des familles au fil des ans me laisse croire qu'il est dans la nature d'un enfant de faire plaisir à ses parents et de collaborer avec eux s'il se sent important, valorisé, qu'un lien affectif significatif le relie

---

10. Les données sont tirées du document « L'obésité et le cancer au Canada », 2011. www.cancerview.ca/idc/groups/public/documents/webcontent/rl_snapshot6_fr_final.pdf [consulté le 2 février 2013]

à eux et que ses besoins sont satisfaits. Sans cette relation privilégiée d'attachement à ses parents, l'enfant risque de souffrir d'un manque affectif important. Il est alors possible de le voir se désintéresser de ces derniers, s'opposer à leurs demandes pour s'attacher à d'autres personnes avec lesquelles il sent qu'il a de la valeur. Dans les mêmes circonstances, n'aurions-nous pas, en tant qu'adultes, la même attitude ?

Selon William Glasser, instigateur de la thérapie de la réalité[11], les principaux besoins affectifs sont l'amour, la sécurité, le pouvoir (c'est-à-dire le sentiment de compétence), la liberté et le plaisir. Tout aussi importants que les besoins physiques, les besoins affectifs doivent être comblés, car les deux aspects occupent leur place au sein du développement de l'enfant et déterminent, dans une certaine mesure, l'adulte qu'il deviendra plus tard.

Il est plus facile de s'épanouir en tant qu'adulte ou enfant lorsque nous sommes conscients de nos besoins et que nous tentons quotidiennement de les satisfaire. Lorsque l'un de nos besoins n'est pas comblé, c'est un peu comme si nous étions privés d'une partie de nous-mêmes. Nous sommes en quelque sorte handicapés sur le plan affectif.

 L'image de l'étoile est, selon moi, celle qui illustre le mieux et le plus simplement les cinq besoins affectifs. Chacune des branches de l'étoile représente l'un des cinq principaux besoins. Lorsque ces besoins sont comblés tout autant pour nous que pour notre enfant, nous rayonnons ensemble et profitons de plus d'équilibre et de bonheur. Mais chacun de nous a besoin des autres pour combler ses besoins afin de rayonner. Il faut parfois savoir demander à notre entourage de nous aider à satisfaire nos besoins. Nous verrons plus loin comment nous y prendre afin de vivre des relations plus satisfaisantes.

---

11. William Glasser, *La thérapie de la réalité*, Montréal : Éditions Logiques, 1999.

Quand nous n'obtenons pas la collaboration attendue de notre enfant, l'éclat de son étoile se ternit et nous devons chercher à savoir quelle branche manque à cette dernière[12]. Certains gestes peuvent aider notre enfant à satisfaire ses besoins et à rayonner de nouveau.

### Combler ses besoins individuels et de couple pour mieux répondre à ceux de l'enfant

À la naissance de notre enfant, nous prenons une « pause » dans notre vie pour nous consacrer à la sienne. Nous priorisons alors ses besoins au détriment des nôtres, ce qui est normal et fort approprié pour le petit. Cependant, cela ne doit pas devenir un carcan quotidien.

Dans le contexte social actuel, plusieurs parents négligent malheureusement leurs propres besoins. C'est là un piège à éviter puisqu'il est difficile de combler adéquatement les besoins de votre enfant si les vôtres demeurent insatisfaits. Germain et Martin Duclos, psychoéducateurs, le précisent d'ailleurs dans leur ouvrage *Responsabiliser son enfant* : « Quand le parent peut combler la plupart de ses besoins et qu'il se réalise dans ses activités conjugales, professionnelles et dans ses relations d'amitié, il est plus volontiers prêt à satisfaire les besoins de son enfant sans se sentir brimé. Il peut alors renoncer temporairement à ses besoins ponctuels pour se centrer sur son enfant[13]. »

Tout en étant un parent responsable, nous devons permettre à l'adulte en nous d'exister. Nous avons le droit de prendre du temps pour nous-mêmes et, pour que notre couple perdure, il faut en prendre soin.

---

12. Dans mon ouvrage, je propose de façon détaillée différentes façons de combler au quotidien les besoins de votre enfant. Voir *La discipline, un jeu d'enfant*, Montréal : Éditions du CHU Sainte-Justine, 2008.

13. Germain Duclos et Martin Duclos, *Responsabiliser son enfant*, Montréal : Éditions du CHU Sainte-Justine, 2005, p. 93.

Il y a quelques années, Sylvie et Mario ont consulté pour améliorer leur relation avec leurs enfants. Plus récemment, ils ont réclamé de nouvelles séances de consultation pour leur couple qui bat de l'aile. Ensemble depuis 20 ans et parents d'enfants âgés de 10, 5 et 2 ans, ils vivent fréquemment des conflits conjugaux et ils « se tombent de plus en plus sur les nerfs » selon leurs dires. Ils songent à la séparation, mais sont prêts à tenter un dernier effort afin de préserver l'unicité de leur famille, une valeur qui leur tient tous deux à cœur.

Au fait des besoins affectifs des enfants grâce aux rencontres précédentes, je leur ai proposé de s'attarder cette fois-ci à leurs besoins affectifs individuels et de couple. Premier « exercice » suggéré : effectuer une sortie agréable tous les deux au cours de la prochaine semaine, pour au moins trois heures, sans enfants ni écrans. Sur le visage de Mario s'est affiché un sourire. « Cela fait plus de deux ans que nous ne nous sommes pas accordé une sortie seuls tous les deux. Je suis tellement content ! », a-t-il avoué. De son côté, Sylvie avait des réserves : « On ne peut pas les faire garder pour sortir ensemble. Le petit est à la garderie toute la semaine, les autres au service de garde matin et soir. Je les vois à peine ! »

Bien entendu, il est difficile pour de nombreuses mères de se priver de la présence de leurs enfants alors qu'elles vivent souvent un fort sentiment de culpabilité du fait qu'elles en confient la garde, presque chaque jour, à d'autres personnes. Les mères sont plus récalcitrantes devant la possibilité de se réserver des moments de détente — pour elles seules ou avec leur conjoint — pour les mêmes raisons que Sylvie. Il est aussi difficile pour beaucoup d'hommes de voir leur conjointe, leur complice, leur amoureuse se consacrer totalement aux enfants à la maison. Plusieurs pères disent s'ennuyer de leur conjointe, de la femme qu'ils ont connue et qui, parfois, est presque exclusivement dédiée à son rôle de mère, à leur grand désarroi. L'organisation familiale demande beaucoup d'adaptation de la part des deux conjoints. Mais comment répondre aux besoins de nos enfants si les nôtres sont insatisfaits ? Comment favoriser le développement de l'estime de soi de nos enfants si notre propre épanouissement est constamment relégué au second plan ?

Ces sorties en couple, ces moments privilégiés et exclusifs ont permis à Mario et Sylvie de retrouver leur complicité, de mieux comprendre leurs différences et de diminuer les conflits. En plus de satisfaire le besoin d'amour et de plaisir chez les deux conjoints, ces sorties où chacun choisit l'activité à tour de rôle répondent à leur besoin de liberté et de sécurité, tout en leur permettant de connaître les goûts, les valeurs et l'univers de l'autre. Il est sécurisant pour un couple de planifier des rencontres ensemble afin de nourrir leur relation et d'avoir du plaisir, tout autant que pour leurs enfants, témoins de leur amour et de leur complicité. À l'inverse, il est insécurisant pour les conjoints de ne jamais savoir quand ils pourront se retrouver, et cette insécurité pourra par la suite être ressentie par les enfants.

Outre la sortie hebdomadaire proposée à Sylvie et Mario, des sorties — toujours en couple et sans enfants — une fin de semaine quatre fois l'an ainsi qu'une semaine par année sont conseillées. Ces moments de proximité et de plaisir rejaillissent également sur les enfants, car ces derniers calquent leurs actions et leurs valeurs sur celles de leurs parents. Quand ils s'accordent du temps pour eux et pour leur couple, les parents démontrent à leurs enfants qu'ils existent à part entière avec leurs besoins propres et qu'ils en prennent la responsabilité sans se sacrifier. Les enfants seront incités à faire de même dans leur vie actuelle et future. Plutôt que d'avoir l'impression que le monde tourne autour d'eux, ils seront capables de s'occuper d'eux-mêmes, de leurs besoins et de vivre une vie satisfaisante et épanouissante. C'est donc un service à leur rendre.

### Besoin d'amour, d'attention et d'appartenance

Qu'il soit enfant ou adulte, chacun a besoin de se sentir important et aimé par au moins une personne, d'aimer quelqu'un et, ainsi, de développer des liens d'attachement. Pour cela, il faut du temps. Dans notre famille, avec nos amis, dans un groupe ou dans une équipe sportive, nous pouvons combler ce besoin, qui englobe aussi celui d'être bon avec les autres, de les apprécier, de les aider, de leur rendre service, de leur faire plaisir, de les écouter, de partager avec eux et, aussi, de leur pardonner leurs paroles ou leurs gestes blessants.

> Lors de ma participation au Salon Maternité, Paternité, Enfants, il y a quelques années, plusieurs parents à la recherche de « trucs » m'ont interrogée au sujet de la discipline et de l'autorité parentale. J'ai suggéré à chacun de porter une attention bienveillante à son enfant toutes les 10 minutes, peu importe son âge, durant sa visite au Salon. J'ai par exemple conseillé aux parents d'un bébé de 6 mois de prendre le temps de le regarder dans les yeux, en souriant, et de le remercier d'être si calme et collaborateur, tout en lui soulignant à quel point ils étaient chanceux d'être les parents d'un enfant comme lui. Bien que le bébé ne comprenne pas un seul mot du message, il bénéficiait tout de même de l'attention de ses parents, de leur sourire, de leur visage aimant et accueillant et de leurs mots doux. De nombreux parents m'ont fait part du calme et de la joie de leur enfant tout le long de leur visite, affirmant que c'était « magique ». Ce n'est pas magique : c'est simplement logique.

Le besoin d'être vu, d'exister pour ses parents est essentiel chez l'enfant. Lorsque ce besoin n'est pas satisfait, l'enfant se comporte très souvent de façon désagréable. Il préfère se faire réprimander ou punir plutôt que de ne pas avoir d'attention. Selon William Glasser, 90 % des comportements désagréables visent à attirer l'attention. L'enfant recherche ce type d'attention négative lorsque le parent ne lui prodigue pas suffisamment d'attention positive. Il faut donc poser les yeux sur son enfant, plusieurs fois par jour et pour les bons motifs.

L'enfant, comme de nombreux adultes d'ailleurs, ne sait pas toujours reconnaître ses besoins ni les exprimer. Voilà pourquoi nous devons nous y attarder avant que le manque ne se fasse ressentir et lui proposer des comportements de remplacement afin de satisfaire adéquatement ses besoins. Accorder une attention gratuite à son enfant, c'est-à-dire sans qu'elle soit liée à un comportement, revêt aussi une grande importance. L'enfant se sent alors aimé pour ce qu'il est et non seulement pour ce qu'il fait.

> Depuis que Béatrice, 4 ans, fréquente la garderie, le retour à la maison n'est généralement pas de tout repos pour sa mère, Dominique. L'enfant est survoltée dans la voiture, parle très fort et sans arrêt, refuse de retirer son manteau une fois à la maison et n'écoute pas sa mère, qui l'implore de se calmer. Épuisée et exaspérée, Dominique consulte l'éducatrice de sa fille, qui lui mentionne que Béatrice dit s'ennuyer d'elle durant la journée. Dominique décide donc d'être plus à l'écoute des besoins de sa fille, de consacrer du temps à les satisfaire et d'aborder la question avec elle, un soir. « Béatrice, je crois que tu as besoin d'une attention spéciale de ma part lorsque je te retrouve à la garderie alors qu'on ne s'est pas vues de la journée. Moi aussi, je m'ennuie de toi et j'ai besoin d'un moment « spécial » avec toi. Je suggère dès notre arrivée à la maison de prendre d'abord du temps pour nous amuser ensemble. Je vais aussi prendre soin, chaque jour, de te mentionner tout ce que j'aime et apprécie de toi. Par exemple, ce matin, à ton réveil, tu avais un sourire dans la figure, un vrai soleil ! J'ai alors pensé à ma chance d'avoir une fille qui affiche autant de bonne humeur. Quand je suis arrivée à la garderie ce soir, tu es venue tout de suite avec ce même sourire qui m'a réchauffé le cœur. Tu vois comme tu as bien fait les choses ? Je n'aime pas te donner de l'attention quand tu te comportes de façon désagréable. Demande-moi de jouer un peu avec toi, de te faire un câlin lorsque tu en as besoin et je vais le faire avec plaisir. »

## Une attention exclusive et concentrée

Le jeu est un moyen privilégié d'accéder à notre enfant, à ses goûts, à son monde. Il nous permet de développer notre lien d'attachement dans une atmosphère de plaisir et de complicité. De là surgit aussi chez l'enfant le désir de rester proche de nous et de collaborer. Nous pouvons alors exercer notre influence et notre autorité en toute sérénité.

Le D^r Russell Barkley a développé un outil exceptionnel pour les parents qui souhaitent jouer avec leur enfant et retrouver le plaisir d'être ensemble. Cette façon de faire, que j'ai adaptée et que les enfants appellent communément «Les 20 minutes de jeu[14]», permet de satisfaire une grande partie des besoins affectifs de l'enfant, et plus particulièrement son besoin d'attention. Elle vise également à briser le cycle quotidien des rappels à l'ordre, menaces et haussements de ton. Dès sa mise en application, les parents remarquent généralement une plus grande propension chez l'enfant à s'ouvrir, à se confier, à accepter davantage leur autorité et à collaborer.

Voici les règles du jeu :

- Avisez votre enfant qu'à partir de maintenant, vous lui accorderez des périodes de jeu exclusives, en tête à tête, qui dureront 20 minutes. Si l'enfant n'a pas encore la notion du temps, dites-lui qu'une sonnerie indiquera la fin de ces périodes de jeu.
- Déterminez trois périodes de 20 minutes que vous passerez avec lui chaque semaine.
- Ce temps doit être consacré exclusivement à votre enfant.
- Le jeu concerne un seul enfant à la fois.
- Il est interdit de regarder la télévision ou de jouer à des jeux électroniques durant cette période.
- Vous ne répondez ni à la porte, ni au téléphone, ni aux courriels.
- C'est l'enfant qui décide du jeu et des règles. C'est à son tour de décider. Laissez-vous guider par lui.
- Regardez-le faire et participez s'il le demande.
- Ne lui posez pas de questions et ne lui faites pas de suggestions.
- Occasionnellement, donnez du renforcement positif à votre enfant. Si vous appréciez ce moment, dites-le-lui.
- Arrêtez-vous comme convenu après les 20 minutes.

---

14. Consultez le blogue du site *Educoeur.ca*
http://blogue.educoeur.ca/?p=246 [consulté le 2 février 2013]

Cette période de temps est inconditionnelle. Vous en avez informé votre enfant et vous vous devez de respecter votre engagement sans égard à son comportement durant la journée.

Vous ne vous sentez pas disposé à lui accorder ce temps promis, après une journée de travail particulièrement épuisante? Prenez quand même quelques minutes pour vous préparer à ce moment privilégié avec votre enfant et être en mesure de lui offrir ce dont il a besoin.

Comme le mentionne l'auteure Francine Ferland : « L'enfant qui est l'objet d'une attention particulière de l'adulte se sent important puisque papa ou maman prend du temps pour le regarder jouer et semble même y trouver du plaisir, à en croire son sourire chaleureux. Ce sentiment d'importance aura un effet direct sur l'estime de soi de l'enfant[15]. » Lorsque nous accordons à notre enfant ce dont il a besoin d'une façon agréable, il n'a nul besoin de le réclamer de façon désagréable à la maison, à la garderie ou en milieu scolaire.

 Émile aime parler et doit déployer des efforts importants pour arriver à se taire lorsqu'Annie enseigne. Maintes fois, il va même jusqu'à poser sa main sur sa bouche pour s'empêcher de parler lorsque le moment n'est pas opportun. Accaparée par ses tâches, Annie ne remarque pas ses efforts, mais lui accorde de l'attention lorsqu'en fin de journée, ne pouvant plus se contenir, il parle en même temps qu'elle. « Émile, veux-tu te taire, ne vois-tu pas que je parle ? » Elle doit intervenir, car elle a besoin de transmettre sa matière. Mais Émile se questionne : « Pourquoi ferais-je des efforts pour me taire ? De toute façon, elle ne s'en aperçoit même pas alors que j'ai toute son attention lorsque je parle en même temps qu'elle. »

[...]

---

15. Francine Ferland, *Et si on jouait? Le jeu durant l'enfance et pour toute la vie*, Montréal : Éditions du CHU Sainte-Justine, 2005, p. 76.

Interrompue dans son travail par l'élève qui parle, celui qui se lève de sa chaise ou l'autre encore qui fait du bruit, Annie prend bientôt conscience que ces élèves désirent son attention ou testent ses limites. Elle décide d'inverser la vapeur et de multiplier les occasions de souligner les comportements et les efforts qui correspondent à ses attentes. Toutes les 30 minutes, son téléphone programmé lui rappelle en douce de s'arrêter et de regarder ses élèves pour leur exprimer sa reconnaissance. « C'est tellement plus facile et agréable pour moi d'enseigner lorsque vous demeurez assis droit sur vos chaises. Et c'est tellement beau de vous voir ! Ne bougez pas que j'attrape ma caméra. Il faut que vous puissiez voir cela vous aussi ! » Trente minutes plus tard, elle renchérit : « Lorsque vous écoutez en silence comme vous le faites depuis un long moment, je me sens efficace et concentrée. Vous êtes si disciplinés que notre période de mathématiques s'achèvera plus tôt. Vous aurez du temps libre. Merci de vos efforts et de votre collaboration. » Annie continue d'utiliser son téléphone pour ces rappels pendant deux semaines. Par la suite, elle n'en a plus besoin : il est devenu naturel pour elle de s'arrêter quand tout se déroule selon ses attentes. Du même coup, elle constate que ses élèves n'adoptent plus leurs comportements dérangeants.

Voilà de quoi inciter Émile et les autres à demeurer silencieux et bien assis pour un moment en classe ! Lorsque l'enfant reçoit ce dont il a besoin, il est en mesure à son tour de nous accorder ce que nous attendons de lui.

### Besoin de se sentir compétent

Chacun a besoin de sentir qu'il a de la valeur aux yeux des autres, que ses forces, ses talents et ses différences sont reconnus, que ses réussites et ses bons coups sont pris en compte et soulignés. Ce besoin est en lien direct avec le sentiment de fierté que l'on éprouve par rapport à soi.

Il est inspirant de constater qu'un problème vieux comme le monde, c'est-à-dire une difficulté de comportement chez un enfant, peut disparaître avec un remède vieux comme le monde : la reconnaissance. Se peut-il que nous nous soyons éloignés à ce point de l'essentiel ?

## Saviez-vous que...

Dans certaines tribus africaines, lorsqu'un enfant se comporte de façon désagréable et répétitive, on comprend instinctivement que quelque chose lui manque. On demande simplement à l'enfant en difficulté de s'asseoir par terre pendant que tous les membres de la tribu prennent place en cercle autour de lui. À tour de rôle, chacun exprime à ce dernier ce qu'il aime de lui, en quoi il l'apprécie. Lorsque chacun a transmis son appréciation à l'enfant, celui-ci se relève et se comporte selon les règles et les attentes de la tribu. Toute difficulté a complètement disparu !

 Dans sa classe de sixième année, Jérôme a placé une chaise spéciale que tout le monde appelle «la chaise d'appréciation». Chaque matin, un élève s'y assoit pour recevoir l'appréciation des autres. Les élèves ont développé un vocabulaire spécifique pour exprimer leurs observations positives. Cet exercice a donné naissance à un autre, suggéré cette fois-ci par les élèves. Avec l'accord de toute la classe, Nicolas, un élève, a distribué à chacun des petits bouts de papier. Chaque enfant devait y inscrire des qualités jamais nommées jusqu'à maintenant. Ces petits billets ont été rassemblés dans une boîte et on commence dorénavant l'après-midi en en pigeant un. Celui ou celle qui a inscrit la qualité pigée explique au groupe la définition du mot. Une autre élève, Éliane, a par la suite suggéré qu'une fois l'explication reçue, l'ensemble de la classe pourrait nommer ceux et celles qui possèdent cette qualité. Petit à petit, les mots dénigrants et blessants ont disparu d'eux-mêmes dans le vocabulaire des enfants de la classe.

Non seulement Jérôme donne-t-il l'occasion à un élève par jour de s'asseoir sur la chaise d'appréciation, mais il permet à celui qui en fait la demande d'utiliser la chaise à d'autres moments, lorsqu'il ne reçoit pas suffisamment de reconnaissance de son entourage ou encore s'il vit des moments difficiles, comme la séparation de ses parents ou un deuil.

[...]

> Ainsi, lorsque ses élèves ont des besoins affectifs non satisfaits, plutôt que de se comporter de façon désagréable pour attirer l'attention, ils apprennent à demander adéquatement ce dont ils ont besoin et le reçoivent de façon saine et agréable. Père de quatre enfants, Jérôme utilise aussi cet outil au moment des repas avec les siens. La chaise spéciale a cependant été remplacée par «l'assiette» spéciale. Rapportée de voyage, elle permet à chaque membre de la famille d'être apprécié de façon régulière.

En plus d'apprendre les mathématiques, le français, les arts et les sciences, les élèves de Jérôme intègrent des valeurs telles que l'attention et la sensibilité aux autres, la recherche du beau, du bon ou encore la générosité d'offrir son appréciation. Combien de fois dans une journée remarque-t-on chez les autres de beaux yeux, une couleur de vêtement qui nous plaît, un sourire chaleureux ? Combien de fois le soulignons-nous ? Que d'occasions manquées de donner, d'offrir, de faire plaisir, d'aider l'autre à rayonner davantage !

Trop souvent, on tient pour acquis que dès qu'un enfant est d'âge scolaire, il doit bien se comporter en tout temps, à la maison comme à l'école. C'est pourquoi nos interventions se limitent aux écarts de conduite. L'attention accordée dans ces occasions l'amène toutefois à multiplier ces comportements désagréables et à être moins disponible pour effectuer les tâches à la maison et les apprentissages en classe. Il nous apparaît normal qu'un enfant accomplisse ses tâches, qu'il écoute lorsque l'enseignant parle, qu'il demeure assis durant le repas, qu'il accepte de partager, qu'il soit respectueux en gestes et en paroles. Or, certains enfants sont profondément découragés si on ne souligne pas les efforts qu'ils déploient.

Lorsque j'enseigne aux parents à combler le besoin de sentiment de compétence chez l'enfant, je leur suggère également d'être sensibles à ce même besoin chez leur conjoint et de le manifester quotidiennement. Ces partages mutuels d'appréciation favorisent la bonne entente et une atmosphère optimale d'épanouissement pour chacun des membres de la famille.

### Besoin de plaisir

Vous arrive-t-il régulièrement de rire avec votre conjoint, de vous sentir complices et de vous amuser ? Et avec vos enfants ? Le besoin de plaisir implique le rire, la joie et la découverte. Les moments d'exclusivité des parents avec leur enfant tout comme les sorties réservées au couple comblent souvent plusieurs besoins affectifs à la fois. On se sent alors important, aimé, apprécié et, en plus, on éprouve du plaisir. C'est ce qui fait que ces moments paraissent magiques et qu'ils constituent nos plus beaux souvenirs.

On associe souvent ce besoin aux vacances, aux fins de semaine, aux récréations, aux périodes de détente, aux amis, aux sports ou encore à la musique... Il peut aussi être lié à certains apprentissages chez l'enfant. Verser son lait, arroser une plante, attacher ses lacets, compter, écrire ou jouer d'un instrument peut être une source de plaisir gratifiante, car en apprenant de nouvelles choses, il franchit de nouvelles frontières et en retire souvent du bonheur. L'enfant subira aussi l'influence positive du parent qui chante au réveil ou en cuisinant, danse en passant l'aspirateur et semble prendre plaisir à exécuter ses tâches.

### Besoin de liberté

Le besoin de liberté trouve sa résonance dans l'autonomie et le pouvoir de choisir. Les adultes ont l'habitude de prendre des décisions et certains oublient parfois que ce besoin existe aussi chez l'enfant et qu'il fait partie de son développement. L'enfant se sent également libre lorsqu'il réalise des choses de sa propre initiative, avec ses mains (dessin, bricolage, etc.) ou son corps (bouger, courir, sauter, etc.). Participer au choix de ses vêtements, d'une activité, choisir ses coéquipiers, décider d'aller jouer dehors ou de lire à l'intérieur fait en sorte, pour lui, de combler son besoin de liberté.

Léo s'oppose constamment à ses parents pour toutes ses tâches : s'habiller, s'asseoir à table, brosser ses dents, se coucher le soir, etc. Lorsque ses parents comprennent que Léo aime décider, mener et choisir, ils modifient leurs stratégies. « Est-ce que tu porteras ton pantalon bleu ou brun aujourd'hui ? » « Quelle place choisis-tu à table ce matin ? » « Commences-tu par brosser tes dents du haut ou du bas ? » « Quel conte as-tu choisi pour ce soir ? » « Garderas-tu la veilleuse allumée ou éteinte ? » Léo n'a pas le choix d'effectuer des tâches comme s'habiller ou brosser ses dents, mais lorsqu'il peut décider par quoi commencer, comment et quand le faire, il sent qu'il exerce un contrôle, qu'il peut aussi être le « patron », d'une certaine manière.

## Besoin de sécurité

Un enfant a d'abord besoin de sécurité physique : une demeure pour le protéger des intempéries, par exemple, ou des arrêts et des feux de circulation pour l'empêcher d'être blessé ou d'avoir un accident. Mais il a aussi besoin de sécurité affective. Pour combler ce besoin, il doit se sentir aimé et protégé par les adultes qui l'entourent. Il doit avoir le sentiment qu'il peut compter sur eux et leur faire confiance en tout temps. Un milieu sécurisant est exempt de toute forme de violence et de danger. Les règles, à l'école, à la maison et partout ailleurs, ont justement pour but de sécuriser l'enfant et de faciliter sa vie avec les autres.

Hugo et Nathan, qui sont de bons amis, reçoivent chacun un nouveau vélo pour les vacances d'été. Le père d'Hugo spécifie alors à son fils : « Tu peux rouler jusqu'à l'arrêt de ce côté-ci de la maison et jusqu'à celui qui se trouve de l'autre côté. Pourquoi crois-tu que je te demande de respecter ces limites, Hugo ? » « Parce que cela pourrait être dangereux de m'aventurer plus loin », de répondre ce dernier. « Exactement. Entre ces arrêts, il n'y a aucun véhicule le jour. Tu l'as remarqué. Tu peux donc t'amuser en toute sécurité. Crois-tu être en mesure de respecter ces limites ? Y a-t-il quelque chose qui t'aiderait à y arriver ? »

Hugo sait pertinemment que les attentes de son père sont raisonnables et qu'il ne pose pas ces limites pour le frustrer, mais plutôt dans le but de l'aider et le protéger. Son père ajoute : « Si tu dépasses ces limites, ne serait-ce qu'une fois, ton vélo restera dans le garage pour une journée. De cette façon, tu te rappelleras bien de l'importance de ces limites. C'est à toi de décider si tu peux utiliser ton vélo tous les jours. Je serais triste de devoir le ranger. » Sécurisé à tous les points de vue et avisé des conséquences du non-respect des règles, Hugo enfourche son vélo et s'amuse à rouler à différentes vitesses, tout à son plaisir.

Le père de Nathan avise aussi son fils : « Ne t'éloigne pas trop de la maison avec ton nouveau vélo, car il va disparaître pour un bout de temps, je te le garantis ! » Le jeune garçon monte à vélo et se questionne : « Est-ce que je peux au moins sortir de la cour ? Est-ce que je peux me rendre chez Hugo, à deux coins de rue ? Mon père va-t-il vraiment faire disparaître mon vélo ? Pour combien de temps ? » Les règles n'étant pas claires, il roule, incertain quant aux limites à ne pas franchir.

Assurément, ces deux garçons n'éprouvent pas le même plaisir avec leur nouveau vélo. Hugo, sécurisé, est totalement disponible au plaisir et s'amuse beaucoup alors que Nathan, en proie à l'insécurité, ne peut pas en profiter autant. L'enfant dont le besoin de sécurité est satisfait est totalement disponible aux apprentissages à l'école. L'enfant en recherche constante des limites de son enseignant n'a pas les mêmes dispositions à écouter et à apprendre. Cela risque de nuire à sa réussite scolaire.

Le besoin de sécurité reste cependant le moins satisfait des besoins chez une multitude de jeunes enfants et d'élèves. Comme les limites fixées ne sont pas claires, ils ne savent pas où s'arrêter, cherchent les limites ou les « testent ». C'est aussi le besoin le plus difficile à combler pour les parents, car ils doivent absolument savoir user de leur autorité de façon adéquate, selon les situations. L'adulte qui a la responsabilité d'un enfant doit savoir répondre à ses besoins en lui fournissant un cadre adéquat dans lequel grandir et s'épanouir. Les frontières du cadre doivent être à la fois claires et souples, et évoluer avec le temps, mais elles ne doivent jamais disparaître ni être dessinées par l'enfant.

 Bien que les besoins affectifs de Léa soient entièrement satisfaits, Laurence affirme que sa fille refuse de collaborer lorsqu'elle lui demande d'éteindre l'ordinateur. Elle répète à maintes reprises sa demande et finit par élever la voix afin que la jeune fille s'exécute. Elle a même déjà menacé de donner l'ordinateur à un organisme de charité. « Je suis profondément triste de constater que nos journées se terminent ainsi, raconte Laurence. Pourtant, je réponds à son besoin d'amour et je partage plusieurs périodes de jeu exclusives avec elle. Son besoin de compétence est comblé quotidiennement, car je reconnais sa valeur régulièrement. Je lui laisse effectuer des choix. Je ris et j'ai du plaisir avec elle. Son besoin de sécurité est également satisfait puisque mes limites sont très claires : on éteint l'ordinateur à 20 heures. » Si Léa n'éteint pas l'appareil à la requête de sa mère, c'est que la limite n'est pas suffisamment claire. « Qu'est-ce qu'une limite claire ? », me demande alors Laurence.

Le parent doit prendre les moyens nécessaires pour rendre ses limites claires. Ces moyens se situent souvent dans l'action. Dans le cas de Laurence, la limite établie est que l'ordinateur soit éteint à 20 heures et pas une minute plus tard. Elle pourrait aviser sa fille qu'à cette heure, elle lui rappellera une seule fois la règle : « Léa, est-ce que tu appuies sur le bouton ou préfères-tu que j'éteigne l'ordinateur moi-même ? » Si elle ne s'exécute pas à ce moment, Laurence pourrait le faire pour elle en appuyant directement sur le bouton d'arrêt. Cela est une limite claire, même si elle peut sembler brutale. Vous trouverez d'autres exemples de limites claires au chapitre 6 et pourrez explorer différentes façons de les poser avec autorité, sensibilité et cœur afin de susciter la collaboration de l'enfant.

Par ailleurs, il est important de rappeler qu'un enfant tentera souvent de repousser les limites, même si elles sont claires. C'est le propre de l'enfance. Si le parent donne à l'enfant cinq minutes supplémentaires de jeu un soir, il y a de fortes chances que celui-ci en redemande tous les soirs. C'est un peu le même principe que le casino avec ses « machines à sous ». Il suffit de gagner une fois pour vouloir rejouer, même si on ne gagne pas toujours. Pour le joueur, la possibilité de gagner existe réellement. Imaginons une machine programmée pour ne jamais rendre de monnaie, même après plusieurs essais. Dans ce cas, les chances qu'on abandonne l'idée de gagner sont nombreuses. L'enfant qui sait exactement où se trouve la limite et qui est assuré qu'il ne gagnera pas cessera éventuellement de vouloir repousser cette limite.

 Lorsqu'un élève insulte un de ses compagnons au service de garde, Jessica, son éducatrice, revoit avec lui les règlements de l'école. Elle dit être douce et sensible dans ses interventions de façon à respecter l'enfant, ce qui est très louable. Elle vérifie auprès de lui s'il a bien saisi l'importance du respect des autres. Elle lui demande comment il se sentirait si on l'insultait, comment il croit que l'autre se sent après avoir subi ses insultes... « Parfois, dit-elle, je prends une vingtaine de minutes pour m'assurer qu'il a bien compris et ne recommencera plus. Et il récidive. »

Lorsque l'enfant ne vit pas les conséquences de son geste, rien ne l'incite à se responsabiliser et à se corriger. Encore une fois, le parent doit établir clairement ses limites et user adéquatement de son autorité en agissant de manière constante et ferme pour les faire respecter. Après avoir averti l'enfant des conséquences possibles du non-respect des règles, il ne doit pas hésiter à les lui faire assumer.

## La relation parent-enfant : le principe du « donnant-donnant »

Je compare souvent la relation qu'un parent entretient avec son enfant à un guichet automatique. Chaque fois qu'un parent demande à son enfant d'exécuter une tâche ou de répondre à une demande comme faire son lit, rester assis durant le repas, se brosser les dents ou faire un effort pour ranger sa chambre ou la salle de jeux, il effectue un retrait dans le « compte relationnel » qu'il partage avec lui. Considérant le nombre de demandes qu'un enfant reçoit par jour, il est évident que les mères et les pères effectuent une foule de retraits.

Lorsqu'un enfant refuse d'écouter ou de collaborer, c'est qu'en fait, le compte relationnel est à sec. L'adulte est cruellement en manque de fonds. L'enfant qui ne peut plus donner ce qui est attendu ou exigé de lui montre un manque. Tout comme l'adulte ne peut retirer d'argent de son compte en banque sans en avoir déposé au préalable, il lui faudra effectuer un « dépôt » dans le compte relationnel qu'il détient avec son enfant pour espérer sa collaboration. L'enfant sera ainsi capable, en retour, de donner. C'est la simple règle du « donnant-donnant ». C'est donc au parent de donner d'abord à son enfant ce dont il a besoin, tant sur le plan physique qu'émotif, pour que ce dernier puisse ensuite faire équipe avec lui.

Il est dans la nature d'un enfant de chercher à faire plaisir à ses parents dans la mesure où ses besoins sont satisfaits. Mais attention ! Le but des « dépôts » dans le compte relationnel parent-enfant n'est pas, pour le parent, d'obtenir *tout* ce qu'il souhaite de l'enfant. Ce n'est pas du marchandage. Le but premier de la satisfaction des besoins de l'enfant est de lui permettre de se sentir important, de sentir qu'il compte pour son parent, qu'il est une priorité dans sa vie. Le sentiment qu'il a une valeur vient aussi lui garantir que son parent s'assurera qu'il reçoive tout ce dont il a réellement besoin pour s'épanouir pleinement. En plus de renforcer la relation parent-enfant, cette garantie favorise le développement de son estime de soi.

## L'importance de l'écoute

L'écoute, qui est à la base de la communication, est un autre élément essentiel d'une relation parent-enfant saine et harmonieuse. Or, écouter, c'est à la fois entendre ce que dit l'enfant, mais aussi tenter, le plus souvent et adéquatement possible, de comprendre ce qu'il vit.

> Lorsque j'exerçais ma profession d'infirmière, j'administrais des vaccins aux enfants. J'avais horreur de cet avant-midi par semaine durant laquelle je n'avais pas le choix d'effectuer cette tâche. Devant la douleur ressentie par les enfants, j'entendais souvent les mêmes phrases des parents : « Ne pleure pas, ce n'est rien, c'est fini » ou « Es-tu certain que ça fait aussi mal ? » ou encore « Tu te comportes comme un bébé », « Fais ton grand garçon, sois raisonnable », « L'infirmière doit faire son travail, elle ne voulait pas te faire mal », « Si tu veux être en bonne santé, il faut avoir tous les vaccins indiqués dans ton carnet. C'est pour te protéger de graves maladies », « Ton petit frère, lui, n'a pas dit un mot. Il est vraiment courageux ». Rarement ai-je entendu des parents reconnaître ce que vivait leur enfant à cet instant et lui dire : « Une telle piqûre dans ton bras fait vraiment mal, n'est-ce pas ? »

Il est difficile de voir notre enfant avoir mal sans tenter de le libérer de cette douleur physique et de la peur qui l'accompagne. Pourtant, c'est en prenant le temps de l'écouter sans rien dire, ou en ajoutant parfois un mot de réconfort, qu'il se libérera lui-même d'émotions difficiles. Quand nous sommes sensibles à ce que ressent notre enfant, que nous affichons de la compassion, nous touchons directement son cœur. Il se sent compris et important. Cette attitude l'aide à se sentir mieux et nourrit le sentiment de confiance.

Notre capacité à nous mettre à la place de l'enfant favorise l'expression de ses sentiments et ses émotions. Si vous discernez le sentiment qu'il éprouve, nommez-le sans grand discours : « Comme ça doit être choquant ! ». Vous pourrez ainsi entendre et accueillir tous les sentiments de l'enfant, mais aussi veiller à les encadrer lorsqu'ils sont trop intenses :

« Tu as le droit d'en vouloir à ton prof, mais il est interdit de lancer ton sac d'école… »

Les enfants semblent détecter facilement les émotions de leurs parents. Par exemple, si, à la rentrée scolaire, je laisse mon enfant à l'école avec une attitude calme et confiante en me disant qu'une nouvelle étape s'amorce dans sa vie malgré les émotions que cela suscite en moi, il ressent ma confiance. Si je le laisse en pleurant parce qu'il pleure lui aussi ou si j'exprime des émotions intenses et négatives devant lui, il risque d'être inquiet et stressé avant même d'entreprendre cette grande aventure. Dans les situations particulièrement difficiles ou déterminantes dans la vie de l'enfant, le parent doit se montrer calme et rationnel afin de le protéger d'un sentiment d'insécurité. Évidemment, on ne doit pas faire en sorte que l'enfant pense que nous sommes incapables d'exprimer des émotions négatives, préférant cacher notre colère, notre peine ou notre déception… Nous sommes des êtres humains : nous pouvons exprimer nos émotions dérangeantes et désagréables et tout de même rester un modèle pour nos enfants en leur apprenant à accepter les émotions négatives et à les verbaliser correctement.

Lorsque vous vous sentez perturbé ou frustré, exprimez certains de vos sentiments à voix haute, en disant par exemple : « Je suis stressé, mais je suis sûr que je peux m'en sortir si je prends le temps d'y réfléchir. » C'est une excellente façon d'apprendre à votre enfant à se calmer et à se contrôler. Une situation vous attriste réellement ? Ne craignez pas de verser quelques larmes devant votre enfant. Si vous lui faites part de votre émotion en lui disant que bientôt vous vous sentirez mieux, il en sera rassuré. Lorsque vous répétez vos demandes et finissez par laisser libre cours à votre colère en haussant le ton, cela ne traumatisera pas votre enfant à vie si, une fois calmé, vous prenez le temps de lui dire que vous vous êtes emporté, que vous vous excusez et que vous proposez de réparer votre tort. Si, de plus, vous lui signifiez que vous allez dès maintenant chercher des moyens de ne plus élever la voix, vous ferez preuve d'une attitude rassurante et sécurisante.

## *L'écoute active*

 Lorsqu'un de mes fils m'a dit le plus sérieusement du monde qu'il détestait son frère et ne voulait plus le voir, je lui ai répondu : « Je ne veux pas que tu dises cela. Je sais que tu l'aimes, mais moins en ce moment. » « Non, je ne l'aime pas ! », m'a-t-il rétorqué. Plus tard, j'ai constaté que plutôt que de l'aider à nommer sa colère, sa frustration et son besoin par rapport au comportement de son frère, j'avais nié ses sentiments. Je devais apprendre à écouter véritablement mes enfants, à décoder ce qu'ils tentaient de me dire maladroitement par leurs mots ou leurs gestes, et m'exercer à nommer ce que je ressentais sans les blesser pour ensuite leur apprendre à faire de même. « Un autre défi à relever », me suis-je dit.

En m'initiant à l'écoute active[16] grâce à l'auteur Thomas Gordon, j'ai eu l'impression d'apprendre une nouvelle langue. J'ai d'abord appris à me taire et à « traverser le pont » du côté aimant lorsque les agissements de mes fils suscitaient de la colère, du moins le temps de m'assurer de ma disponibilité à les écouter véritablement. Quel défi de créer par la suite cette ouverture à entendre sans jugement aucun leur vécu afin de traduire dans ma nouvelle langue les sentiments sous-jacents que je décodais dans leurs mots ou leurs gestes !

Voici un bref résumé et une adaptation de ce que j'ai retenu de mes lectures, de mes apprentissages et de mes expériences à ce sujet, plus particulièrement grâce aux outils et principes de communication[17] de Thomas Gordon :

---

16. Thomas Gordon, *Parents efficaces*, Montréal : Éditions du Jour, 1977.

17. *Ibid.*

## Les quatre façons différentes d'écouter véritablement

1. L'écoute active
2. Le message reçu
3. L'invitation
4. L'écoute passive (le silence)

### *L'écoute active*

Faire preuve d'**écoute active** signifie entendre les paroles de l'enfant et prendre le temps de comprendre **réellement** ce qu'il ressent. Pour ce faire, on peut **reprendre ses mots** et lui montrer **ce qu'on comprend** de sa situation en reformulant l'idée dans une phrase ou encore en **nommant l'émotion** qu'on a cru percevoir. De cette façon, il se sent compris. On peut alors lui apprendre à nommer sa véritable émotion, la colère par exemple, avec des mots acceptables, ce qui l'aide à y voir plus clair.

L'écoute active nécessite du temps, car elle requiert toute notre attention et toute notre disponibilité. Impossible de pratiquer une écoute active tout en cuisinant ou en effectuant une tâche. Cela demande de s'arrêter et de regarder l'autre.

### *Le message reçu*

**Plusieurs messages ou « signes »** prouvent à l'enfant qu'il a vraiment toute notre attention. Grâce au **langage non verbal** (signe de tête, haussement de sourcils, positionnement des mains, etc.), il peut aisément se sentir écouté. Des interventions verbales comme « Je vois… », « Mmm… », « Ah ! », « Oh ! » ou « Vraiment ? », énoncées avec sensibilité, démontrent aussi à l'enfant que nous sommes attentifs et intéressés tout en lui laissant la liberté d'explorer ses sentiments et ses pensées.

e particulièrement ce type d'écoute quand je tiens r l'émotion, à lui laisser toute la place et que ion que toute phrase découlant d'une écoute perturber plutôt qu'aider. C'est aussi le type d'écoute que j'ai le plus utilisé en tant qu'infirmière alors qu'un patient me parlait, par exemple, de l'évolution de son cancer, de la douleur qu'il ressentait, des limites physiques auxquelles il était soumis...

Lorsqu'on laisse à notre interlocuteur tout l'espace nécessaire pour exprimer son émotion, des solutions ou une meilleure compréhension de la situation peuvent surgir.

### L'invitation

**L'invitation** offre aux enfants la possibilité de partager ou non ce qu'ils ressentent. Alors que certains vont facilement se confier, d'autres attendent qu'on leur tende une perche pour parler.

### L'écoute passive

**Le silence** est un message non verbal puissant qui montre à la fois qu'on accepte les sentiments que l'enfant nous communique, qu'on lui fait confiance et qu'on est totalement présent pour l'écouter. Dans certaines situations, surtout les peines les plus intenses, il s'avère souvent nécessaire et bienfaiteur.

## Favoriser l'expression des émotions

Dans chaque conversation, le ton et la façon de s'exprimer comptent pour beaucoup. Il arrive à plusieurs parents d'interpréter, dans leurs propos, les sentiments ou les intentions de leurs enfants plutôt que d'être attentifs à ce que ces derniers ressentent vraiment.

La négation, par exemple, est l'un des principaux obstacles à la communication. Qui n'a pas entendu des phrases telles que : « Ne te sens pas mal ! », « Ne t'en fais pas avec ça ! » ou encore « Tu n'as pas à te sentir coupable pour ça ! ». N'est-il pas légitime de se sentir mal ? De nous en faire ? Bien sûr ! Non seulement ces phrases ne chassent pas notre sentiment, mais elles nous enlèvent aussi l'envie de nous confier.

Voici d'autres exemples de phrases qui peuvent parfois avoir pour effet de nuire à l'écoute active tout autant qu'à l'expression des émotions chez l'enfant :

**Nier :** « Ne te fâche pas pour ça, tu as toute la journée pour recommencer. »

**Blâmer :** « Combien de fois t'ai-je dit d'aller faire tes constructions dans ta chambre ? Tu ne m'écoutes jamais ! »

**Douter :** « Es-tu certain que ce n'est pas toi qui as commencé ? Est-ce que tu me dis la vérité ? »

**Conseiller pour obtenir quelque chose pour soi :** « Tu devrais faire ça dans ta chambre, tu ne serais pas dérangé. Joue donc à un jeu qui ne fait pas de bruit. Pourquoi tu ne téléphones pas à un ami pour aller jouer chez lui ? Comme ça, tu serais tranquille. »

**Prendre parti pour un autre :** « Je ne pense pas qu'il l'a fait exprès. Il ne faut pas lui en vouloir pour ça. Si tu le laissais jouer avec toi, ça n'arriverait pas. »

**Philosopher :** « Dans la vie, tu vas te faire briser des choses. Tu dois t'habituer. »

**Expliquer :** « Je crois que s'il t'agace, c'est qu'il veut jouer avec toi. Il ne sait pas comment te le demander. Tu es capable de comprendre ça, j'en suis certaine. »

Il en va tout autrement lorsque ces obstacles sont remplacés par un « message je[18] » comme : « Je suis choquée que tu agisses de cette façon envers ton frère. » Ce message ne véhicule ni reproche ni jugement et exprime ce que l'adulte ressent devant un comportement inacceptable. Ces messages à la première personne, donc exprimés en son nom propre, ont de fortes chances d'inciter l'autre personne à vouloir changer. Ils préservent aussi l'estime de l'enfant ou de l'adolescent et favorisent une relation de respect mutuel.

---

18. Thomas Gordon, *Éduquer sans punir*, Montréal : Les Éditions de l'Homme, 2003, p. 131.

Soucieuse d'apprendre à ses enfants à exprimer leurs sentiments, Chantal a créé un jeu à table à l'aide de petites illustrations de sentiments et d'émotions qu'elle a disposées dans un bol. Tous les soirs, au moment du repas, une illustration est pigée et chaque membre de la famille nomme, à tour de rôle, une situation dans laquelle il a ressenti cette émotion. S'il s'agit de l'impatience, on dira par exemple : « Je me sens impatiente lorsqu'il est l'heure de quitter la maison et que tu n'es pas prête » ou « Moi, je me sens impatient lorsque je suis dans une longue file au magasin ». Lors de ma dernière visite, j'ai pu entendre sa fille âgée de 5 ans dire : « Maman, je suis exaspérée par mon frère. » J'ai été abasourdie de la capacité de ces enfants à reconnaître et nommer aussi facilement et finement leurs émotions.

Les événements dans la journée d'un enfant génèrent différents sentiments. Lui apprendre à les reconnaître et les nommer lui permettra de s'affirmer dans bon nombre de situations. Nommer adéquatement ce qu'il ressent est également une première étape menant à des relations saines, à la fois avec ses parents, ses frères et sœurs, ses amis et son entourage. Différentes figures d'émotions (pictogrammes) peuvent aider les plus jeunes à différencier certaines d'entre elles. On peut aussi se servir de personnages de contes ou d'émissions de télévision pour les y aider.

Le vocabulaire qui qualifie les sentiments est très varié. La tristesse, la peur, la joie et la colère sont quatre sentiments de base qui devraient être illustrés, placés bien en vue (sur le frigo, par exemple) et expliqués à l'enfant dès son jeune âge.

## Les principes de la communication non violente

Si l'écoute véritable fut pour moi une nouvelle langue à apprendre, la communication non violente (CNV) m'est apparue comme une extension de ce langage. Elle m'a non seulement permis de reconnaître mes émotions et celles des autres, et de les nommer, mais aussi de reconnaître le besoin non satisfait caché sous une émotion désagréable et de déterminer ce dont j'avais besoin pour la maîtriser.

La méthode de la communication CNV a été créée par Marshall Rosenberg, il y a maintenant plus de 35 ans. Après avoir observé la nature humaine et ses conséquences, il a déterminé que même si les êtres humains avaient tendance à prendre soin des autres, certains d'entre eux traitaient leur entourage, même le plus proche et le plus aimé, avec violence alors que d'autres restaient constamment bons et altruistes, malgré un contexte violent.

En fait, la CNV se veut une autre façon de penser et d'aborder la communication avec les autres. Favorisant des liens et des relations s'appuyant sur la compassion, le respect de soi et d'autrui, l'empathie et la coopération, elle peut être utilisée « pour résoudre les conflits, améliorer les relations et accroître les performances dans virtuellement tous les domaines de l'activité humaine, que ce soient les écoles, les entreprises, les prisons, les hôpitaux et les gouvernements, la police, les bandes organisées, les militaires, les militants, les parents, les enfants et les couples[19] ».

## Cette méthode consiste précisément à :

1. Mettre de côté nos jugements pour observer la situation de façon objective.

   Je dis ce que je vois ou ce que j'entends : « *Lorsque je t'entends dire à ton frère qu'il est bête...* »

2. Identifier le plus clairement possible les sentiments ressentis en les différenciant des jugements qu'on peut avoir.

   Je dis comment je me sens : « *Ça me choque et ça me fait de la peine.* »

3. Nommer les besoins qui sont en lien avec les sentiments (aspirations profondes, motivations, etc.).

   Je dis ce dont j'ai besoin pour me sentir bien : « *J'ai besoin de respect entre vous.* »

4. Formuler une demande claire et simple visant à satisfaire les besoins. Elle doit être la plus positive, concrète et réalisable

---

19. Isabelle Padovani, « La CNV : qu'est-ce que c'est ? », sur le site francophone de la Communication non violente (CNV). www.nvc-europe.org/SPIP/La-CNV-qu-est-ce-que-c-est [consulté le 2 février 2013]

possible. Lorsque la demande est liée à notre sentiment et, surtout, à notre besoin, il est beaucoup plus probable que l'enfant ressente de la joie à l'idée d'enrichir notre vie.

Je fais une demande pour satisfaire mon besoin : « *Peux-tu exprimer d'une façon qui soit acceptable dans notre maison ce qui te fâche ou te dérange en ce qui concerne ton frère plutôt que dire qu'il est bête ?* »

On peut par la suite demander à la personne de réparer le tort causé, ce qui a pour effet de boucler la boucle de cette parole blessante, de son effet et de ses conséquences.

Quel bonheur d'affirmer son autorité de parent avec cette méthode ! Plutôt que de dire « Ça fait dix fois que je te demande de ranger ta chambre. Je suis fatigué de te le répéter ! Tu n'as vraiment pas d'ordre ! », on peut dire :

1. « J'ai déposé ton linge propre dans ta chambre et j'ai remarqué plusieurs vêtements sur le plancher, des livres sur ton lit... » (observation des faits sans jugement) ;

2. « Je me sens découragée » (sentiment) ;

3. « J'ai besoin de propreté et d'ordre dans la maison » (besoin) ;

4. « Pourrais-tu mettre ton linge sale dans le panier à linge, ranger tes livres sur les étagères et faire ton lit ? » (demande).

La CNV est aussi efficace à l'école. Ainsi, lorsque je travaille avec les enseignants et le personnel en milieu scolaire, je les encourage à exprimer leurs sentiments dans tous les types de situations.

### Exemple de situation dérangeante où les besoins sont insatisfaits :

« Lorsque tu te lèves de ta chaise alors que c'est le moment de demeurer assis (observation), cela me dérange et m'agace (sentiment). J'ai peur que cela nuise au travail des autres (sentiment). J'ai besoin de collaboration et de discipline de ta part (besoin). Penses-tu que tu peux demeurer assis lorsque je te le demande ? (demande) »

**Exemple de situation agréable où les besoins sont satisfaits :**

« Lorsque vous rangez vos effets scolaires dans vos sacs dès que je le demande (observation), je suis contente et je me sens privilégiée (sentiment) d'enseigner à des élèves qui écoutent les consignes comme vous le faites parce que j'ai besoin de collaboration de votre part (besoin). »

Au début, cette façon de nous exprimer ne nous semble pas naturelle. Pourtant, avec de la pratique, cela se fait plus spontanément. La CNV permet de réduire les conflits tout en créant avec nos enfants ou toute autre personne de notre entourage des liens profonds et authentiques. Elle permet par la même occasion de répondre à plusieurs besoins, selon les situations : acceptation, adaptation, amour, appréciation, attention, bonté, calme, changement, chaleur humaine, communication, compréhension, confiance[20].

Cependant, je n'utilise pas cette formulation dans toutes les situations agréables. J'aime encore dire à mes enfants ou à mon conjoint « Tu es tellement gentil ! » avec le sourire, le regard et tout le non-verbal qui l'accompagne. Il faut dire que les situations positives n'ont pas à être continuellement expliquées…

C'est dans les situations conflictuelles que la CNV a su prouver son efficacité. Malgré sa simplicité, elle demande une bonne dose de détermination. En effet, il faut beaucoup d'assiduité avant qu'elle ne devienne une seconde nature et qu'on puisse, particulièrement dans les situations tendues où il faut user d'autorité, l'appliquer spontanément sans retomber dans ses vieux modèles de communication rigide, inefficace et épuisante.

Lorsqu'on émet un jugement sur le comportement dérangeant d'un enfant (« Tu laisses traîner tes choses ! »), cela ne l'incite pas à modifier son comportement. Le jugement le blesse et l'amène à se fermer ou encore à se défendre de

---

20. *Ibid.*

manière quasi automatique (« Tes choses traînent autant que les miennes ! »). Pour susciter la collaboration de l'enfant, on doit s'exprimer de façon à créer chez lui une ouverture à nous entendre. Nommer ce qu'on a vu ou entendu, les sentiments et les besoins plutôt que de critiquer directement l'enfant augmente les chances d'être entendu. Si je suis du « côté cœur », j'occupe une bien meilleure position pour toucher le cœur de l'enfant.

La méthode CNV est un outil précieux non seulement pour améliorer la qualité de la communication avec nos enfants ou avec notre conjoint, mais aussi pour transmettre aux autres, et surtout aux enfants, les valeurs d'empathie, de coopération harmonieuse et de respect de soi et des autres. C'est pourquoi elle sera à nouveau abordée au chapitre 4 en tant qu'outil de prévention des comportements répréhensibles et au chapitre 6, lorsque seront présentés divers moyens pour affronter les situations difficiles.

## Et les récompenses… s'agit-il d'un besoin ?

« J'ai besoin de me récompenser un peu, j'ai tellement travaillé ! » Quoi de plus normal que de raisonner ainsi. Mais lorsqu'on se récompense parce qu'on a beaucoup travaillé et qu'on travaille pour se récompenser, il y a de quoi s'interroger.

Plusieurs parents et enseignants s'imaginent qu'un enfant ou un élève doit recevoir une gratification pour les tâches qu'il effectue ou les bons comportements qu'il adopte. Certains enseignants croient même que les récompenses sont nécessaires et demeurent le meilleur moyen pour inciter les élèves à apprendre, à travailler en classe et à se comporter de façon convenable.

La récompense n'a rien de mauvais en soi. C'est une motivation parmi tant d'autres. Il faut simplement en éviter les pièges. L'envie, le besoin de faire plaisir à ceux qu'on aime, de les gâter, de les choyer est sain. Le marchandage l'est moins. « Si tu fais ceci, tu auras cela. Si tu ne fais pas ceci, tu n'auras pas cela. » Croyant bien faire, de nombreux parents emploient un système de récompenses avec leur enfant ou monnayent des tâches comme faire son lit, brosser ses dents, vider le lave-vaisselle ou ranger son linge propre dans ses tiroirs. Plusieurs d'entre eux avouent qu'après un moment, leur enfant refuse d'effectuer gratuitement une tâche ou de les aider. S'installe alors une dynamique de marchandage.

 Lorsque Louise demande à Édouard de l'aider à transporter les sacs d'épicerie du coffre de la voiture à la maison, ce dernier lui répond : « Que me donnes-tu si je le fais ? Ce n'est pas dans mes tâches. »

Édouard aurait-il déjà appris qu'une récompense doit être associée à toute tâche ? Qu'on ne fait rien gratuitement ou par plaisir ? C'est bien dommage… La récompense est une motivation extrinsèque, c'est-à-dire qu'elle se situe hors de l'enfant. Il faut plutôt chercher à développer une motivation qui vient directement de lui. Les récompenses ne sont pas le moyen privilégié pour y parvenir. Comme le mentionne Germain Duclos : « La motivation intrinsèque se manifeste dans la pratique d'une activité où le jeune retire plaisir et satisfaction. Il effectue l'activité volontairement, par intérêt, parce qu'il prévoit qu'elle sera source de plaisir, ou qu'il anticipe son utilité ou les deux à la fois[21]. » Ainsi, lorsque l'enfant sait à quoi ou à qui sert sa tâche, il est plus motivé. S'il éprouve du plaisir à l'exécuter, en écoutant de la musique, en chantant ou en se distrayant de quelque autre façon par exemple, c'est encore plus motivant.

---

21. Germain Duclos, *La motivation à l'école, un passeport pour l'avenir*, Montréal : Éditions du CHU Sainte-Justine, 2010, p. 37.

> ❤ Lorsque Charlotte a mis le couvert avant le repas, son père Éric s'est arrêté un moment pour lui dire : « Sais-tu à quel point tu rends ma vie plus agréable au retour du travail en effectuant cette tâche ? Savoir que je peux compter sur toi me soulage et me donne envie d'arriver plus vite à la maison. En plus, tu contribues vraiment au mieux-être de toute notre famille. Je suis fier de toi et des efforts que tu fournis pour nous tous. Tu as de quoi être fière de toi.[22] »

Par ces paroles, Charlotte sent qu'elle a de la valeur, qu'elle est importante pour son père et pour sa famille. Du même coup, ses besoins d'attention, d'amour, de compétence et de valorisation sont comblés. Apprécier, reconnaître, remercier prend du temps, me dit-on souvent. Plus de temps que de marchander, d'offrir une compensation ou une récompense, bien sûr. Pour y parvenir, il faut prendre le temps de s'arrêter, de reconnaître nos sentiments et de les nommer à l'enfant. Mais quel apprentissage différent pour Charlotte et Édouard ! Charlotte apprend que la vie en famille est plus agréable et facile grâce aux tâches qu'elle accomplit. Que c'est là une façon de prendre soin des autres. En plus d'aider et de se sentir utile, elle fait plaisir à ses parents. N'est-ce pas une valeur humaine que tout parent souhaite transmettre à son enfant ?

En tant que parent, qu'évoquent pour vous les cas d'Édouard et de Charlotte ? Lorsque vous marchandez comme dans l'exemple du jeune garçon, que vous tentez de contrôler votre enfant, de l'inciter à répondre coûte que coûte à votre demande, vous sentez-vous compétent ? Êtes-vous fier de votre façon d'agir ? Probablement pas, même si parfois, on ne sait tout simplement pas faire autrement. Notre horaire est si chargé qu'il nous semble impossible de s'arrêter, à certains moments, pour prendre le temps de dire ce qu'on ressent et de s'ouvrir à notre enfant. Si, toutefois, il vous arrive d'y parvenir, comme Éric, n'avez-vous pas le

---

22. Voir Germain Duclos et Martin Duclos, *Responsabiliser son enfant*, Montréal : Éditions du CHU Sainte-Justine, 2005.

sentiment d'être un parent sensible et aimant qui accorde de l'importance à son enfant et voit plus loin que l'exécution de la tâche ?

Un tableau de motivation peut être bénéfique au parent qui souhaite faire adopter un comportement à son enfant ou lui faire effectuer une tâche sans promettre de récompense ou devoir constamment marchander. Très concret et facile à comprendre pour un jeune enfant, cet outil lui rappelle ses efforts et ses succès en un coup d'œil. Il répond par la même occasion à son besoin de compétence tout en éveillant en lui une motivation intrinsèque. Chaque fois que l'enfant adopte le comportement souhaité, le parent remplit une case du tableau avec un petit dessin ou une étampe. Si vous choisissez de l'utiliser, arrêtez-vous à regarder le tableau avec l'enfant, puis exprimez-lui votre fierté pour les efforts qu'il déploie en disant : « Comme tu dois être fier de toi ! » Vous verrez le visage de l'enfant s'illuminer. Voilà la plus belle motivation. Il sera alors porté à reproduire le comportement, et pas seulement pour obtenir une récompense ou vous faire plaisir, mais pour ressentir la fierté de s'être comporté comme vous vous attendiez.

**Tableau 4 – Exemple de tableau de motivation**

| Je reste assis du début à la fin du repas | Dimanche | Lundi | Mardi | Mercredi | Jeudi | Vendredi | Samedi |
|---|---|---|---|---|---|---|---|
| Matin | ☺ |  |  | ☺ |  | ☺ | ☺ |
| Midi |  |  | ☺ |  | ☺ |  | ☺ |
| Soir |  | ☺ | ☺ |  |  | ☺ |  |

Lorsque le tableau indique que la difficulté persiste, il est du rôle du parent de chercher avec l'enfant une stratégie qui incitera ce dernier à adopter de plus en plus souvent le comportement souhaité. Le chapitre 6 vous en propose quelques-unes.

> Claudia, une enseignante à la maternelle, avait retenu de mes propos qu'il fallait « arroser les fleurs, pas les mauvaises herbes[23] » — d'après le titre du livre de Fletcher Peacock. Cessant de placer en retrait maintes fois par jour les petits qui se disputaient, proféraient des insultes ou se bagarraient, elle s'était mise à remettre des autocollants aux élèves respectueux. Malheureusement, ce changement n'avait pas modifié les comportements désagréables des enfants. Déterminée à redresser la situation, elle s'était présentée en classe un matin avec deux immenses pots translucides, l'un vide et l'autre rempli de petits cœurs en verre. « Dorénavant, chaque fois que l'un de vous fera un geste de bonté, d'entraide, de partage ou aura des mots d'appréciation pour une personne dans le groupe, il pourra retirer un cœur du pot pour le déposer dans l'autre. » Au début, les propositions telles que « Veux-tu partager ma collation ? », « Aimerais-tu que je te prête mon jeu ? » ou encore les commentaires tels que « J'aime tes souliers neufs » visaient bien entendu à transférer un cœur de pot. À la fin de chaque journée, Claudia traçait une marque sur le pot qui se remplissait en spécifiant : « Je suis très fière de vous ! Vous devez être fiers de vous aussi ? » Trois semaines plus tard, les élèves avaient adopté plusieurs comportements liés aux valeurs que leur professeure souhaitait transmettre en oubliant le transfert des cœurs, comme s'ils avaient pris goût à être bons et à faire du bien.

Quel exemple inspirant ! J'imagine ces enfants retirés du groupe de façon répétitive, jour après jour, alors qu'ils commencent l'école. Grâce à sa créativité, Claudia a changé le parcours scolaire et la vie de ces enfants tout en modifiant la sienne pour le meilleur. Elle leur a véritablement permis de grandir de la meilleure manière qui soit.

---

23. Fletcher Peacock, *Arrosez les fleurs, pas les mauvaises herbes ! : une stratégie qui révolutionne les relations professionnelles, amoureuses et familiales*, Montréal : Les Éditions de l'Homme, 2007.

## Les encouragements, les compliments et les félicitations

Dans l'ouvrage *Le défi de l'enfant*, Rudolf Dreikurs mentionne que « l'encouragement est l'aspect le plus important de l'éducation des enfants, au point que son absence peut être considérée comme la cause essentielle de la mauvaise conduite. Un enfant qui se conduit mal est un enfant découragé[24]. » Or, il existe une nette différence entre encourager et féliciter et il est important de bien les distinguer. Les encouragements se donnent pendant que l'enfant effectue une tâche (« Continue, Camille, tu as déjà accompli une grande partie du travail ! », « Tu vas y arriver, Simon, tu y mets tellement d'énergie ! ») ou lorsqu'il fait un effort pour adopter un comportement donné (« Je sais, Julien, que tu es capable de demeurer assis jusqu'à la fin du repas »). Les compliments et les félicitations, pour leur part, sont octroyés après la réalisation d'une tâche. On peut, dans ce cas, dire à un enfant : « Bravo ! Tu as réussi à compléter ton travail ! » ou « Tu dois être fière de toi, Justine, tu as atteint ton objectif ! »

On peut aussi être plus spécifique dans ses propos. Plus les compliments et les félicitations sont spécifiques, plus ils sont utiles et bienfaisants pour l'enfant. Lorsqu'on me dit : « Tu es une bonne conférencière », il serait légitime que je demande en quoi on me trouve bonne. Lorsqu'on me précise : « Ce qu'on aime de vous, ce sont vos exemples concrets, on s'y retrouve. La simplicité avec laquelle vous expliquez votre approche nous la rend accessible... », je comprends beaucoup mieux les qualités qu'on me reconnaît.

De la même façon, un compliment non spécifique tel que : « Tu as été très gentil avec ta petite cousine » n'a pas le même effet chez l'enfant qu'un compliment spécifique comme « Je t'ai vu accepter Léa dans vos jeux même si elle est beaucoup plus petite. Tu as démontré à plusieurs reprises une grande bonté à son égard ». Notez la différence entre

---

24. Rudolf Dreikurs, *Le défi de l'enfant*, Paris : Robert Laffont, 1972.

« Tu partages bien avec les autres » et « Lorsque je t'ai vu partager ta collation avec Simon, ton geste m'a touché. Tu as fait preuve de générosité ».

Dans le même ordre d'idée, il faut éviter les « Ne lâche pas ! », qui sont négatifs malgré qu'on les entende à répétition, particulièrement lors de joutes sportives. Il est préférable de les remplacer par « Continue ! » ou toute autre expression positive. Dans leur livre *Parler pour que les enfants écoutent, écouter pour que les enfants parlent*, Adèle Faber et Elaine Mazlish mentionnent qu'un compliment efficace comporte deux parties[25] :

- L'adulte décrit de façon admirative ce qu'il voit ou ce qu'il ressent ;
- Après avoir entendu la description, l'enfant est alors capable de se faire un compliment à lui-même.

Lorsque le compliment n'est pas proportionnellement ajusté au comportement ou à la situation, il peut paraître exagéré à l'enfant, qui pourra le refuser.

Ainsi, plutôt que de dire : « Quelle belle écriture que la tienne ! », on peut dire : « Tes lettres sont toutes de la même taille et s'insèrent parfaitement entre les lignes. Elles sont plaisantes à regarder. » L'enfant pourra ajouter : « Je suis bon en écriture. » Non seulement il ne peut réinterpréter le compliment reçu, puisqu'il ne comporte pas de jugement sur lui, mais il peut se complimenter lui-même, de la façon et à la mesure qui lui conviennent.

Plutôt que de dire : « Comme ta chambre est bien rangée ! », on peut dire : « Je vois que ton lit est fait, que tes vêtements sont dans les tiroirs et que ton matériel scolaire est rangé sur ton bureau. Quand je vois l'ordre qui règne ici, je me sens appuyée dans mes tâches. » L'enfant dispose de tout l'espace pour se reconnaître : « Je sais bien ranger, n'est-ce pas ? ».

---

25. Adèle Faber et Elaine Mazlish, *Parler pour que les enfants écoutent, écouter pour que les enfants parlent*, Cap-Pelé (N.-B.) : Relations... plus, 2002. Les auteures mentionnent qu'elles s'inspirent elles-mêmes du Dr Haim Ginott.

Cette reformulation est facile, mais elle demande de la pratique. Même si elle ne paraît pas naturelle au début, elle surpasse le simple compliment. Peu importe la situation, il est primordial que le compliment soit juste et sincère, à la mesure des efforts fournis et des objectifs atteints. Des compliments reçus pour tout et rien perdent leur sens et les compliments non fondés ou exagérés tels que « Tu as été génial au soccer ! » sont sans effet sur l'enfant.

Les rétroactions positives consolident la confiance dans la relation parent-enfant, permettent au parent d'user d'une autorité de cœur et favorisent le développement de l'estime de soi chez l'enfant. « En recevant régulièrement des rétroactions positives, dit Germain Duclos, l'enfant intériorise une bonne estime de lui-même. Qui sera nourrie de façon intrinsèque par son monologue intérieur, c'est-à-dire une conversation qu'il entretient avec lui-même et dont le contenu est positif ou négatif[26]. » D'où l'importance de s'assurer que l'enfant reçoit davantage de messages positifs que négatifs, et ce, dès sa naissance, afin qu'il développe une image positive de lui. Nos compliments constituent une sorte de nourriture affective pour l'enfant.

## Et en avant la musique !

 Chaque jour pendant 30 ans, près de la porte de son local de musique, monsieur Rolland accueille chacun de ses élèves en lui serrant la main et en lui adressant les mêmes paroles : « Bonjour, comment vas-tu cet après-midi ? » Lorsqu'on le questionne à propos de ce rituel, il précise : « Quand j'ai décidé d'enseigner la musique, je me suis dit que si j'arrivais à transmettre ma passion, mon amour de la musique à mes élèves, j'aurais un sentiment d'accomplissement plus grand. Mais comment tisser un lien significatif avec plus de 100 élèves par jour et éveiller leur intérêt et leur motivation en classe ?

---

26. Germain Duclos, *L'estime de soi, un passeport pour la vie*, 3ᵉ éd., Montréal : Éditions du CHU Sainte-Justine, 2010.

> En les accueillant avec considération, j'avais confiance que mon enseignement et ma passion feraient leur chemin. Un grand nombre d'entre eux sont devenus musiciens. Beaucoup d'autres sont venus me dire, au fil des ans, qu'une seule personne s'arrêtait pour les regarder et leur dire bonjour : moi. Cet accueil s'avérait aussi précieux pour eux que pour moi. Étrangement, assumer mon autorité de professeur a été d'une facilité incroyable. Je n'ai jamais eu de discipline à faire. »

Pas étonnant qu'exercer son autorité ait été aussi facile pour monsieur Rolland. Ses élèves, qui recevaient une marque de respect au pas de la porte, n'avaient aucunement envie d'entraver sa tâche, de le déranger ou de lui nuire. Un tel investissement dans la relation affective — comme un « dépôt » au guichet automatique —, a fait en sorte que chacun soit en mesure de donner à son tour ce que l'enseignant attendait de lui.

## Un moment de réflexion

- Les besoins de sommeil, d'activité physique et d'alimentation sont-ils satisfaits chez votre enfant ? Y a-t-il des ajustements à effectuer afin d'y répondre plus adéquatement ? Si oui, lesquels ?

- Êtes-vous satisfait dans votre vie personnelle, de couple ou familiale ? Que manque-t-il ? Comment pourriez-vous combler ces manques et avec qui ?

- De quelle façon comptez-vous satisfaire les besoins affectifs de votre enfant ?

- Trouvez deux circonstances dans lesquelles vous pourriez écouter véritablement votre enfant.

- Recherchez deux situations dans votre quotidien où vous pourriez appliquer les principes de la communication non violente (CNV).

- Que pourriez-vous modifier dans vos façons de faire en lien avec les récompenses, les compliments et les félicitations ?

- Faites-vous parfois obstacle à la communication avec votre enfant, que ce soit en expliquant, niant, doutant ou de toute autre façon ?

## CHAPITRE 3

# Le code de vie familial

« Pourquoi les parents ont-ils des enfants ? Ne devraient-ils pas se questionner avant de les mettre au monde ? » Ces questions, provenant d'éducateurs de différentes institutions et de différents pays, me sont fréquemment posées. Je ne réponds pas à la première : il y a tant de raisons que je ne saurais toutes les évoquer ! Pour la seconde, ce qui m'apparaît spontanément, c'est l'image d'un voyage, d'une destination à atteindre, d'un itinéraire pour y arriver...

De nombreux parents sont déçus de leur vie familiale parce qu'elle ne ressemble pas du tout à ce dont ils rêvaient. Un voyage sans préparation aucune, sans but ni destination précise, risquerait sans doute d'être tout aussi décevant. Fonder une famille est une aventure passionnante si l'on s'investit à la préparer avant même l'arrivée des enfants. Vers quoi souhaitez-vous guider vos enfants, qu'espérez-vous d'eux dans le présent et en tant que futurs adultes ? Qu'ils soient respectueux, empathiques, honnêtes, etc. ? De là surgit votre destination, c'est-à-dire les valeurs à transmettre desquelles découleront les règles à établir et à faire respecter dans votre foyer. De là émerge votre itinéraire.

Pourquoi ne pas instaurer un code de vie dans la famille — un peu à l'image d'un code de vie en milieu scolaire ou du code de la route — pour vous aider à affirmer votre autorité, à garder le cap et à atteindre les objectifs que vous vous êtes fixés ? En plus de répondre au besoin de sécurité de votre enfant, il vient appuyer la transmission des valeurs qui vous tiennent à cœur. Comme un guide de référence, il exige l'établissement de règles précises et de conséquences lorsque celles-ci sont enfreintes. Il repose donc à la fois sur la bienveillance du parent et la réponse aux besoins de l'enfant, et vise le bien-être de chacun afin de vivre la vie de famille espérée.

La transmission des valeurs nécessite bien davantage que des paroles et des écrits : on se doit d'y croire profondément, de toujours y adhérer et d'en être sans relâche le gardien. Il faut aussi les incarner en les mettant quotidiennement de l'avant. L'essence même des valeurs est qu'elles font partie intégrante de ce que nous sommes et qu'elles déterminent à tout moment nos façons d'être et de faire.

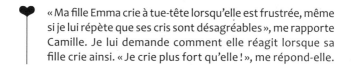

« Ma fille Emma crie à tue-tête lorsqu'elle est frustrée, même si je lui répète que ses cris sont désagréables », me rapporte Camille. Je lui demande comment elle réagit lorsque sa fille crie ainsi. « Je crie plus fort qu'elle ! », me répond-elle.

« Mes enfants laissent leurs effets personnels traîner dans toutes les pièces de la maison ! », mentionne à son tour Sonia. Je l'interroge : « Votre sac à main, vos livres, vos vêtements et vos papiers sont-ils bien rangés dans la maison ? »

Il est souvent plus facile de demander à un enfant de respecter certaines règles que de les respecter soi-même. Pourtant, lorsque nos valeurs reflètent ce que nous sommes et que nous en exigeons le respect, nous l'obtenons habituellement plus facilement. Par la même occasion, nous aidons notre enfant à construire son propre système de valeurs. Lorsqu'il aura à faire le tri, il pourra s'inspirer de celles que nous lui avons transmises. Cela permettra également à toute la famille de vivre en harmonie.

## Les cinq « I » du code de vie familial

L'instauration du code de vie familial s'effectue en cinq principales étapes. Chacune d'elles peut se résumer à l'aide d'une phrase commençant par un verbe en « I » :

- **Inciter** à la collaboration et satisfaire les besoins affectifs ;
- **Interroger** les enfants à propos des règles ;
- **Informer** les enfants du code de vie familial, des règles qui en découlent et des conséquences aux manquements ;
- **Illustrer** les règles de façon à ce qu'elles soient bien comprises ;
- **Intervenir** à chaque manquement.

Reprenons en détail chacun de ces « I ».

### *Inciter à la collaboration et satisfaire les besoins affectifs*

Je compare l'enfant dont les besoins sont insatisfaits à un être assoiffé. Pour étancher sa « soif », c'est-à-dire combler ses besoins, il faut parfois de la part des parents un plus grand investissement pendant quelque temps. C'est pourquoi, à la fin d'une première consultation, je détermine avec les parents des moments spécifiques et des activités dédiées à la satisfaction des besoins affectifs des enfants pour les deux semaines à venir. De trois à cinq périodes de jeu[1] de 20 minutes chacune sont ainsi réservées : trois périodes quand l'enfant collabore bien et cinq lorsque ce dernier se place en situation d'opposition ou de défiance.

Annie et Louis ont trois enfants âgés de 2 à 9 ans. Ils travaillent tous deux à temps complet. Au retour du travail, les deux plus jeunes se bagarrent et l'aîné est devant la télé sans avoir d'abord rangé son manteau et ses bottes. Les remontrances commencent : « Alicia et Thomas, cessez de vous bagarrer ! Justin, il n'y a pas de télé avant d'avoir rangé tes effets personnels. Fais-le immédiatement, sinon tu ne pourras pas la regarder de toute la soirée ! » Une tension s'est tout de suite installée. Leur vie de famille est loin d'être satisfaisante.

---

1. Ces périodes de jeu sont décrites dans mon premier ouvrage. Voir *La discipline, un jeu d'enfant*, Montréal : Éditions du CHU Sainte-Justine, 2008.

S'ils sont déterminés à vivre en harmonie avec leurs enfants, Annie et Louis pourraient instaurer une routine visant à solidifier le lien d'attachement à leurs enfants, à se « brancher » sur eux et à satisfaire quotidiennement les besoins de chacun. En appliquant cette routine graduellement, au fil des semaines, Annie et Louis en viendraient à combler de façon spontanée et naturelle les besoins de leurs enfants. Pour ce faire, des tableaux comme ceux présentés en annexe, bien à la vue dans la maison, peuvent s'avérer pratiques, du moins au début.

Évidemment, cette routine est exigeante. Elle demande du temps, du cœur et des efforts. Cependant, les bienfaits que les parents peuvent retirer de cet investissement dépassent souvent leurs espérances. Avec d'aussi gros « dépôts » effectués aussi régulièrement dans le « guichet automatique » de la relation parent-enfant, les résultats n'étonnent pas[2].

Décrivons cette routine parentale plus en détail en nous basant sur la famille d'Annie et de Louis :

• **Au réveil :** Chaque enfant se fait réveiller avec quelques mots tendres par l'un de ses parents (besoin d'attention et d'amour). Les enfants sortent du lit seulement après ce réveil spécial. Il a été établi qu'une fois les enfants debout, un parent aide Thomas, le plus jeune, à s'habiller, faire son lit, déjeuner et brosser ses dents, en y ajoutant une note de plaisir et en l'encourageant fréquemment : « Est-ce que tu commences par enfiler ton chandail ou ton pantalon ce matin ? », « Je sais que tu es capable d'enfiler ton pantalon comme un grand garçon, Thomas ». Pendant ce temps, Alicia et Justin s'empressent également d'effectuer leur propre routine matinale.

Chacun des enfants coche, sur sa routine affichée dans sa chambre, les cases appropriées lorsque les tâches sont achevées. Tous trois sont avisés qu'en les effectuant

---

2. Voir le chapitre 2, page 59.

rapidement, ils disposeront de temps pour jouer avant leur départ. Les tâches d'abord et le plaisir ensuite. Voilà de quoi les motiver à s'exécuter sans perdre de temps.

- **Avant le départ de la maison :** Annie ou Louis remercie chaque enfant pour au moins une tâche bien accomplie depuis le lever (besoin de compétence et de valorisation). Ne sommes-nous pas là à répéter les mêmes demandes lorsque les enfants n'exécutent pas leurs tâches ? Il est tellement plus agréable de les féliciter pour les avoir effectuées !

- **Au retour à la maison, avant le repas du soir :** Annie et Louis consacrent 10 minutes aux enfants, soit pour jouer à la cachette, danser ou s'amuser autrement. Les enfants choisissent l'activité à tour de rôle (besoin d'attention, d'amour, de plaisir, de liberté). Ensuite, chacun sélectionne une tâche et participe à la préparation du souper, dresse la table, etc.

- **Après le repas :** Toujours à tour de rôle, chaque enfant bénéficie de sa période de 20 minutes de jeu exclusive avec un de ses parents (besoin d'attention et d'amour) tandis que l'autre parent nettoie la cuisine avec les deux autres enfants.

- **Avant d'aller au lit :** Chaque enfant exécute sa routine telle qu'affichée dans sa chambre avec l'aide d'un parent, si nécessaire.

- **Avant de dormir :** Chaque enfant reçoit de la part d'Annie ou de Louis au moins une marque d'appréciation. Un enfant qui n'aurait pas ou peu d'estime de soi et qui reçoit trois marques d'appréciation avant la nuit arrive plus aisément à la bâtir[3].

- **La fin de semaine :** À tour de rôle, chacun choisit une activité en famille (besoin d'attention, d'amour, de plaisir, de liberté). Lorsque son tour arrive, Annie peut

---

3. Germain Duclos, *L'estime de soi : un passeport pour la vie.* 3ᵉ éd. Montréal : Éditions du CHU Sainte-Justine, 2010.

par exemple proposer une activité en plein air alors que Louis peut opter pour un jeu de société. Les enfants peuvent quant à eux demander à cuisiner, à aller glisser au parc ou jouer à la cachette[4].

• **Toutes les deux semaines :** Louis et Annie s'accordent une sortie en soirée sans les enfants, en plus de prendre chaque jour un moment pour eux seuls.

À quoi pourrait ressembler votre propre routine familiale ? Une chose est sûre, en procédant une étape à la fois, les résultats positifs vous encourageront à poursuivre dans la même voie. Il se peut aussi que votre routine soit si bien instaurée dans votre quotidien que vous n'ayez rapidement plus besoin de constamment vous y référer. Vous trouverez en annexe des exemples de tableaux de routines pour vous aider.

### Interroger les enfants à propos des règles

Selon Socrate, questionner est la meilleure façon d'enseigner. Toutefois, les rôles sont confondus dans beaucoup de familles aujourd'hui et le parent, tout comme l'enfant, se sent perdu. Comme le mentionnent Germain et Martin Duclos : « Trop de parents se comportent avec leurs enfants comme s'il n'y avait pas de différences de génération entre eux. Les valeurs de notre société s'appuient beaucoup sur le principe d'égalité entre les personnes. L'enfant a des droits et doit être respecté. Néanmoins, l'égalité ne doit pas exister dans une famille, car les parents seraient alors privés de toute autorité morale sur leurs enfants. Il ne peut y avoir égalité, parce que les enfants doivent être la priorité de la famille et que les parents en sont responsables.[5] » Questionner et clarifier le rôle de chacun peut favoriser l'harmonie, rappeler à l'enfant que nous ne sommes pas

---

4. En Europe, ce jeu est plus souvent appelé « cache-cache ».

5. Germain Duclos et Martin Duclos, *Responsabiliser son enfant*, Montréal : Éditions du CHU Sainte-Justine, 2005, p. 92.

égaux dans une famille et que nous nous devons d'occuper des places distinctes pour l'épanouissement de chacun. Si cela n'est pas clairement dit et compris, comment assumer l'autorité parentale ?

Voici un premier questionnement destiné à l'enfant avant l'élaboration du code de vie familial :

- ✓ « Quel est mon rôle, mon "devoir" de parent, selon toi ? »
- ✓ « En quoi consistent mes responsabilités envers toi ? »
- ✓ « Quel est ton rôle, ta place d'enfant ? »
- ✓ « En quoi consiste ton "devoir" d'enfant ? Quelles sont tes responsabilités ? »

À partir du moment où chacun connaît bien sa place, on peut évoquer les règles établies pour l'ensemble des membres de la famille. Comme le remarque encore Germain Duclos : « Lorsque l'enfant comprend le pourquoi des règles, leur bien-fondé, il est beaucoup plus enclin à les respecter[6]. »

Voici quelques exemples de questions à poser à un enfant pour lui faire comprendre l'importance des règles :

- ✓ « Pourquoi y a-t-il des règles à la garderie, à l'école ? À quoi servent-elles ? »
- ✓ « Qu'adviendrait-il s'il n'y en avait pas ? Comment te sentirais-tu ? »
- ✓ « Crois-tu qu'il est important qu'il y en ait dans notre maison ? »
- ✓ « Si tu étais un parent, quelles seraient les règles dans ta maison ? »
- ✓ « À quoi pourrait ressembler notre "code de vie" à la maison ? »

---

6. *Ibid.*

✓ « Quelles règles pourrions-nous nous donner pour vivre harmonieusement ? »

Qui dit règle dit aussi respect. Cette valeur est en effet primordiale, car l'établissement de règles de conduite s'annule si on ne les respecte pas. Dans une famille, comme dans une entreprise ou dans la société en général, le respect des règles englobe aussi le civisme et le respect des autres, et favorise donc beaucoup l'harmonie et la bonne entente.

Le fait d'inclure l'enfant dans des discussions portant sur les valeurs et leur importance s'avère souvent très bénéfique. Ainsi, on peut le questionner, par exemple, sur le respect entre les membres de la famille, en lui demandant :

✓ « Qu'est-ce que le respect, selon toi ? »

✓ « Crois-tu qu'il est important qu'on exige le respect chez nous ? »

✓ « Que pourrait-il se produire s'il n'y avait pas de respect ? »

✓ « Qu'est-ce qui favoriserait le respect entre nous ? »

✓ « Pourquoi est-il interdit de parler sur un ton agressif chez nous ? »

✓ « Comment te sentirais-tu si on te parlait fort ? »

✓ « Quel effet ont sur toi les mots blessants ou le fait de te faire bousculer ou frapper ? »

✓ « Quels moyens pouvons-nous nous donner pour demeurer respectueux même lorsque nous sommes en colère ou vexés ? »

✓ « Quelles pourraient être les conséquences de nos manques de respect ? »

Lorsque nous répétons constamment les mêmes demandes, nous ne favorisons pas la réflexion chez l'enfant. Pourquoi réfléchirait-il alors que vous pensez pour lui et lui rappelez constamment tout ce qu'il a à faire ? Il faut plutôt l'aider à réfléchir et à se responsabiliser en évitant les « Ça fait cent fois que je te le dis! Quand vas-tu t'en souvenir? ». Interroger l'enfant est un bon moyen de stimuler sa réflexion :

- ✓ « Pourquoi penses-tu que je te demande de brosser tes dents? Qu'arriverait-il si tu ne les brossais pas? Comment pourrais-tu te souvenir de le faire? »
- ✓ « Pourquoi croyez-vous que je vous demande de ranger le sous-sol? Avez-vous des idées, les enfants, pour nous aider à garder la maison en ordre? »
- ✓ « Que pourrions-nous faire pour faciliter la période des devoirs et des leçons? »
- ✓ « Qu'est-ce qui te rappellerait de suspendre ton manteau en arrivant à la maison? »
- ✓ « Qu'est-ce qui t'aiderait à demeurer assis durant tout le repas? »

### Informer les enfants du code de vie familial, des règles qui en découlent et des conséquences aux manquements

Une fois que les valeurs et les règles ont été abordées en famille, les parents peuvent expliquer clairement le code de vie familial à l'enfant. Pour nous, adultes, il va de soi que le respect est essentiel, que l'ordre et le rangement sont importants, que l'hygiène est indispensable. Cependant, pour l'enfant, tout est à apprendre et à intégrer. Comment peut-il connaître les valeurs à respecter et les façons d'y parvenir chaque jour si on ne lui enseigne pas ces valeurs et si on ne fait pas en sorte de les garder vivantes? Il faut donc prendre le temps d'informer l'enfant du code de vie en lui indiquant les attentes en lien avec les valeurs que nous souhaitons lui transmettre grâce à ce code. Pour chacune des règles du code de vie familial, il importe d'expliquer concrètement les comportements à adopter de façon positive, c'est-à-dire en mentionnant ce qu'on souhaite plutôt que ce qui est interdit[7].

---

7. On peut aussi se baser sur la méthode des cinq « C » de Germain Duclos et Martin Duclos. *Op. cit.*

L'enfant doit, du même coup, être informé des conséquences qui découleront d'un manquement à chacune des règles édictées. Comme pour l'établissement des règles, on peut d'abord l'inciter à se questionner par rapport aux possibles conséquences :

✓ « Comment devrions-nous réagir lorsque ta sœur ou ton frère te dit un mot blessant ? »

✓ « Quelle pourrait être la conséquence de l'oubli de ton manteau par terre dans l'entrée ou de la vaisselle sale laissée dans le salon ? »

On peut par la suite déterminer les conséquences logiques liées à chaque règle en s'assurant qu'elles soient raisonnables et toujours en lien avec le comportement de l'enfant. Idéalement, il faut éviter d'énoncer ou de modifier une conséquence lorsqu'on est sous le coup de la colère. Rappelons également qu'il s'agit bien ici de conséquences logiques à un manquement et non pas de punitions.

Une fois les conséquences déterminées pour chaque règle, on les indique clairement à l'enfant en prenant soin de lui mentionner qu'il devra les assumer pour chaque manquement. Chaque fois qu'il choisira de ne pas respecter l'une des règles, il aura donc choisi d'en assumer la conséquence logique (voir l'annexe).

Même si elles sont claires et bien présentées, les règles fixées ne doivent toutefois pas être trop nombreuses. « Pour favoriser la constance, mentionne encore Germain Duclos, il est important d'avoir un nombre réduit de règles à faire respecter, car en général, les enfants de 6 à 12 ans ne peuvent intégrer et appliquer que cinq règles à la fois[8] ». En effet, plus il y a de règles, plus les enfants risquent de les enfreindre et plus les adultes auront de la difficulté à en assumer la gestion. C'est pourquoi il est préférable de s'investir dans une ou deux règles à la fois et, lorsqu'elles sont intégrées, de passer à la suivante.

---

8. Germain Duclos, *L'estime de soi, un passeport pour la vie, Op cit.* p. 72.

### Illustrer les règles de façon à ce qu'elles soient bien comprises

Tout comme les panneaux de signalisation qui nous rappellent de respecter les règlements concernant la vitesse, le droit de passage ou les interdictions sur la route, les règles du code de vie familial devraient avoir leur illustration. Je suggère même que chaque règle enseignée soit illustrée par un dessin, un mobile, une pancarte ou encore un macaron. Ainsi, chaque fois que l'enfant verra, suspendu au plafond de la cuisine, son mobile illustrant le respect, il songera à l'importance de cette règle. Vous aurez beaucoup moins souvent à lui répéter de respecter sa sœur. De la même façon, chaque fois que vous verrez son mobile ou vos propres illustrations, vous vous rappellerez vos valeurs et l'importance d'intervenir lorsque l'une d'elles n'est pas suffisamment intégrée. Votre vigilance et votre autorité ne seront jamais relâchées.

Il importe aussi de rappeler, comme nous l'avons vu au chapitre 1, que le parent fait d'abord et avant tout figure de modèle. Il est le plus efficace représentant du respect des différentes règles à suivre, à la maison comme à l'extérieur. Ainsi, l'exemple provenant d'une figure d'autorité telle que vous, associé à la qualité de la relation que vous avez tissée avec votre enfant, demeure le meilleur moyen de transmettre vos valeurs et d'assurer le respect des règles.

### Intervenir à chaque manquement

Voilà l'étape la plus exigeante des cinq « I » du code de vie familial ! Peu importe le moment de la journée ou le jour de la semaine, il est crucial que l'enfant assume la conséquence logique liée à la règle qu'il n'a pas respectée, sans quoi le parent perdra toute autorité et l'exercice n'aura aucune signification tangible.

Exercer son autorité et faire respecter les règles de façon ferme et constante sont, pour des parents, des responsabilités à assumer 365 jours par année, 24 heures par jour, seuls ou en présence de visiteurs, en vacances ou non, sauf s'ils sont absents et que leur enfant est laissé sous la responsabilité d'autres adultes en position d'autorité.

## Est-ce vraiment si important d'intervenir ?

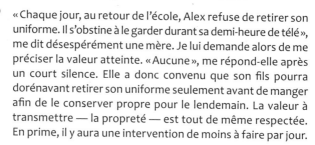

« Chaque jour, au retour de l'école, Alex refuse de retirer son uniforme. Il s'obstine à le garder durant sa demi-heure de télé », me dit désespérément une mère. Je lui demande alors de me préciser la valeur atteinte. « Aucune », me répond-elle après un court silence. Elle a donc convenu que son fils pourra dorénavant retirer son uniforme seulement avant de manger afin de le conserver propre pour le lendemain. La valeur à transmettre — la propreté — est tout de même respectée. En prime, il y aura une intervention de moins à faire par jour.

« Émilie refuse de boire son verre de lait. Nous nous disputons tous les soirs, lors du repas », me dit Luc. « Laquelle de vos valeurs est en danger ? » « Sa santé », me répond-il. « Très bien. Pourriez-vous accepter qu'elle boive son lait à un autre moment ? Cela permettrait de préserver la valeur et d'éviter les disputes et le stress à table... »

Nous sommes les gardiens de nos valeurs et lorsqu'elles ne sont pas respectées, il nous faut intervenir.

Cela dit, en toute situation, il faut savoir choisir ses interventions ou ses batailles : « Avant de procéder à une intervention pour superviser et contrôler des enfants, il vaut la peine que nous nous posions les questions suivantes : "Est-ce vraiment important ? Cette intervention est-elle nécessaire à la sécurité des enfants ou à la défense de nos valeurs ?" Moins nous contrôlons de domaines dans sa vie, plus l'enfant nous écoutera lorsqu'il sera vraiment important qu'il le fasse[9]. »

---

9. Diane Chelsom Gossen, *La réparation : pour une restructuration de la discipline à l'école*. Montréal : Chenelière/McGraw-Hill, 1997, p. 73.

## Faire équipe avec l'autre parent : une approche doublement gagnante

 Lors de notre première rencontre, Geneviève se dit fatiguée d'être la seule à exercer son autorité sur ses enfants et d'endosser le rôle de la « méchante » qui corrige, interdit et punit. Alain est souvent à l'extérieur de la ville pour son travail et parce qu'il les voit si peu, il veut passer du bon temps avec ses enfants. Il croit qu'en discutant, qu'en répétant et qu'en expliquant les règles et les demandes aux enfants, ceux-ci en viendront à corriger leurs comportements désagréables. Les parents admettent que leurs règles varient selon celui qui les applique, selon l'humeur, le jour ou le type d'activité... Il arrive même que l'un « sabote » l'autorité de l'autre en la contestant devant l'un des enfants. Ils rêvent pourtant tous les deux de constance et de cohérence, car les enfants « marchandent » avec eux et testent constamment leurs limites.

Ce genre de situation vous est peut-être familière... Les différences de personnalité des parents sont pourtant une richesse pour l'enfant. L'un est souvent plus protecteur alors que l'autre laisse davantage l'enfant explorer et faire des découvertes par lui-même. Avoir des parents qui agissent selon leur personnalité est, pour lui, une sorte de vie en stéréo.

L'idéal est que les deux parents s'entendent sur la discipline à instaurer et la manière d'affirmer l'autorité parentale, avec cœur, mais aussi de façon constante et ferme. L'exercice peut être ardu étant donné les expériences différentes de chacun, mais il fait en sorte de rendre la vie plus facile pour toute la famille. Le plus souvent, nous choisissons un conjoint qui a des valeurs assez semblables aux nôtres. Il est donc plutôt facile de déterminer des règles ensemble, puisque celles-ci découlent de nos valeurs. S'il est normal de ne pas avoir les mêmes exigences sur tous les aspects de l'éducation de l'enfant, il importe néanmoins d'apprendre à faire équipe en ce qui concerne les valeurs principales à transmettre.

Lors d'une conférence, Josiane me questionne : « Que faire pour amener mon conjoint à mettre cette méthode d'affirmation de l'autorité en pratique avec moi ? » « Si vous lui offrez des périodes de 20 minutes de jeu, il sera plus collaborateur ! » Les rires fusent dans la salle. « Pourtant, comme la relation parent-enfant, celle qui unit les deux conjoints est basée sur le donnant-donnant ! Vous souhaitez la collaboration de votre conjoint, son soutien ? Que pourriez-vous lui donner d'abord ? Il a les mêmes besoins que vos enfants, que vous et moi. Faites des « dépôts » ! Lorsque vous passez des moments agréables avec lui, vous le valorisez, il peut s'épanouir, et une personne épanouie est plus ouverte aux autres. Il sera plus facile pour vous deux de faire équipe. »

Une demande parentale soutenue par le conjoint facilite la collaboration de l'enfant puisque deux adultes demandent ou exigent la même chose. Si vous vivez tous deux sous le même toit et que vos attentes sont les mêmes par rapport à vos demandes et à vos règles, la vie de l'enfant s'en trouvera facilitée. Si vous partagez la garde de l'enfant, les règles dans chaque résidence peuvent évidemment diverger. Vous devez alors tenter d'établir un équilibre, du moins dans vos exigences, de façon à encadrer l'enfant le mieux possible. En sachant de manière générale à quoi s'attendre, il portera attention à ses paroles, ses comportements et ses actions.

### Le sabotage d'autorité

Parfois, quand on juge notre conjoint trop permissif, on a tendance à devenir plus autoritaire et vice versa.

En fait, lorsqu'il est question d'autorité parentale, il est automatiquement question de recherche constante d'équilibre entre les valeurs des deux parents et leur mode de transmission. Cela signifie que les parents doivent savoir faire preuve de souplesse en certaines occasions ou en ce qui concerne les éléments de moindre importance. Autorité et rigidité ne sont pas synonymes et les parents doivent, selon les circonstances, être capables de remettre les choses en perspective et d'adapter leurs attentes.

Lucie tient mordicus à ce que les soupers en famille se déroulent autour de la table. C'est l'occasion idéale, selon elle, pour discuter et échanger. Un soir par mois, elle doit quitter le bureau plus tard. Louis se charge alors du souper avec les enfants. Il loue un film, commande une pizza et tous mangent devant l'écran, dans le salon. Lucie accepte difficilement que ce souper ne se déroule pas selon ses attentes. Je lui demande si une de ses valeurs familiales est en danger. «Oui, me dit-elle. Le temps en famille est essentiel pour moi.» «Je comprends, lui dis-je. Est-ce que douze soirées par année vont empêcher la transmission de votre valeur à vos enfants? Qu'en pensez-vous?»

La quête du juste équilibre dans l'affirmation de l'autorité parentale signifie aussi qu'il faut éviter de saboter l'autorité de l'autre, d'annuler son intervention ou sa demande. La solution d'une telle mésentente entre les parents réside dans la communication. La discussion doit bien entendu se faire en l'absence de l'enfant et être basée sur un questionnement sérieux et objectif :

- ✓ Est-ce vraiment important d'intervenir dans cette situation ?
- ✓ L'une de nos valeurs est-elle en danger ?
- ✓ Le comportement adopté par notre enfant est-il vraiment dangereux ?
- ✓ Le fait de ne pas intervenir aura-t-il des conséquences fâcheuses dans sa vie future ?

Selon les réponses qui vous viennent, discutez avec votre conjoint de la nécessité réelle d'intervenir et des façons de le faire.

## « Tu n'es pas mon père ! »

 « Tu n'es pas mon père ! », de proclamer haut et fort Samuel, 6 ans, à Martin, le nouveau conjoint de sa mère, lorsque ce dernier lui demande de lui parler sur un ton acceptable. Florence a choisi Martin, son fils, non. Samuel est contraint de partager sa vie tout autant que sa mère avec cet « intrus ». Et c'est ainsi qu'il le perçoit. Martin ne réagit pas aux propos de l'enfant, mais il n'en est pas moins touché. « Je suis prêt à lui faire de la place dans mon cœur et dans ma vie, mais il ne veut rien savoir de moi, même après 6 mois », dit-il à Florence. Les tensions entre Samuel et lui ont bien entendu un impact sur la relation du couple. Martin modifie parfois ses horaires pour éviter d'être présent lorsque Samuel est avec sa mère, mais se demande bien comment il peut développer une relation saine et satisfaisante dans un tel contexte.

Plusieurs beaux-parents sont démunis et désemparés devant les résistances parfois hostiles des enfants de leur conjoint à leur égard. Comment, en effet, vous tailler une place agréable dans une famille qui existait avant votre apparition ?

« Il est prudent de prendre conscience du nombre d'adaptations simultanées ou rapprochées que l'on demande à l'enfant : s'adapter à la rupture, à la garde partagée, à de nouveaux lieux de vie, à des étrangers dans son quotidien, à un adulte qui n'est pas son parent, à un parent moins disponible, etc.[10] »

Il y a avant tout une relation de confiance et de complicité à bâtir entre l'enfant et le nouveau conjoint du parent, mère ou père, et cela prend du temps. Samuel, comme tant d'autres enfants dans cette situation difficile, est possiblement aux prises avec un conflit de loyauté. Il a peur de blesser son père s'il s'attache à Martin, que celui qu'il a toujours aimé se sente abandonné ou encore qu'il

---

10. Claudette Guilmaine, *Chez papa, chez maman : une nouvelle vie de famille*, Montréal : Éditions du CRAM et Éditions du CHU Sainte-Justine, 2011, p. 72.

lui en tienne rigueur. Il serait judicieux pour Florence et Martin d'éviter de critiquer le père de Samuel en présence de l'enfant. Ils devraient même chercher à reconnaître ce qu'il apporte de bon à son fils. Cela permettra à Samuel de mieux faire une place à son beau-père. Un parent séparé qui éprouve de la colère face à la rupture aura sans doute de la difficulté à adopter une telle attitude. Dans ce cas, il faut s'abstenir d'émettre des critiques négatives à l'égard de l'autre parent, ce qui ne peut que causer du tort à l'enfant[11].

Samuel n'a pas de mots pour décrire toutes les émotions qui l'envahissent. Il se défend comme il peut, notamment en employant des paroles ou un ton agressifs. Si Florence est en mesure de mettre des mots sur ce qu'il ressent, Samuel se sentira mieux. Elle pourrait par exemple lui dire : « Tu as raison, Martin n'est pas ton père. Tu en as déjà un, merveilleux (si c'est le cas). J'ai choisi Martin, pas toi. Je sais que c'est parfois difficile pour toi de le voir dans notre maison avec moi. Est-ce que je me trompe en pensant que cela te met en colère et, à d'autres moments, te fait de la peine ? »

Il y aurait beaucoup à dire, mais tout n'a pas à être dit, et certainement pas dans une seule conversation. Des moments d'exclusivité, d'intimité entre Samuel et sa mère sont également essentiels pour l'aider à conserver ce sentiment d'être unique et important pour elle. La séparation fait vivre à l'enfant des deuils multiples et la venue d'un nouveau conjoint est un stress important. De son côté, Martin ne peut pas jouer le rôle du parent, mais il demeure une figure d'autorité qui a droit au respect, au même titre qu'un enseignant ou un entraîneur, par exemple. Samuel se doit d'être poli et respectueux. Malgré cela, on ne peut pas l'obliger à aimer Martin.

Les beaux-parents n'occupent pas tous la même place. Certains en occupent peu, d'autres beaucoup. Puisqu'on ne

---

11. Voir à ce propos l'ouvrage de Richard Cloutier, Lorraine Filion et Harry Timmermans, *Les parents se séparent : mieux vivre la crise et aider son enfant*, 2ᵉ éd., Montréal : Éditions du CHU Sainte-Justine, 2012.

peut être le parent, on pourrait souhaiter devenir l'« ami » de l'enfant. Il vaut cependant mieux éviter ce piège, d'abord parce que ce n'est pas le rôle du beau-parent et ensuite parce que l'enfant a déjà probablement des amis de son âge. Il y a un monde, une génération qui sépare l'enfant du beau-parent. Chacun doit tenir sa place. Vous avez, par contre, l'espace pour créer un lien privilégié, très satisfaisant et d'une grande richesse pour vous comme pour l'enfant. Lorsque l'enfant clamera « C'est mon beau-père » plutôt que « C'est le conjoint de ma mère », vous aurez gagné votre place.

Le code de vie familial peut s'avérer d'un grand secours dans une famille recomposée puisqu'en l'utilisant, on est presque assuré de satisfaire les besoins de l'enfant et de respecter les droits de chacun. Le jeu, les activités de toutes sortes et particulièrement les périodes de jeu exclusives de 20 minutes sont d'excellentes façons de développer une complicité et tisser un lien significatif entre l'enfant et son beau-parent. C'est un moyen exceptionnel de faire voir à l'enfant qu'il compte pour vous.

## Un moment de réflexion

- Avez-vous mis en place votre routine de parent ? Qu'en retirez-vous ? Quel en est l'impact sur votre enfant ?

- Quel moment choisissez-vous pour interroger les enfants à propos des règles que vous souhaitez mettre en place dans votre foyer ?

- Quelle règle vous semble la plus importante à mettre en place ? Pouvez-vous l'illustrer avec vos enfants ? De quelle façon ?

- Faites-vous équipe avec votre conjoint ? Comment pourriez-vous susciter sa collaboration ? De votre côté, que pourriez-vous changer dans votre attitude ?

- Vous arrive-t-il de saboter l'autorité de votre conjoint ? Si oui, quelle attitude plus positive pourriez-vous adopter la prochaine fois que vous serez en désaccord ?

- Si vous êtes beau-parent, quels moyens pourriez-vous utiliser pour vous rapprocher des enfants de votre partenaire ?

## CHAPITRE 4

# Des actions préventives

Mieux vaut prévenir que guérir... Ce proverbe prend tout son sens dans notre relation avec nos enfants. Dans divers domaines, nous préconisons de plus en plus les actions préventives: prévention des maladies, sécurité routière, prévention des incendies, etc. De la même manière, différentes façons d'être et de faire peuvent prévenir une multitude de situations désagréables avec les enfants ou encore permettre d'y remédier avant qu'elles ne soient complètement hors de contrôle. La majorité des approches et outils développés dans ce chapitre ont été mentionnés dans les chapitres précédents ou évoqués dans mon premier livre[1]. Regroupés ici, ils seront autant d'aide-mémoire faciles à consulter. Plusieurs découlent d'images mentales qui s'avèrent riches de sens pour l'enfant comme pour ses parents.

## Les approches

### *L'étoile*

Comme nous l'avons indiqué précédemment, l'étoile, avec ses cinq branches, est le symbole même de votre enfant

---

1. Brigitte Racine, *La discipline, un jeu d'enfant*, Montréal: Éditions du CHU Sainte-Justine, 2008.

et de ses besoins affectifs de base[2] : amour, sentiment de compétence, liberté, plaisir et sécurité. Lorsque ceux-ci sont comblés, on peut affirmer que « l'étoile brille » et que l'enfant connaît des conditions optimales de développement.

Quelque chose ne va pas avec votre enfant ? Vous remarquez un manque de collaboration, d'écoute, un comportement dérangeant et répétitif, une propension à l'opposition ? Le premier réflexe à développer est de vous questionner sur la satisfaction de ses besoins affectifs. Est-il en manque d'attention, d'amour, de valorisation, de plaisir, de liberté, de limites ? Pensez-vous à lui venir en aide pour satisfaire ses besoins affectifs ?

 « Dès notre retour à la maison, les disputes débutent entre Béatrice et Gabriel. Ça n'en finit plus ! Nous consacrons davantage de temps à la discipline qu'à toute autre tâche. Nos enfants savent précisément comment capter notre attention : disputes, désordre, refus de manger, d'effectuer leurs devoirs, de se laver, de se coucher. Certains jours, je préférerais prolonger ma journée de travail plutôt que de rentrer à la maison », avoue Sabrina.

Est-ce étonnant, sachant que Marc, son conjoint, ne revient du travail que tard dans la soirée et qu'elle-même, ayant fondé son entreprise tout récemment, dispose de peu de temps à consacrer à ses enfants ? Les enfants, plus particulièrement les petits, s'ennuient de leurs parents durant la journée. Dès qu'ils les retrouvent, la quête d'attention se manifeste. Tandis qu'une foule de tâches incombent aux parents, eux n'attendent qu'un regard, un sourire, une marque de reconnaissance, une attention agréable et positive. Instaurer une routine parentale, telle que décrite au chapitre précédent, peut faire en sorte de combler adéquatement les besoins affectifs des

---

2. Vous trouverez plus de détails sur l'étoile et les besoins affectifs au chapitre 2. Une « routine parentale » visant à combler quotidiennement les besoins affectifs de l'enfant est également proposée en annexe. Dans l'ouvrage *La discipline, un jeu d'enfant*, le chapitre 1 est consacré exclusivement à ce thème.

enfants et, ainsi, réduire et prévenir les comportements dérangeants à la maison.

 Sharon se sent démunie en classe avec ses élèves. « Mes cours durent 50 minutes et je dois user de mon autorité et faire de la discipline plus de la moitié du temps. » Je lui parle alors du concept de l' « étoile » et lui propose d'être sensible à ses élèves, de rechercher les aspects positifs chez eux, de prendre le temps de les reconnaître, de les accueillir chaleureusement à la porte, de demander leurs idées pour transmettre sa matière de façon intéressante, de rire parfois avec eux. « Mais je suis payée pour enseigner l'anglais et non pas pour m'occuper des besoins affectifs de mes élèves ! », répond-elle. J'abonde en son sens : « Votre mandat, à la base, n'est pas celui-là. Vous avez le choix d'ignorer leurs besoins affectifs et de faire de la discipline la moitié du temps ou de prendre cinq à dix minutes par cours pour leur accorder de l'importance, leur montrer qu'ils comptent à vos yeux, qu'ils sont dignes d'intérêt, qu'ils méritent de la reconnaissance, qu'ils valent la peine qu'on s'attarde à leur personne et non seulement à leur cerveau. Ces jeunes ne demandent pas mieux que de devenir vos alliés. Projetez-vous dans leur camp, ils seront ouverts à vous suivre dans le vôtre. Faites en sorte de vous " connecter " à chacun d'eux ».

Les jeunes ne se comportent pas de façon dérangeante sans raison. Ils cherchent à satisfaire leurs besoins et ne savent pas comment s'y prendre adéquatement. À l'école, à la garderie, à la maison, dans nos relations personnelles ou professionnelles, nous recherchons tous les gens qui nous aident à satisfaire nos besoins. Lorsque nous aidons une personne (enfant, adolescent ou adulte) à combler ses besoins, elle collabore avec nous. Collaborer avec ceux qui se soucient de nous est le propre de la nature humaine.

### Le parent « connecté »

L'amour constitue la base de toute relation parent-enfant, enseignant-élève, éducatrice-petit. Lorsque nous sommes « branchés » ou « connectés » sur l'enfant, comme sur une prise de courant, ce sentiment circule dans les deux sens. Sans amour, le courant ne passera pas et toute expression d'autorité sera refusée, contestée par l'enfant et deviendra très difficile à assumer.

 Anna consulte. Elle est inquiète : « J'ai l'impression que mes enfants sont en train de s'éloigner de moi. Depuis qu'ils sont petits, ils me disent qu'ils ont peur lorsque je crie. Et je crie souvent lorsque je suis frustrée, contrariée, en colère... Ma mère criait, mon père criait et j'en fais autant. Pourtant, je me souviens à quel point j'avais peur, je me sentais petite et démunie face à mes parents lorsqu'ils se comportaient ainsi. Je veux être proche de mes enfants et pour cela, je crois que je dois changer. »

Sa démarche est admirable. Il y a une « bonne mère » en elle à laquelle elle n'a plus accès sous le coup de la colère et de la frustration. Ses enfants se sentent vulnérables, perdus et profondément inquiets, ne sachant pas quand le courant sera rétabli. Graduellement, ils se détachent émotionnellement d'elle et avec raison. Accepteriez-vous une telle situation ? L'enfant n'a pas le choix de demeurer avec ses parents, car il dépend d'eux pour vivre et grandir. Cependant, il peut choisir de « couper le courant », de rompre le lien affectif qui le fait trop souvent souffrir. Un parent qui « disjoncte », qui se « débranche » régulièrement, est une source de souffrance pour un enfant. Celui-ci ira alors se « connecter » ailleurs, s'attacher à d'autres, probablement à des jeunes de son âge s'il n'y a pas d'adultes significatifs autour de lui.

Prenez le temps d'expliquer à votre enfant cette notion de courant d'amour, de l'importance d'être « connecté » pour vivre en harmonie et s'épanouir. Discutez ensemble de ce qui cause entre vous les « débranchements » et énumérez des façons de les éviter et de vous « reconnecter ».

### Le guichet automatique

Illustrée au chapitre 2, la métaphore du « guichet automatique » rappelle les multiples exigences des parents envers leurs enfants grâce aux concepts de « retrait » et de « dépôt ». Tout comme l'étoile, le guichet automatique évoque l'importance de combler les besoins de base de l'enfant et de constamment nourrir la relation qu'on entretient avec lui.

Chaque tâche, chaque requête faite à un enfant constitue un retrait dans le guichet du parent. Le parent retire quelque chose de l'enfant tandis que celui-ci donne en effectuant une tâche, en écoutant ou en collaborant. Quand un parent n'arrive plus à retirer quelque chose de son enfant, il lui faut « déposer ». Et pour déposer, le « courant » doit circuler entre le parent et l'enfant.

 Élise et Étienne constatent que depuis quelques semaines, ils s'évertuent à répéter les mêmes demandes à Léo. Le garçon n'écoute pas, il pleure facilement, se met en colère. Étienne admet qu'il n'a pas consacré beaucoup de temps à son fils ces dernières semaines puisqu'il a dû voyager à l'extérieur pour son travail. Après quelques discussions, Élise et Étienne choisissent de mettre à leur agenda des moments d'exclusivité avec Léo. Le comportement de celui-ci s'améliore rapidement, ses besoins affectifs étant adéquatement satisfaits.

Effectuer des dépôts quotidiennement évite de se retrouver devant un guichet vide. Chacun doit également garder à l'esprit que ces dépôts, qui sont autant de marques d'attention, doivent être positifs.

 Charles, un élève de première année, est assis complètement au fond de la classe. « Il dérange moins les autres et je peux l'ignorer plus facilement », me dit Mary, son enseignante. Elle m'explique que sur le mur à l'avant de la classe se trouve un tableau sur lequel il va inscrire chaque comportement dérangeant adopté dans une journée. Il fait l'exercice devant toute la classe. Comment peut se sentir Charles dans un tel contexte, alors qu'humiliation, reproches, rabrouements constituent son lot quotidien ?

La majorité des enseignants exercent leur profession – leur vocation, devrais-je dire – parce qu'ils aiment les enfants et souhaitent leur bien. Les trésors d'imagination dont font preuve la plupart d'entre eux m'impressionnent et m'émerveillent. Par manque de connaissances, de moyens, de soutien, d'amour ou pour toutes sortes d'autres raisons, il arrive toutefois que certains nuisent au développement de l'estime de soi des enfants et laissent des traces ineffaçables qui les marqueront pour la vie.

### Le code de vie familial

Le code de vie familial, que nous avons décrit en détail au chapitre 3, est un outil essentiel au bon fonctionnement de la famille et une aide précieuse pour assumer son autorité avec fermeté. Voici un rappel des cinq étapes de ce code.

## Les 5 « I » du code de vie familial

- Inciter à la collaboration et satisfaire les besoins affectifs.
- Interroger les enfants à propos des règles.
- Informer les enfants du code de vie familial, des règles qui en découlent et des conséquences aux manquements.
- Illustrer les règles de façon à ce qu'elles soient bien comprises.
- Intervenir à chaque manquement.

L'investissement nécessaire pour instaurer ce code de vie sera largement compensé par les bienfaits dont bénéficiera la famille.

### L'ignorance volontaire

De nombreux parents avouent ne pas savoir quand intervenir auprès de leur enfant. Ils disent ne pas savoir quoi laisser passer alors que d'autres ont l'impression d'être constamment sur le dos de leur enfant. Deux questions simples permettent en fait de savoir quand une intervention est nécessaire[3] :

---

3.  Inspiré de Diane Chelsom Gossen, *La réparation : pour une restructuration de la discipline à l'école*, Montréal : Chenelière/McGraw-Hill, 1997, p. 73.

✓ **Est-ce dangereux si je n'interviens pas?**

Autrement dit, l'enfant va-t-il se blesser, blesser quelqu'un ou briser quelque chose par son action ou son comportement? Lorsqu'il y a un réel danger, nous ne nous posons pas la question, nous accourons!

✓ **Si je n'interviens pas, cela aura-t-il un impact à long terme dans sa vie?**

Si la réponse à ces deux questions est négative, aucune intervention n'est requise. Par contre, si la réponse à l'une de ces questions est positive, une intervention est nécessaire chaque fois que l'enfant adopte le même comportement afin d'éviter un malheur ou de protéger les valeurs de base servant de fondement à son éducation.

Philippe, 7 ans, adore son nouveau pantalon. Il le porte depuis quatre jours pour aller à l'école. Sa mère se demande si elle doit intervenir. Est-ce dangereux? Non. Cela aura-t-il un impact dans 20 ou 30 ans s'il n'y a aucune intervention? Non. Une intervention n'est donc pas nécessaire. Le matin suivant, Philippe salit son pantalon en déjeunant et veut quand même le porter. Est-ce dangereux? Non. Cela aura-t-il un impact dans plusieurs années si ses parents n'interviennent pas? Oui. Si la propreté et l'hygiène sont des valeurs essentielles pour eux, ils se doivent d'intervenir. Ainsi, Philippe comprendra qu'on ne peut sortir avec des vêtements tachés et malpropres. Un matin, il dira à ses parents: « Je dois changer mon pantalon, car je l'ai taché. »

Lorsque Samuel est en colère, il profère des insultes. Est-ce dangereux physiquement? Non. Cela aura-t-il un impact plus tard dans sa vie? Oui. Si le respect est une valeur importante pour ses parents, ils doivent intervenir chaque fois qu'il emploie un langage méprisant et demander réparation à Samuel tout en l'aidant à trouver de meilleures stratégies pour gérer sa colère et des moyens acceptables de dire sa frustration ou son mécontentement.

Le nombre et la cause des interventions peuvent différer pour chaque parent ou famille, selon les valeurs et les réponses de chacun aux deux questions clés. L'important pour les parents est de demeurer, en toute circonstance, les gardiens de leurs valeurs. La constance est de rigueur, sans quoi il sera impossible pour l'enfant de comprendre toute l'importance des valeurs et la nécessité de les intégrer.

## Cesser de répéter et agir

Les enfants comprennent très tôt que lorsqu'ils n'exécutent pas les demandes, leurs parents répètent maintes et maintes fois. Ils reçoivent ainsi de l'attention. Leur besoin d'attention est si important qu'ils préfèrent recevoir ce type d'attention négative plutôt que de ne rien recevoir du tout.

Plus l'enfant est jeune, plus il a besoin d'un parent qui agit plutôt que d'un parent qui explique, qui tente de le raisonner, de lui faire comprendre une situation précise. L'enfant considère que le temps que le parent passe à lui fournir des explications lui est dédié parce qu'il reçoit toute l'attention. C'est fort probablement ce qu'il recherchait.

### Capter d'abord l'attention de l'enfant

Lorsque vous effectuez une demande, ayez la certitude, en premier lieu, d'avoir toute l'attention requise de la part de votre enfant. Vous pouvez vous en assurer en lui disant, par exemple: «Émile, regarde-moi. C'est le moment de venir manger.» Autrement, si Émile est absorbé par son jeu ou par son émission de télévision préférée, il vous faudra probablement lui répéter plusieurs fois de se mettre à table. Émile ne vous regarde pas et ne répond pas à votre requête? Approchez-vous et touchez-le afin de vous assurer de son attention. «Émile, c'est le moment de s'asseoir à table pour manger.»

### Coordonner l'écoute et l'action

Dès son plus jeune âge, l'enfant doit apprendre à écouter ses parents et à obéir à la première demande, pour sa sécurité physique et psychologique. Cet apprentissage à la maison l'amènera ensuite à écouter tout adulte en position d'auto-rité (grands-parents, éducatrice, enseignant, entraîneur, moniteur de camp de vacances, parents d'amis, etc.) et à lui obéir. Il est donc essentiel de prioriser cet apprentissage dès la petite enfance. À la première demande, le parent n'attend pas et ne s'explique pas, mais agit : il va chercher l'enfant par la main, sans dire un mot, un peu comme un robot, pour ne pas le récompenser d'une attention quelconque. « Olivier, regarde-moi. C'est le moment de revêtir ton manteau, nous devons partir. » Le garçon de 4 ans ne s'exécute pas dans les trois secondes suivantes ? Sans dire un mot, son parent le prend par la main et le mène jusqu'au garde-robe afin qu'il puisse y prendre son manteau.

Lorsque l'enfant est plus autonome et n'est plus d'âge à se faire prendre par la main, le parent peut lui faire assumer la conséquence de son choix de ne pas obéir. « Charlotte, regarde-moi. C'est le moment de partir, mets tout de suite ton manteau. » La jeune fille de 8 ans continue de jouer sans accéder à la demande ? Son parent peut lui dire : « Je sais que tu aimerais bien poursuivre ton activité, mais les minutes que je perds à t'attendre devront m'être remises par des tâches que tu effectueras une fois de retour à la maison. »

Voilà de quoi aider Charlotte à s'activer et à comprendre que les demandes parentales sont sérieuses. C'est une façon efficace de la responsabiliser avec fermeté et sensibilité.

### Les choix

Avez-vous tendance à exiger que les choses soient faites à votre manière ? Pourtant, en laissant à l'enfant un cer-tain pouvoir décisionnel, on peut obtenir des résultats impressionnants pour faire cesser un comportement, et plus particulièrement pour accomplir une tâche.

Le fait de demander : « Veux-tu mettre ton pantalon ou ton chandail en premier ? » est très différent de : « Viens t'habiller. » L'enfant n'a pas le choix d'effectuer une tâche, mais il peut le faire avec plus d'entrain ou d'efficacité s'il peut choisir quand l'effectuer et comment s'y prendre.

Voici des exemples de phrases donnant à l'enfant un certain contrôle :

✓ « Tu choisis de respecter les règles du jeu ou tu choisis de te retirer. »

✓ « Tu peux choisir de ranger ta chambre avant ou après ton déjeuner. »

✓ « Par quoi veux-tu commencer, tes devoirs de français ou d'anglais ? »

✓ « Soit tu te tiens à table comme je te le demande, soit tu te retires. Qu'est-ce que tu choisis ? »

> Mes enfants se pourchassaient d'un bout à l'autre du magasin en se cachant dans les rayons. Je les grondais, leur disais combien j'étais embarrassée de leur comportement en les menaçant de ne plus jamais les ramener. Un jour, alors qu'ils couraient dans la boutique, j'ai rattrapé mes fils et leur ai dit très calmement : « On ne se cache pas dans les vêtements et on ne dérange pas les gens comme vous le faites. Vous avez le choix, soit vous demeurez près de moi, soit nous retournons immédiatement à la maison. Dites-moi ce que vous choisissez. » Ils sont restés près de moi quelques minutes avant de repartir de plus belle, croyant que je ne les apercevais pas. « Je vois quel est votre choix. On s'en va ! » « Mais, maman, s'est écrié l'aîné, et les pantalons que tu devais m'acheter ? » « Lorsque vous courez comme vous le faites, cela m'exaspère et je n'ai plus envie d'acheter quoi que ce soit. » Ayant compris ma limite, les séances de magasinage suivantes se sont déroulées tout autrement !

Offrir des choix adaptés aux âges et à la maturité des enfants leur permet de sentir qu'ils exercent un certain contrôle, les valorise et les responsabilise tout à la fois en plus de combler leur besoin de liberté.

### Dire oui… le plus souvent possible

Beaucoup de gens préfèrent ne pas demander d'aide et s'arranger seuls plutôt que de prendre le risque d'essuyer un refus. C'est bien dommage, car on se prive souvent ainsi de la satisfaction d'un besoin. L'impact négatif du « non » est très marqué, surtout pour un enfant.

Pourtant, lorsque nous accédons à la requête de notre enfant, nous lui prouvons que sa demande en vaut la peine et nous l'encourageons à demander ce qu'il désire ou à mentionner ce dont il a besoin. Alors que le « oui » est un signe d'acceptation, le « non » fait parfois naître un sentiment de rejet. Cela ne signifie pas que le parent doive tout accepter. Cependant, il doit prendre en considération qu'il peut transformer plusieurs « non » en « oui » tout en obtenant ce qu'il veut de son enfant. Cela peut désamorcer et même permettre d'éviter bien des situations désagréables.

Voici des exemples de phrases affirmatives :

✓ Votre enfant vous demande s'il peut aller jouer chez son ami. Au lieu de lui répondre : « Non, tu n'as pas rangé ta chambre comme je te l'avais demandé », dites-lui plutôt : « Oui, dès que ta chambre sera rangée. »

✓ Il veut un yogourt avant le repas ? Remplacez votre : « Non, on va manger bientôt » par « Oui, dès que tu auras terminé ton plat principal. »

✓ À la question : « Est-ce qu'on peut aller en vacances au bord de la mer ? », vous pouvez répondre : « Oui, si j'ai mon augmentation de salaire avant l'été. »

✓ À la requête : « Est-ce que je peux organiser une grosse fête pour mon anniversaire ? », vous pouvez spécifier : « Oui, à la condition que tu aies un plan pour établir le déroulement de la fête, que tu expédies toi-même les invitations et que tu participes à la décoration de la maison. »

Changer certains « non » pour des « oui » dans les situations du quotidien peut faire une différence considérable dans la vie de votre enfant. Il sera plus apte à collaborer et vous dira « oui » à son tour. Votre relation sera basée sur le « donnant-donnant ».

### Dire non… lorsque la situation l'exige

Chaque fois que le parent dit non à son enfant ou son adolescent, il lui rappelle que c'est lui qui détient le pouvoir. Il lui apparaît donc naturel de l'utiliser pour affirmer son autorité. Il faut cependant noter que le « non » augmente le sentiment d'impuissance chez l'autre. De plus, ce terme établit un rapport défensif et incite à s'opposer davantage. Si le « non » est trop souvent répété, l'enfant risque de ne plus l'entendre. Et plus le parent l'emploie, plus l'enfant l'utilise.

Bien entendu, l'enfant a parfois le droit de refuser, de dire « non ». Si vous lui demandez : « Veux-tu prêter ton jeu à ta sœur ? », permettez-lui de répondre : « Non, ce jeu est trop précieux pour moi. » « Veux-tu aider ton frère à attacher ses souliers ? » « Non, pas maintenant, je suis en train de terminer quelque chose d'important. » Malgré le souhait du parent d'inculquer les valeurs de partage et d'entraide, l'enfant peut se servir du « non » pour s'affirmer concrètement, pour prendre sa place et faire valoir ses idées ou ses opinions, sans quoi il sera continuellement soumis et n'aura pas totalement confiance en lui.

Si votre enfant use fréquemment du « non », diminuez vos propres refus. Vous pouvez par exemple choisir de dire « Stop ! » lorsque votre enfant grimpe quelque part ou chaque fois que vous voulez qu'il cesse un comportement précis. Évitez aussi les questions fermées pour lesquelles il pourrait répondre « non ». Plutôt que de lui demander : « Viens-tu manger ? », dites : « Que vas-tu manger en premier ce soir, ton poulet ou tes haricots ? » Grâce aux choix sous-entendus, l'enfant comble son besoin de liberté par la même occasion, comme nous l'avons précédemment illustré.

Le « non » demande à la fois sensibilité et fermeté. Lorsque la négation est de rigueur, le parent doit éviter de se justifier. À mesure qu'il grandit, un enfant sait généralement pourquoi le parent lui refuse une permission ou un privilège. Il doit être avisé qu'un « non » demeurera un « non » et qu'une fois annoncé, il ne sert à rien de discuter. À force d'argumenter, le parent finit par fléchir et accéder à la requête de l'enfant. Sa crédibilité en prend alors un coup. Revenir sur sa décision est humain, mais en agissant de la sorte, le parent encourage l'enfant à argumenter à chaque refus en espérant parvenir à le faire changer d'avis. Le traditionnel « J'y réfléchis, j'en parle à ton père (ou ta mère) et je te donne la réponse ce soir » demeure une façon de se protéger tout en démontrant à l'enfant que les deux parents possèdent le pouvoir décisionnel.

L'utilisation de la négation équivaut à une intervention de la part du parent. L'emploi du « non » peut donc être validé par les deux mêmes questions servant à déterminer les situations pour lesquelles il faut intervenir.

« Pourrait-on manger devant la télé comme chez Anna ? Il y a que nous qui n'avons pas le droit », se plaint Jasmine. Son père se demande si cette permission peut être dangereuse et constate qu'elle ne l'est pas. Le fait de prendre les repas devant l'écran aura-t-il un impact dans la vie future de Jasmine ? Selon lui, oui. Il refuse donc cette demande en expliquant à sa fille qu'entretenir une belle relation entre les membres de la famille est une valeur importante pour lui et que le temps des repas est le seul moment de la journée où la famille est réunie. Il mentionne cependant la possibilité d'instaurer un repas pizza-cinéma en famille une fois par mois.

Dans leur livre *Je suis aimable, je suis capable. Parcours pour l'estime et l'affirmation de soi*, Jean Monbourquette, Jacqueline Desjardins-Proulx et Myrna Ladouceur proposent une façon intéressante de dire non tout en préservant la relation avec l'autre, enfant ou adulte.

## Dire non en préservant la relation[4]

**« Est-ce que Maxime peut venir dormir à la maison ce soir ? On a fait un tas de projets pour s'amuser ensemble. »**

### Étape 1 : Reconnaître la demande de l'autre

« Tu aimerais vraiment avoir Maxime avec toi pour la nuit. Vous avez tant de plaisir quand il reste à dormir. »

### Étape 2 : Refuser en exprimant sa limite

« Tes cousins et cousines viennent souper et dorment ici ce soir. C'est vraiment impossible. »

### Étape 3 : Proposer une compensation si cela convient

« Aimerais-tu l'inviter samedi prochain ? »

Malgré que la réponse soit négative, que l'on n'acquiesce pas à la demande de l'enfant, ce dernier se sent écouté, compris et important pour son parent.

---

### *L'importance d'une bonne écoute*

Tel que nous l'avons vu au chapitre 2, de nombreux auteurs se sont attardés au concept de l'écoute et ont proposé plusieurs méthodes pour la rendre plus efficace.

**L'écoute active :** Faire preuve d'écoute active dans une situation signifie à la fois entendre les paroles de l'enfant et prendre le temps de comprendre réellement ce qu'il ressent. On reprend ses mots tout simplement en lui montrant ce qu'on comprend de sa situation, en reformulant l'idée dans une phrase ou encore en nommant l'émotion qu'on a cru percevoir : « Tu es déçue que ton amie refuse ton invitation. »

**Les messages reçus :** Plusieurs messages ou « signes » prouvent à l'enfant qu'il a vraiment toute notre attention, ce que ne procure pas toujours le silence. Grâce au langage non verbal (signe de tête, haussement de sourcils,

---

4. Jean Monbourquette, Jacqueline Desjardins-Proulx et Myrna Ladouceur. *Je suis aimable, je suis capable : parcours pour l'estime et l'affirmation de soi*, Montréal : Novalis, 1998.

positionnement des mains, etc.), il peut aisément se sentir écouté. Des interventions verbales comme « Je vois… », « Ah ! » ou « Vraiment ? » démontrent aussi à l'enfant que nous sommes attentifs et intéressés.

**L'invitation :** On peut offrir aux enfants la possibilité de communiquer ou non ce qu'ils ressentent. Alors que certains vont facilement se confier, d'autres attendent qu'on leur tende une perche pour parler : « As-tu envie de m'en parler ? »

**L'écoute passive :** Le silence est un message non verbal puissant qui montre à la fois qu'on accepte les sentiments que l'enfant nous communique, qu'on lui fait confiance et qu'on est totalement présent pour l'écouter.

### *La communication non violente*

Également élaborée au chapitre 2 de ce livre, la communication non violente (CNV) favorise des liens et des relations basées sur la compassion, le respect de soi et d'autrui, l'empathie et la coopération. Elle peut être utilisée « pour résoudre les conflits, améliorer les relations et accroître les performances dans virtuellement tous les domaines de l'activité humaine[5]. »

## Les quatre étapes de la CNV :

1. **Mettre de côté nos jugements pour observer la situation de façon objective.**

   On relate ce qui est vu ou entendu : « En revenant du travail, quand je vois ton manteau et tes autres effets personnels par terre dans l'entrée… »

2. **Identifier le plus clairement possible les sentiments ressentis en les différenciant des jugements qu'on peut avoir.**

   On dit ce que la situation suscite en nous : « … cela me décourage et m'empêche de goûter au plaisir de te retrouver. »

---

5. Isabelle Padovani, « La CNV : qu'est-ce que c'est ? », sur le site francophone de la Communication non violente (CNV).
www.nvc-europe.org/SPIP/La-CNV-qu-est-ce-que-c-est [consulté le 2 février 2013]

3. **Nommer les besoins qui sont en lien avec les sentiments (aspirations profondes, motivations, etc.).**

On souligne ce qu'il nous faut pour nous sentir bien : « J'ai besoin d'ordre dans notre maison. J'ai besoin que tout soit bien rangé. »

4. **Formuler une demande claire et simple visant à satisfaire les besoins.**

On formule clairement sa demande : « Je te demande donc de ranger ton manteau, tes bottes et tes autres effets quand tu arrives à la maison. Crois-tu être en mesure de le faire ? »

---

La demande du parent doit être la plus positive, concrète et réalisable possible pour l'enfant. Lorsque la demande est liée à un sentiment et, surtout, à un besoin, il est beaucoup plus probable que l'enfant s'exécute et ressente de la joie à l'idée d'enrichir la vie de son parent.

Dans le cas d'une réponse négative à la demande ou si les effets de l'enfant ne sont pas rangés tel que demandé, le parent peut imposer une conséquence. Des conséquences concernant plusieurs situations du quotidien sont d'ailleurs proposées au chapitre 6.

## Des questions plutôt que des sermons

Remplacer les explications et les incessantes répétitions par des questions est un autre bon moyen de communiquer avec son enfant et de lui faire adopter des comportements adéquats. S'il est vrai qu'on retient 20 % de ce qu'on entend, mais 80 % de ce qu'on dit, l'efficacité des questions — et de la réflexion qu'elles entraînent généralement chez l'enfant — surpasse celle des sermons.

On peut, par exemple, remplacer l'affirmation : « Je t'avais dit de laisser ton iPod® dans la maison. En l'apportant près de la piscine, il risquait d'être en contact avec l'eau. Ça ne m'étonne pas qu'il ne fonctionne plus. Lorsqu'on ne fait pas attention à ses choses, elles s'abîment ! » par : « Je vois que tu es triste. Est-il arrivé quelque chose à ton iPod® ? » Le jeune pourra probablement répondre : « Je l'ai laissé près de la piscine et il a été arrosé. Il ne fonctionne plus. » Le parent peut alors renchérir : « C'est vraiment dommage, tu l'utilises si souvent. Y a-t-il quelque chose que tu pourrais faire la prochaine fois pour le protéger ? » Le jeune pourra répondre : « Le laisser dans la maison, bien sûr. »

Selon les circonstances, des questions comme celles qui suivent peuvent être utiles pour remplacer les sermons :

✓ Qu'est-ce qui s'est passé ?

✓ Comment cela a-t-il pu se produire ?

✓ Que pourrais-tu faire la prochaine fois ?

✓ Peux-tu m'en dire plus ?

✓ Qu'est-ce que tu en penses ?

✓ As-tu des idées ?

✓ Qu'est-ce que tu retiens de cette situation ?

✓ La prochaine fois, comment pourrais-tu t'y prendre pour éviter que cela se produise ?

✓ De quoi as-tu besoin pour aller dehors l'hiver ?

✓ Que te reste-t-il à faire avant d'aller au lit ?

✓ Quelle tâche dois-tu accomplir pour le repas ?

✓ Quelle est la règle ?

✓ Penses-tu être capable de la respecter ?

✓ La prochaine fois, comment pourrais-tu agir de façon acceptable ?

## Éviter la question « Pourquoi as-tu fait cela ? »

Des questions comme «Pourquoi l'as-tu poussé ?», «Pourquoi as-tu pris son jeu sans sa permission ?», «Pourquoi as-tu fait cela ?» sont directes, mais inefficaces. La majorité des enfants et des adolescents répondront instinctivement : «Je ne sais pas» ou encore «Parce que... ». Le parent exige une réponse intelligente alors que l'enfant, mal à l'aise, perçoit sa question comme un reproche. Il est souvent difficile pour lui de réfléchir dans ces conditions. À l'inverse, lorsqu'un adulte bienveillant pose la main sur l'épaule de l'enfant et demande : « Que s'est-il passé ? Tu as l'air très fâché », il augmente ses chances d'obtenir une réponse sensée et d'être en mesure d'aider réellement l'enfant.

## Allier fermeté et sensibilité

Lorsque je propose de joindre ces deux qualités, plusieurs parents songent à l'expression : « Une main de fer dans un gant de velours ». Toutes deux nécessaires pour bien affirmer son autorité, elles exigent néanmoins pour tout parent de trouver un équilibre. En effet, on doit être assez proche de son enfant pour demeurer sensible à lui, à ce qu'il ressent et à ce qu'il vit tout en conservant suffisamment de distance pour être en mesure d'assumer totalement son rôle de parent en imposant des règles et des limites[6].

Cette position n'est pas toujours confortable. Avec mes enfants, j'avais l'impression d'avoir une balance en moi qui penchait vers eux, puis vers moi lorsque j'avais à exercer mon autorité. Il y avait leurs demandes, leurs désirs, leurs fautes et leurs erreurs d'un côté et, de l'autre, mes besoins et mes désirs de parent, de même que ma responsabilité envers eux, que je devais assumer avec fermeté.

Quoique difficile à atteindre, cette constante recherche d'équilibre peut être illustrée ainsi :

*Une autorité trop ferme, voire rigide :*

- Le parent est loin de l'enfant ;
- Le plateau de la balance ne penche que du côté de l'adulte ;
- Les besoins de l'enfant ne sont pas assez considérés ;
- Le parent exerce tout le pouvoir.

*Une autorité trop souple, exercée avec trop de sensibilité :*

- Le parent est trop près de l'enfant ;

---

6. Cet équilibre est mentionné par plusieurs auteurs dont Germain Duclos et Martin Duclos, *Responsabiliser son enfant*, Montréal : Éditions du CHU Sainte-Justine, 2005.

- Le plateau de la balance ne penche que du côté de l'enfant ;
- Les besoins du parent sont ignorés ;
- L'enfant exerce tout le pouvoir.

*Une autorité équilibrée, qui allie sensibilité et fermeté :*

- Le parent est à la fois près et loin de l'enfant ;
- Les plateaux de la balance oscillent et s'équilibrent ;
- Les besoins de chacun sont considérés ;
- Le pouvoir est partagé.

L'enfant accepte plus facilement une limite lorsqu'elle est amenée avec compréhension, de façon sensible et aimante. Il l'intègre ensuite grâce à une constance ferme de la part du parent. Pour affirmer son autorité de façon équilibrée, le parent doit d'abord passer par le plateau de son enfant sur la balance pour ensuite arriver au sien, comme l'illustrent les exemples suivants :

✓ « Tu dois être vraiment fâché pour avoir claqué la porte comme tu l'as fait. Crois-tu qu'aller au "coin plumes" t'aiderait à te sentir mieux ? »

✓ « Tu as sûrement besoin de t'exciter, tu as été assis presque toute la journée. Moi, par contre, j'ai besoin de calme après avoir travaillé. Peux-tu aller t'exciter dehors ou au sous-sol, le temps que je me repose un peu ? »

✓ « C'est très choquant lorsque quelqu'un s'approprie ton jeu sans ta permission, mais tu n'as pas le droit d'exprimer ta colère en le frappant. Lorsque vous vous serez calmés, nous verrons comment vous pourriez l'un et l'autre exprimer vos besoins et vos sentiments d'une façon acceptable dans notre maison. Chacun de vous va devoir réparer. »

### Les routines

L'instauration de routines est un judicieux moyen de simplifier une foule de situations quotidiennes et de rétablir l'ordre et l'harmonie dans la famille. Les routines éliminent les nombreuses répétitions, l'impatience des parents, les haussements de voix et les guerres de pouvoir. En plus de contribuer au développement d'un fort sentiment d'appartenance à la famille, elles permettent de vivre dans un environnement stable et d'évoluer dans un climat de calme.

Un horaire régulier ainsi que la répétition des mêmes gestes, dans le même ordre, facilitent également l'apprentissage des règles et des limites pour les enfants. De plus, les routines sécurisent, car elles permettent à l'enfant d'anticiper les activités à venir. Chacun sait ce qu'il a à faire, à quel moment et dans quel ordre. Les enfants savent ce que vous attendez d'eux et connaissent les tâches qu'ils ont à effectuer. Le fait de leur confier ces tâches les aide à développer un sentiment de confiance et de compétence de même que leur sens des responsabilités (voir l'annexe pour des exemples de routine). Une fois les routines intégrées, il n'y a plus besoin de demander, d'exiger, de parlementer.

Malgré leur efficacité, les routines ne sont cependant pas coulées dans le béton. Elles doivent être adaptées à l'âge et au développement de l'enfant, et ce, jusqu'à l'adolescence. Elles peuvent également, dans certaines circonstances exceptionnelles, être retardées ou modifiées. Par exemple, votre enfant peut avoir un « congé » dans sa routine relative au repas lorsque son oncle en visite vous propose son aide. Si vous devez changer la routine, il est important d'en informer l'enfant en âge de comprendre.

De crainte de trop exiger des enfants au retour de l'école ou durant les congés, de nombreux parents s'abstiennent de demander leur participation aux tâches domestiques. Pourtant, lorsque l'enfant a plus de congés que le parent et qu'il est en âge d'assumer plus de responsabilités, il faut lui en attribuer. Comme le mentionnent Martin et Germain Duclos : « Les responsabilités sont en lien direct avec l'attachement et l'estime de soi. Les jeunes qui ont des responsabilités accrues ont une bonne relation avec leurs parents, ils sont moins sujets à la dépression et ont une meilleure estime d'eux-mêmes[7]. » C'est un fier service à leur rendre dans le présent et pour leur futur que d'exiger qu'ils accomplissent leur juste part dans la maison.

Pour éviter l'ennui ou l'opposition lors de l'exécution des tâches, donnez le choix aux enfants de la tâche à accomplir ou faites un tirage au sort. À intervalle régulier, changez les tâches de chacun. Des routines personnelles du matin et du soir vous sont proposées au chapitre 3. Une liste des repères concernant les tâches domestiques des enfants peut également être consultée dans le livre *La discipline, un jeu d'enfant[8]*.

### La règle des grands-mères

Facilement applicable dans les routines, cette règle vise en fait le respect des priorités : les tâches d'abord, le plaisir ensuite. Le matin, par exemple, l'enfant peut manger lorsque son lit est fait et qu'il est habillé. Quand il a mangé et que ses dents sont brossées, il peut avoir accès à une activité ludique.

> J'étais étonnée de voir mes enfants effectuer la totalité des devoirs demandés pour la semaine en arrivant le vendredi soir. Cela représentait des heures de travail pour une seule soirée. Quand je leur en parlais, ils me répondaient qu'ainsi, ils seraient libérés et n'auraient plus qu'à jouer et s'amuser durant le reste de la semaine.

### L'exemple et le modèle parental

Lorsque les gestes du parent ne s'accordent pas avec ses paroles, l'enfant est confus et la crédibilité de l'adulte en position d'autorité en prend un coup. Ce qu'on fait parle

---

7. Germain Duclos et Martin Duclos, *Responsabiliser son enfant*, *Op cit.*, p. 180.
8. Brigitte Racine, *La discipline, un jeu d'enfant*, *Op cit.*

plus que ce qu'on dit. Si l'on exige le respect, l'ordre, le travail bien fait et la ponctualité de la part de nos enfants, on doit d'abord s'assurer qu'on a bien intégré ces valeurs et qu'on les vit au quotidien. « Il est essentiel, comme le stipule Germain Duclos, que l'adulte prêche par l'exemple en agissant lui-même selon les valeurs qu'il veut transmettre. La cohérence entre valeurs prônées et comportements prend la forme d'un témoignage qui inspire sécurité et confiance[9]. »

Si l'on s'écarte de nos valeurs — ce qui est humain —, on se doit de revoir nos stratégies afin d'y revenir au plus tôt. Faites-vous le contraire de ce que vous demandez à vos enfants ? Quel temps avez-vous à leur consacrer ? Qu'en est-il de la satisfaction de leurs besoins affectifs ? La santé est-elle une valeur que vous souhaitez transmettre ? Comment vous alimentez-vous ? Quand faites-vous de l'exercice ? Vos heures de sommeil sont-elles suffisantes ?

## Les outils

### Le « coin plumes »

Vous ne savez pas comment vous calmer ou aider vos enfants à se calmer ? Le « coin plumes », tel que nous l'avons évoqué au premier chapitre, est un moyen efficace d'y parvenir. Il s'agit d'un endroit tranquille et confortable conçu spécialement pour s'isoler, reprendre le contrôle de ses émotions et respirer. En soufflant, par exemple, sur les plumes suspendues à un mobile ou directement au plafond, la personne sent sa colère disparaître et revient à de meilleurs sentiments.

Lorsque l'enfant a participé à l'élaboration de ce lieu et qu'il sait quand et comment l'utiliser, il le voit comme un moyen lui permettant de se sentir mieux après une situation conflictuelle. Une fois calmé, il peut revenir vers les autres en employant un ton et des mots acceptables. Chaque famille

---

9. Germain Duclos, *L'estime de soi, un passeport pour la vie*, 3ᵉ éd., Montréal : Éditions du CHU Sainte-Justine, 2010, p. 46.

a besoin d'un lieu particulier — qu'il s'agisse d'un « coin plumes », d'un « coin douillet » ou autre — où chacun peut se retirer lorsque la situation s'envenime.

Si vous êtes en colère, prêt à exploser, dites à votre enfant que vous avez besoin de vous retirer au « coin plumes ». Vous lui servirez d'exemple et l'inciterez ainsi à profiter à son tour de ce lieu. Puisque ce n'est pas désagréable, l'enfant acceptera généralement d'y aller sans réticences. Certains jeunes s'y rendront de leur propre gré lorsqu'ils en ressentiront le besoin. Il arrive à l'occasion que ce soit les enfants qui demandent à l'adulte de se retirer au « coin plumes » afin d'y retrouver son calme. Si l'enfant refuse d'y aller, proposez-lui de l'accompagner.

### L'arrosoir

Cette image, directement liée à la communication parent-enfant, fait allusion au titre du livre de Fletcher Peacock : *Arrosez les fleurs, pas les mauvaises herbes !*[10] L'enfant est ici perçu comme une plante qui a besoin d'attention constante pour s'épanouir pleinement.

Claude s'interroge sur l'attitude de son fils Émile. « On dirait que les reproches et les réprimandes sont bien plus fréquents que les félicitations et les compliments. » Après avoir entendu parler du livre de Fletcher Peacock, il revient un soir du travail muni d'un petit arrosoir qu'il dépose dans la cuisine sous le regard étonné d'Émile. « Papa, que fais-tu avec un arrosoir en plein hiver alors qu'on ne possède aucune plante dans la maison ? » « Je me suis rendu compte, Émile, qu'un enfant, c'est comme une plante. Je constate que tu fournis beaucoup d'efforts que je ne souligne pas suffisamment, comme pour le rangement dans la maison ou tes travaux scolaires.

[...]

---

10. Fletcher Peacock, *Arrosez les fleurs, pas les mauvaises herbes ! : une stratégie qui révolutionne les relations professionnelles, amoureuses et familiales*, Montréal, Éditions de l'Homme, 2007.

Tu adoptes souvent des comportements agréables et j'oublie de te dire mon appréciation. Je m'arrête souvent pour te réprimander et te corriger quand tu n'es pas à ton affaire, mais quand tout va bien, je me tais. L'arrosoir m'aide à me souvenir de prendre soin de toi comme d'un jardin et de t'accorder l'attention et les encouragements dont tu as besoin pour t'épanouir et pousser comme une magnifique plante. Si je ne "t'arrose" pas autant que tu en as besoin, tu pourras me parler de mon arrosoir et me demander ce qui t'est nécessaire pour te sentir bien. »

L'arrosoir est un moyen pour les parents d'identifier les comportements qu'ils souhaitent voir adopter par leurs enfants, mais aussi de souligner ceux qu'ils apprécient et qui sont déjà bien intégrés.

Julie et Simon mentionnent que leur fils Jérémy, 6 ans, adopte quelques comportements dérangeants. Il refuse de s'habiller le matin et de se brosser les dents. Il n'accepte pas non plus les refus : il continue de demander malgré l'interdiction et il ne doit pas y avoir de délai lorsqu'il demande quelque chose. Avant de proposer des interventions, je les questionne :

- « Comment se déroulent les repas avec votre fils ? »
- Simon : « Il n'y a aucun problème. »
- Julie : « Il mange bien, goûte à tout, reste assis jusqu'à la fin du repas. »
- « Lui exprimez-vous la chance que vous avez d'avoir un garçon qui demeure assis pendant toute la durée du repas et qui goûte à tous les aliments ? Lui dites-vous à quel point c'est agréable de partager les repas avec un enfant comme lui ? »
- Julie et Simon, en chœur : « Non. »
- « Comment se déroule le moment du coucher ? »
- Julie : « Il n'y a aucun problème. »
- « Il se couche facilement, reste dans son lit jusqu'au matin sans demander quoi que ce soit une fois que vous lui avez souhaité une bonne nuit ? Sait-il que son comportement facilite votre vie et termine agréablement vos journées ? »
- Julie et Simon, en chœur : « On va lui dire la chance que nous avons… »

Un enfant a besoin d'encouragement au même titre qu'une plante a besoin d'eau. En se comportant de façon dérangeante, il signifie à son entourage qu'il «crève de soif» et qu'il a besoin d'être «arrosé», c'est-à-dire de recevoir une attention positive. Il est important de ne pas faire en sorte que l'enfant se «fane» par manque d'attention ou d'encouragement.

Plusieurs objets autres qu'un arrosoir peuvent rappeler aux parents de s'arrêter et de reconnaître ce qu'il y a de beau et de bon chez leurs enfants. Une mère s'est par exemple procuré une paire de lunettes géantes en expliquant à ses enfants que celles-ci étaient magiques et que chaque fois qu'elle les porterait, elle ne verrait que le bon et le bien en eux et le leur soulignerait. Si leur besoin d'être vus et reconnus n'était pas toujours satisfait, les enfants pourraient alors lui demander de les porter davantage. De son côté, un père passionné d'automobiles s'est fait photographier en train de faire le plein de sa voiture. Il a affiché cette photo afin de se souvenir de «remplir» les «réservoirs» de ses quatre enfants d'amour, d'attention et de valorisation afin que tout «roule» pour le mieux.

### Les photos

Quoi de mieux qu'une photographie pour illustrer les bonnes actions ou les comportements louables? Ce procédé peut non seulement montrer à l'enfant qu'il est capable d'accomplir une foule de choses, mais l'inciter à reproduire ce qu'il aperçoit, améliorant ainsi ses comportements au quotidien.

À l'aide de photos, vous pouvez encourager l'enfant à adopter, maintenir ou améliorer ses comportements concernant le rangement, l'habillement, les repas, le coucher, etc. Avec votre appareil, saisissez les moments où votre enfant est en train de bien faire. Épinglez ensuite les clichés sur un tableau d'affichage pour valoriser l'enfant. Le brossage des dents est pénible pour votre fils? Prenez-le en photo alors qu'il s'y applique et affichez la photographie bien à la vue. Elle sera pour lui un rappel qu'il peut le faire. Votre adolescente a pensé un matin à ranger ses effets personnels dans la salle de bain en plus de suspendre ses serviettes ? Prenez-la en photo et montrez-la-lui en lui disant qu'une telle propreté est digne d'un magazine. Dites-lui aussi le plaisir que vous avez ressenti à voir la salle de bain rangée.

Un tableau d'affichage contenant une multitude de photographies du jeune en train de bien faire, de réussir, d'accomplir, d'exécuter, de persévérer, de se dépasser suscitera chez lui un sentiment de compétence et de fierté. Ce sentiment deviendra une importante source de motivation. Pour toutes les routines proposées dans ce livre, je suggère d'ailleurs de remplacer les dessins par des photos de votre enfant ou de votre famille. Reflétant toujours la réalité, elles seront d'une plus grande efficacité.

### L'environnement adapté

Lorsqu'on n'arrive pas à modifier le comportement désagréable de l'enfant, on peut songer à modifier l'environnement, comme dans les exemples suivants :

- On peut difficilement freiner l'envie d'explorer chez l'enfant, mais on peut faire en sorte que les objets précieux soient hors d'atteinte. Cela limite aussi les interdictions verbales, les « Non, on ne touche pas ! » répétitifs. Installer des jouets et des objets intéressants à la portée de l'enfant, selon son niveau de développement, est aussi efficace.

- On ne peut stopper la curiosité de l'enfant qui le pousse à ouvrir toutes les armoires, toucher à tout et même goûter à tout. On peut toutefois placer les couteaux, objets dangereux, produits toxiques et allumettes hors de sa portée.

- Les médicaments, si semblables à des bonbons, peuvent exercer une grande attraction. Il est primordial de les garder sous clé dans une armoire.

- Si un enfant adopte des comportements dérangeants à répétition dans un groupe ou dans la famille, on peut en faire son bras droit, son assistant, le leader d'une activité. Cela lui permet de se sentir utile, de se percevoir comme quelqu'un de bien, de jouer un rôle positif. Il pourra ainsi modifier son comportement.

- À table ou en automobile, on peut séparer deux enfants qui se disputent constamment en les éloignant physiquement le plus possible.

- Durant l'heure qui précède le moment du coucher de l'enfant, on peut réduire la stimulation en évitant les écrans et les activités physiques.

- Aménager un coin pour que l'enfant puisse jouer près de vous dans la pièce où vous vous trouvez davantage à votre retour du travail permet de passer plus de temps ensemble.

- S'abstenir de garder à la maison les aliments sucrés comme les biscuits, bonbons et boissons gazeuses finira par avoir raison de l'enfant qui les réclame sans cesse.

- Aménager un coin « créativité » regroupant une variété de matériel de bricolage (cartons, crayons, tissus et autres, incluant des éléments de votre bac de recyclage). Cela nourrira l'imagination et le besoin de création de l'enfant et vous permettra d'accomplir vos tâches plus facilement.

- On doit exercer davantage son autorité avec des enfants en manque d'exercice. Au retour à la maison, une période de dix minutes dédiée à la danse, aux sauts ou à la course prédispose au calme pour le moment du repas.

- Si l'enfant grimpe sur le comptoir de la cuisine pour sortir son bol de l'armoire, il serait préférable de placer à sa portée la vaisselle qu'il utilise.

- Il est judicieux de verser du lait dans une petite bouteille et de l'offrir à l'enfant de 3 ans qui veut verser lui-même son lait dans ses céréales. Cette bouteille sera beaucoup plus adaptée à la tâche de l'enfant que le litre de lait.

## Les jeux de rôles

> Lorsque je demandais à mes enfants de rejouer devant moi une situation conflictuelle tant qu'ils ne réussiraient pas à le faire en adoptant des comportements qui soient acceptables à la maison, ils rechignaient : « Je hais vraiment tes jeux de rôles ! » Je leur répondais alors : « Je sais que vous détestez cela. Jouez-les de la bonne façon du premier coup et vous ne le jouerez qu'une seule fois. »

En s'exerçant à reproduire le comportement souhaité, l'enfant est plus en mesure de l'adopter lorsqu'une situation similaire se présente à lui. Les jeux de rôles — ou de courtes mises en scène avec des marionnettes pour les tout-petits — peuvent être très utiles pour y parvenir.

De la même façon, lorsqu'un enfant qui s'affirme difficilement veut parler à son enseignant, il peut s'exercer à formuler sa demande en suggérant à son parent de jouer le rôle du professeur plutôt que de lui demander d'intervenir à sa place parce qu'il est trop timide.

L'enfant victime de mots blessants peut, grâce à un jeu de rôles avec son parent, s'exercer à répondre lorsqu'un de ses camarades l'insulte, en employant des phrases telles que : « J'ai une opinion différente de la tienne » ou encore « Ce sont tes mots, je te les laisse ». En jouant ce rôle, l'enfant apprend à se tenir droit, à parler d'une voix forte, à adopter une attitude affirmative.

## Les contes et les allégories

> Vincent, 6 ans, refuse de descendre jouer au sous-sol. Il affirme qu'il a trop peur. Je propose à sa mère, Maryse, de lui lire l'allégorie de la « petite libellule » sans mentionner à Vincent que cette histoire s'adresse aux enfants qui ont peur dans le noir. Elle lui lit l'allégorie une première fois. Vincent lui en redemande la lecture à plusieurs reprises. Durant l'une d'elles, la sœur plus âgée du garçon s'exclame : « Mais cette libellule ressemble étrangement à Vincent ! » Deux jours plus tard, Vincent descend au sous-sol sans peur aucune.

Les courtes histoires[11] traitant de certains problèmes que vivent les enfants (peurs, insécurité, difficultés d'affirmation ou d'adaptation, maladies, tics, déménagement, motivation, mensonge, hyperactivité, conflit, agressivité, manipulation, etc.) s'avèrent parfois plus efficaces que de simples paroles. Par exemple, un parent qui dit à son enfant : « C'est difficile pour toi de t'affirmer. Tu as un réel problème. Tu dois changer, sinon tout le monde va te marcher dessus dans la vie ! » ne l'incite pas vraiment à prendre conscience du problème ni à faire des efforts pour s'en défaire. Par contre, l'allégorie « est facilement acceptée par l'individu parce qu'il ne se sent pas directement concerné par le sujet. L'histoire métaphorique suggère donc des solutions en évitant les résistances[12]. »

« Dans chaque allégorie, un personnage imaginaire vivra une difficulté quelconque et rencontrera d'autres personnages sur son chemin qui l'aideront à entrevoir des solutions à la situation qu'il vit. [...] Le travail fait par l'allégorie est, le plus souvent, inconscient. Il se fait donc tout seul, au fur et à mesure que l'enfant apprivoise le personnage et s'identifie à lui[13]. » Certains enfants se reconnaissent dans ce type d'histoires, d'autres pas. Mais dans les deux cas, les résultats restent probants. Certains enfants qui en redemandent la lecture en viennent même à se raconter eux-mêmes l'histoire. Parce qu'elle s'adresse à l'inconscient, sans jugement aucun, l'enfant ne se sent pas montré du doigt ou menacé. Il est ouvert à entendre parler de la problématique du personnage et des solutions qui lui sont proposées. L'histoire peut par la suite aider l'enfant et même l'adulte à trouver ses propres stratégies

---

11. Plusieurs auteurs dont Michel Dufour, Jacques Salomé, Danielle Laporte et Solène Bourque proposent des allégories tant pour les enfants et les adolescents que pour les adultes.
12. Michel Dufour, *Allégories pour grandir et guérir*, Chicoutimi : Éditions JCL, 1998, p. 39.
13. Solène Bourque, « Qu'est-ce qu'une allégorie ? ».
    http://allegoriesdefis.blogspot.ca/2011_02_01_archive.html [consulté le 2 février 2013]

pour résoudre sa difficulté. Souvent, le dénouement positif et les informations contenues dans ces histoires aident à dédramatiser.

### La préparation

« Préparer l'enfant » à une activité, une visite ou un événement de tout ordre facilite souvent son déroulement, tant pour l'enfant que pour l'adulte qui l'accompagne. Éliminer la notion d'inconnu et faire en sorte que les attentes et les limites soient claires rassurent et sécurisent l'enfant.

> « Ce soir, nous recevons ton oncle et ta tante pour le souper. Voici comment la soirée va se dérouler : après le repas, vous pourrez vous amuser jusqu'à 22 heures exceptionnellement. Tu pourras dormir avec ton cousin. Quels jeux es-tu prêt à partager ? Lesquels souhaites-tu ranger dans l'armoire du haut ? Veux-tu m'aider à dresser et décorer la table ? »

Dans un tel contexte, l'enfant se sent important et respecté. Non seulement il peut anticiper ce qui va se passer, mais il sait qu'il occupe une place importante dans cet événement.

Voici d'autres exemples de préparation :

- ✓ « Dans cinq minutes, on doit partir. » Puisque l'enfant est préparé à ce départ, le parent a plus de chances d'être écouté dès la première demande.

- ✓ « Aimerais-tu être avisé quand le repas sera prêt afin d'avoir assez de temps pour terminer ce que tu es en train de faire ? » Ce type de préparation témoigne du respect pour l'enfant et pour ses activités personnelles. Le parent, pour sa part, s'évite ainsi plusieurs répétitions lorsque viendra le temps de passer à table. Pour le jeune enfant qui n'a pas encore la notion du temps, on pourra dire : « Bientôt, nous devons… »

- ✓ « En vacances, vous devrez partager la même chambre tout en respectant les effets personnels de l'autre et sa tranquillité. » En étant informés de ce qu'on attend d'eux, les enfants seront plus enclins à adopter les comportements ciblés.

La préparation s'avère aussi profitable pour le jeune qui doit réaliser une présentation devant la classe et qui l'exécute d'abord devant ses parents ou encore pour une jeune fille qui se prépare, avec l'aide de l'un de ses parents, à passer une première entrevue pour un emploi. En préparant vos enfants, ils en viendront au fil des ans à trouver leurs propres façons de se sécuriser, de s'informer et de se préparer eux-mêmes aux divers événements de leur vie.

## La diversion

Faire diversion consiste tout simplement à proposer à votre enfant une activité qui détournera son attention d'un conflit ou de la frustration découlant d'un refus de votre part, bref d'une situation désagréable, parfois sans issue. Il s'agit d'effectuer un changement de direction, de l'amener sur un terrain différent, plus agréable, pour lui comme pour vous. Vous le faites sûrement naturellement. Ne vous arrive-t-il pas de faire diversion pour vous-même ? Pour vous amener à cesser de penser à votre travail, peut-être lirez-vous avant de dormir ou irez-vous faire une promenade ? Nous subissons maintes situations sans vraiment les choisir, mais nous avons toujours le choix de notre attitude face à ces événements. C'est un peu ce que vous enseignez à votre enfant à travers la diversion. Elle entraîne un changement d'attitude chez lui et modifie très souvent son humeur.

Un conflit s'immisce entre vos deux enfants ? Approchez-vous en disant : « Que diriez-vous de jouer à… ? » Le conflit sera chose du passé. Attention ! Il ne faut cependant pas utiliser la diversion lorsque l'enfant a du chagrin ou qu'il se sent blessé. Au contraire, il faut alors savoir faire place à l'émotion et l'écouter.

## Le comportement de rechange

Cet outil vise à substituer au comportement inacceptable de l'enfant un bon comportement tout en permettant à l'enfant d'apprendre à satisfaire adéquatement un de ses besoins. L'enfant qui, par exemple, pousse son frère pour obtenir la place de choix sur le canapé ne sait peut-être pas comment faire autrement pour obtenir ce qu'il veut. Il a donc besoin qu'un adulte l'aide à trouver la bonne façon de le faire. Ce questionnement précis et court incite l'enfant à réfléchir :

✓ « Quelle est la règle dans notre maison ? » Réponse : « On n'a pas le droit de pousser. » (Le respect est une valeur importante.)

✓ « Qu'est-ce que tu cherches à avoir ? » Réponse : « Cette place-ci. »

✓ « Qu'est-ce que tu fais ? » Réponse : « Je pousse mon frère. »

✓ « Est-ce une façon acceptable d'obtenir ce que tu veux ? » Réponse : « Non. »

✓ « Comment pourrais-tu t'y prendre ? » Réponse : « Je pourrais lui demander la place, négocier avec lui. »

On peut ensuite valoriser ce nouveau comportement chaque fois que l'enfant l'adoptera. Il sera plus rapidement intégré.

Le même moyen peut être employé pour la recherche de nouvelles stratégies avec l'enfant.

Je rencontre Alexis parce qu'il parle en même temps que son enseignante et est régulièrement réprimandé pour ce comportement. Je le questionne à propos de la règle à suivre et des conséquences qu'il doit assumer lorsqu'il l'enfreint. Je lui demande ensuite s'il y a quelque chose qui l'aiderait à respecter cette règle. Il réfléchit quelques secondes puis me dit : « Oui. La photo de ma mère sur mon pupitre. » Étonnée, je lui réponds : « Ah oui ? ». Il poursuit : « Au retour de l'école, la première chose dont me parle ma mère est mon silence.

> Elle veut savoir si je suis demeuré silencieux pendant que Mme Nicole enseignait. Si j'ai la photo de ma mère en plus de Mme Nicole devant moi, c'est certain que je vais me taire ! ». Afin de satisfaire adéquatement son besoin d'attention, nous avons convenu qu'il aviserait Mme Nicole de sa stratégie en lui demandant qu'elle reconnaisse régulièrement ses efforts.

Au chapitre 6, cet outil sera fréquemment évoqué à partir d'exemples concrets.

### Le contrat

Un comportement de votre enfant d'âge scolaire ou de votre adolescent est source de conflit ? Après avoir fait valoir votre point de vue et entendu celui de votre enfant, vous pouvez conclure une entente écrite renfermant des concessions et des clauses prédéterminées à respecter. Chacune des deux parties s'engage à en respecter les termes en la signant. Pour un fonctionnement optimal, l'accord doit sembler équitable pour les deux parties. Une entente est difficile à respecter lorsqu'on a le sentiment de se « faire avoir » ou de se faire contrôler. Chacun doit avoir l'impression d'en sortir gagnant.

## Étapes à suivre - Exemple 1

1. **Définir le problème.**
   Votre jeune ne respecte pas les heures de rentrée le soir.

2. **Identifier de part et d'autre toutes les solutions qui vous viennent à l'esprit sans juger de leur sévérité.**
   a) Lorsqu'il dépasse son heure de rentrée, le jeune est privé de sortie le lendemain.
   b) Lorsqu'il dépasse son heure de rentrée, il rentre plus tôt le lendemain.
   c) Lorsqu'il respecte l'heure toute la semaine, il peut rentrer une heure plus tard le samedi.

3. **Analyser chacune des solutions. Procédez par élimination jusqu'à en retenir une pour laquelle vous êtes tous deux d'accord.**
   Les solutions a) et b) sont éliminées.

**4. Définir la procédure d'application de la solution.**

À partir du samedi à venir, l'heure de rentrée sera minuit plutôt que 11 heures.

**5. L'appliquer en respectant l'entente.**

**6. Faire un suivi pour en évaluer l'efficacité.**

Félicitez le jeune lorsqu'il a respecté le contrat. Si ce n'est pas le cas, appliquez une conséquence logique.

Dans cet exemple, le jeune gagne une heure en respectant le contrat et le parent est rassuré en sachant à quelle heure son enfant sera de retour à la maison.

## Étapes à suivre – Exemple 2

**1. Définir le problème.**

Lorsque votre enfant invite des amis à la maison, il sème tout un désordre et vous êtes fatigué de leur tapage.

**2. Identifier de part et d'autre toutes les solutions qui vous viennent à l'esprit sans juger de leur sévérité.**

a) L'enfant se limite à deux amis à la fois.

b) Il va jouer chez des amis plutôt que d'en inviter.

c) Lorsqu'il y a plus de deux amis, les enfants s'adonnent à des activités extérieures à la maison ou au parc.

**3. Analyser chacune des solutions. Procédez par élimination jusqu'à en retenir une pour laquelle vous êtes tous deux d'accord.**

Les solutions a) et b) sont éliminées.

**4. Définir la procédure d'application de la solution.**

À partir de la prochaine fin de semaine, le petit groupe d'enfants s'adonnera à son jeu dans le jardin derrière la maison.

**5. L'appliquer en respectant l'entente.**

**6. Faire un suivi pour en évaluer l'efficacité.**

Félicitez l'enfant lorsqu'il a respecté le contrat. Si ce n'est pas le cas, appliquez une conséquence logique.

Dans cet exemple, l'enfant intègre la notion de responsabilité et d'engagement tout en se sentant important et respecté. Le parent, lui, profite de plus de tranquillité.

### Les réunions de famille

Des réunions familiales « spéciales » sont de mise chaque fois qu'un événement particulier s'annonce au calendrier. Pour planifier les vacances, par exemple, ou encore pour préparer une fête, une réunion de famille permettra à chacun d'exprimer ses besoins, ses désirs, ses attentes et ses intérêts. Les tâches pourront également être réparties, les règles énoncées et tous pourront travailler au succès de l'événement à venir.

De telles réunions peuvent être plus ou moins fréquentes, selon les besoins (une ou plusieurs fois par semaine, une fois toutes les deux semaines, une fois par mois, etc.). On peut déterminer à l'avance leur durée et les thèmes qui seront abordés. Il est même souhaitable d'avoir un cahier dans lequel, au fil des jours, il est possible de noter les sujets à aborder afin de ne pas les oublier. Lorsque votre fille se plaint de ne pouvoir accéder à la salle de bain le matin au moment où elle le désire, suggérez-lui d'inscrire une note à ce sujet dans le cahier. Vos enfants sont sortis ou couchés et il vous vient à l'esprit l'effort fourni, la tâche bien accomplie ou l'aide qu'ils vous ont apportée ? Inscrivez-le dans le cahier pour le partager à la prochaine réunion. Ces réunions familiales permettent également à chacun de discuter de la vie commune et de proposer des améliorations, renforçant ainsi son sentiment d'appartenance à la famille. Quelle belle façon de transmettre des valeurs telles que la collaboration, la reconnaissance et le respect !

On peut d'abord commencer par « arroser les fleurs », c'est-à-dire faire part, à tour de rôle, de ce qu'on apprécie chez chacun : « J'apprécie ton aide à résoudre mes problèmes de mathématiques, Victor », « J'aime vraiment l'ordre qui règne dans l'entrée lorsque j'arrive du travail ». Par la suite, on enchaîne avec les améliorations souhaitées : « Quand Julien vide le litre de lait ou de jus et replace le contenant vide au frigo, cela m'exaspère », « Quand Marianne occupe la salle de bain 30 minutes le matin, j'ai peur de ne pas avoir le temps de l'utiliser. Lorsque je lui demande de me laisser la place et qu'elle ignore ma demande, cela me frustre ». Le fait que tous les membres de la famille soient réunis permet un brassage d'idées faisant souvent naître des solutions simples, créatives et originales relatives à ces difficultés. Pour éviter les frictions ou les haussements de ton, on peut se munir d'un « objet de la parole » : « Surtout utilisé en situation de groupe (classe, famille nombreuse, lieu professionnel…), il sert à régulariser l'ordre et les temps de parole de chacun. [...] Un morceau de bois, une cuillère en bois, ou tout autre objet facilement préhensible peut constituer un bâton de parole qui sera reconnu et choisi comme tel par ceux qui veulent l'utiliser pour symboliser à la fois le désir de parler et celui d'être entendu[14]. »

Si quelqu'un parle en même temps que celui qui possède le bâton de parole, on se doit de l'ignorer ou de lui rappeler que sans l'objet entre les mains, on ne peut l'écouter. Cela s'avère une excellente façon d'apprendre à attendre son tour et à se taire quand quelqu'un parle. La qualité d'écoute reçue encourage vivement à se taire et à écouter à son tour.

14. Tiré de « Heureux qui communique, site officiel de Jacques Salomé, psycho-sociologue et écrivain ». Voir la section E.S.P.E.R.E.
www.j-salome.com/02-methode/0201-communiquer/concepts.php [consulté le 2 février 2013]

## Un moment de réflexion

- En considérant les approches et les outils de prévention énumérés dans ce chapitre, nommez trois situations qui pourraient être améliorées dans votre vie familiale.

**Première situation** ................................................................

...............................................................................................

Outil(s) : ...............................................................................

...............................................................................................

**Deuxième situation** ............................................................

...............................................................................................

Outil(s) : ...............................................................................

...............................................................................................

**Troisième situation** ...........................................................

...............................................................................................

Outil(s) : ...............................................................................

...............................................................................................

## CHAPITRE 5

# La responsabilisation sans punition

## Les effets négatifs de la punition

«Pourquoi remplacer les punitions alors que ça fonctionne?», m'interrogent de nombreux parents. «Béatrice est allée au lit sans manger hier soir parce qu'elle ne cessait de crier et je vous assure que ce matin, elle était très calme», affirme l'un deux. «Depuis que Dimitri a dormi par terre une nuit dans mon bureau, il est moins agressif avec les autres enfants à la garderie», confirme un autre. «Mon fils Jules, qui adore le soccer, a cessé de faire mal à son frère depuis que je l'ai privé d'un match. Je vous assure que c'est efficace!», poursuit un troisième.

Si les punitions semblent efficaces et que leurs conséquences nous apparaissent positives sur le coup, elles laissent tout de même des traces indélébiles. Avant de recourir à ce moyen réactif, il est opportun d'en connaître les effets à plus long terme.

On peut se questionner sur la motivation de Béatrice, Dimitri et Jules à modifier leurs comportements. Est-ce la faim, la peur d'être privé de repas à nouveau, d'être enfermé, de coucher par terre dans un bureau, de ne pas participer à son prochain match de soccer? Comme l'expliquent Germain et Martin Duclos: «Manifester son autorité par des punitions dans le but de soumettre l'enfant à ses exigences constitue une attitude dominatrice et répressive. Elle suscite inévitablement de la rancœur chez le jeune. Lorsque ce dernier obéit au doigt et à l'œil, il craint d'être rejeté et il a peur du parent. Ce n'est pas là une attitude de respect, mais plutôt de soumission[1]. » Ce n'est pourtant pas ce que souhaite la majorité d'entre nous. Il faut cependant avouer qu'il est parfois difficile de se défaire de ce qui est depuis longtemps appris, intégré et que nos parents ont mis en pratique avec nous. Ne sachant pas faire autrement, nous continuons d'infliger des punitions non sans malaises, regrets ou culpabilisation.

« Mon conjoint et moi assistons à votre conférence pour découvrir de nouvelles idées de punitions pour notre fils Tristan, qui a 9 ans », me dit d'emblée une femme. Nous lui avons enlevé tout ce qu'il aimait : pas d'amis pour deux semaines, pas de Nintendo ni de télévision pour un mois et pas de vélo de l'été. Nous sommes à court d'idées ! Allez-vous nous en donner ?» Si je réponds : « Non », j'ai peur qu'ils ne quittent la salle alors que je souhaite vraiment qu'ils y restent. Je m'imagine à la place de Tristan et cela me semble inconcevable... Comment se sent-on à 9 ans lorsque nos parents, qui nous aiment, nous enlèvent tout ce qu'on affectionne le plus dans notre vie ? Comment les sensibiliser à ce qu'ils infligent à leur fils et les amener à revoir leur façon de faire ? Je me décide à leur demander : « Votre fils doit être très important pour vous puisque vous consacrez cette soirée à chercher de nouvelles idées de punitions. À part Tristan, qu'est-ce qui compte le plus pour vous ?» « Mon fils, c'est ce que j'ai de plus important au monde ! À part lui, mon mari, mes amies, mon travail, ma nouvelle maison », me répond la mère. « Imaginez pendant quelques instants que je peux, pendant un mois, vous priver de votre fils, votre mari, vos amis, votre maison et votre travail. Plus encore, pendant ce mois, je vous demande de travailler pour moi, de collaborer avec moi. En auriez-vous envie ?» « Jamais de la vie ! Vous m'enlevez ce que j'aime le plus et je vais travailler pour vous, moi ?» Son conjoint lui donne alors un petit coup de coude en lui disant : « Te rends-tu compte de ce que ressent notre Tristan ?» « On va aller s'asseoir et écouter ce que vous proposez », décide la femme.

1. Germain Duclos et Martin Duclos, *Responsabiliser son enfant*, Montréal : Éditions du CHU Sainte-Justine, 2005, p. 122.

La punition n'est pas le moyen approprié d'obtenir la collaboration de l'enfant, car elle suscite chez lui des émotions et des comportements souvent contraires à nos attentes : « La punition n'a pas sa raison d'être dans une relation bienveillante. La punition ne décourage pas l'inconduite. Elle ne fait que rendre le coupable plus prudent dans l'accomplissement de ses crimes, plus adroit à dissimuler ses traces, plus habile à éviter qu'on le détecte. Quand un enfant est puni, il prend la résolution de devenir plus prudent, non celle de devenir plus honnête et plus responsable. Au lieu d'amener l'enfant à regretter ce qu'il a fait et à réfléchir aux façons de s'amender, la punition déclenche des désirs de vengeance[2]. »

Plus encore, le fait de punir peut ouvrir la porte à la violence : « Les châtiments corporels imposent à court terme une obéissance de l'enfant, mais à long terme, ils produisent de la peur, de l'agressivité, un désir de vengeance ou de révolte et la volonté d'occuper à son tour une position de pouvoir. Ainsi, la violence physique envers les enfants est souvent à l'origine de la violence physique chez les adultes[3]. »

Les effets affectifs et sociaux de la punition sont donc nombreux et néfastes. Si la tape ne dure qu'une seconde, les impacts qu'elle a peuvent durer toute une vie. C'est dire à quel point la punition corporelle laisse des traces, même si on tente de réparer par la suite le tort qu'elle a causé.

Rappelons que punir notre enfant affecte directement la relation que nous entretenons avec lui. Cela fait en sorte de nous « déconnecter » de lui, de rompre momentanément le lien de confiance privilégié qui nous unit. À l'inverse, le parent qui s'assure d'être « connecté » avant d'intervenir, dans un espace aimant et bienveillant, est animé par le

---

2. Ces paroles sont de Haim Ginott, cité par Elaine Faber et Adele Mazlish, *Parler pour que les enfants écoutent, écouter pour que les enfants parlent*, Cap-Pelé (N.-B.) : Relations… plus, 2002.

3. Sylvie Bourcier et Germain Duclos, « La fessée au banc des accusés », *Magazine Enfants Québec*, novembre 2004.

désir de l'aider et non de le faire souffrir en le privant. Quelle différence pour l'enfant tout autant que pour l'adulte ! Lorsque le parent fait l'expérience de sortir de son état de frustration et de colère pour retrouver son espace bienveillant, il constate que le désir de punir disparaît de lui-même, qu'il n'a plus sa place. Sa propension à aider son enfant prend alors le dessus. Malgré une intervention parentale positive, l'enfant peut tout de même ressentir des regrets ou un sentiment de culpabilité. Il ne faut pas chercher à les éviter non plus, puisque ces sentiments amorcent chez le jeune un désir de changement, une motivation à devenir une meilleure personne.

Lorsqu'un enseignant me demande, par exemple : « Est-ce bon d'inscrire le nom de l'enfant au tableau lorsqu'il perturbe la classe ? », je lui propose de se mettre dans la même situation. « Et vous, comment vous sentiriez-vous si, pour une erreur que vous avez commise, on inscrivait votre nom au tableau dans la salle du personnel ? » « Je serais humilié, gêné… » « L'enfant le serait également. Imaginez que votre nom apparaisse au tableau et que la direction de l'école vous demande de rester au travail 30 minutes de plus ? Seriez-vous tenté de satisfaire sa demande après l'humiliation subie ? » Il est bon de se rappeler que l'humiliation n'a jamais suscité la collaboration de personne, adulte ou enfant.

« Je suis embarrassée de vous interroger devant une telle assistance, mais j'ai besoin de vérifier mon intervention auprès de ma fille de 4 ans. J'ai lu dans votre livre que lorsqu'on cause du tort à notre enfant, il nous faut aussi réparer. Tous les matins, je répète une multitude de fois à ma fille de venir déjeuner, s'habiller et brosser ses dents. Exaspérée, il m'arrive parfois de lui administrer une tape. Pour réparer, le soir, je lui donne un massage. Est-ce bon ? » Quelques rires fusent dans la salle. « Il est vrai qu'on doit, tout comme nos enfants, réparer le tort causé à quelqu'un. Malgré le geste de réparation, cette tape laisse des traces, elle provoque non seulement de la douleur physique, mais nuit également au développement de son estime de soi.

Comment peut-elle développer le sentiment qu'elle a de la valeur ? Il importe de trouver une façon de ne plus reproduire ce comportement nuisible à bien des égards pour l'enfant, d'opter pour un comportement de remplacement, de rechange...

Prenons en exemple l'automobile de mon voisin que j'abîme en faisant marche arrière. Les excuses ne suffisent pas : il me faut réparer. Ne vais-je pas m'y prendre autrement la fois suivante ? Revoir ma façon de stationner ? Malgré ce changement de comportement, l'automobile ne sera plus dans le même état qu'auparavant et perdra de la valeur puisqu'elle a été accidentée. Tout comportement dommageable que votre enfant ou vous-même adoptez doit donc être réparé et remplacé par un comportement acceptable qui ne nuise à personne. »

« Maintenant que je comprends tout le tort causé à ma fille, comment faire pour ne pas la taper demain matin si je perds patience et sors de mes gonds ? », me demande la mère. Une idée très farfelue me vient en tête. Puisqu'elle veut une aide immédiate, je lui propose : « En attendant que vous cessiez de répéter votre erreur, que vous mettiez en place une routine et trouviez une façon de vous calmer et vous « rebrancher », enfilez une mitaine à four dans la main avec laquelle vous frappez votre fille et informez-la que vous portez cette mitaine afin d'arrêter votre mouvement, que vous voulez cesser de la taper parce que vous l'aimez. Si votre main s'élance, la vue de la mitaine devrait vous rappeler les conséquences de votre geste. Sinon, votre fille vous rappellera votre volonté de ne plus adopter une telle méthode. »

Deux mois plus tard, j'ai reçu un courriel de cette même mère, Charlène, m'informant qu'elle avait porté la mitaine pendant deux semaines et qu'elle n'avait plus jamais levé la main sur sa fille. Elle avait mis à son agenda une « routine de parent » visant à satisfaire les besoins affectifs de son enfant. Elle avait également instauré une routine pour le matin et, ensemble, mère et fille avaient aménagé un « coin plumes ».

« Est-ce bon pour un enfant ? » signifie pour moi que l'intervention doit susciter chez l'enfant le désir de devenir une meilleure personne, de s'améliorer aux yeux de ses parents et aux siens. Lorsque nous punissons un enfant, nous déclenchons en lui, comme nous l'ont précédemment dit plusieurs auteurs, de la peur, de la rancœur et de la vengeance, alimentant du même coup un sentiment de soumission ou incitant à des comportements d'agressivité et de violence. Comment l'enfant peut-il nourrir le désir de devenir une meilleure personne alors que nous appelons le pire en lui par nos interventions répressives ? En plus de lui faire vivre de tels sentiments, nous le privons de l'occasion de s'améliorer. Gordon Neufeld rappelle que : « Dans la mesure du possible, nous devons toujours avoir pour objectif de stimuler les bonnes intentions d'un enfant. Pour y arriver, cependant, l'enfant doit avoir le désir de nous être agréable... et d'être réceptif à notre influence[4]. » Le Dr Thomas Gordon abonde dans le même sens lorsqu'il écrit : « On croit généralement que la punition prévient un comportement agressif chez les enfants. Au contraire, les punitions sévères rendent les enfants agressifs. En effet, lorsqu'on punit un enfant, on le prive toujours de la satisfaction de ses besoins. Or, lorsque les enfants ne satisfont pas leurs besoins (et les adultes aussi, d'ailleurs), ils se sentent frustrés ; et l'agressivité constitue une réaction courante à la frustration. La frustration engendre l'agressivité. La punition favorise l'agressivité chez les enfants non seulement en les privant de ce qu'ils désirent et en les frustrant, mais aussi par l'apprentissage par imitation. Les enfants apprennent en observant les adultes, en particulier les parents. Si les parents se font obéir par la violence, ils enseignent à leurs enfants une leçon qu'ils ne sont pas près d'oublier[5]. »

Les adultes victimes de punitions répétitives durant leur enfance et qui n'ont pas remis en question cette façon de faire peuvent, consciemment ou non, perpétuer cette méthode avec des adultes (collègues, amis, conjoint, etc.) tout autant qu'avec des enfants. En tant qu'infirmière, j'ai travaillé dans

---

4. Gordon Neufeld et Gabor Maté, *Retrouver son rôle de parent*, Montréal : Éditions de l'Homme, 2005, p. 337.
5. Thomas Gordon, *Éduquer sans punir : apprendre l'autodiscipline aux enfants*, Montréal : Éditions de l'Homme, 2003, p. 87.

différents milieux de la santé, dont un centre d'accueil pour personnes âgées. Dès la première journée, j'ai été frappée par l'attitude des enfants à l'égard de leurs parents. Maintenant âgés de 40, 50 et même 60 ans, ils adoptaient des attitudes punitives à l'égard de leurs parents et les réprimandaient : « Quand vas-tu m'écouter et demander de l'aide pour te lever plutôt que prendre le risque de tomber ? Si tu tombes une autre fois, je ne viens plus te visiter. Je ne m'occuperai plus de toi ! », « Si tu ne prends pas ton médicament, je m'en vais immédiatement ! ». Que ces personnes âgées munies de toute leur capacité intellectuelle se fassent ainsi interpeller et menacer « comme des enfants » m'a attristée. Ce qui me désolait le plus était que ces grands enfants répétaient fort probablement les mêmes comportements que leurs parents, maintenant dépendants et vulnérables, avaient adoptés à leur égard dans leur jeune âge, comme si rien n'avait changé ni évolué au fil des ans.

Ce livre a pour but d'inciter les parents et les éducateurs à remplacer les méthodes négatives d'affirmation de l'autorité par des méthodes bienveillantes visant la transmission de leurs valeurs, la responsabilisation de l'enfant tout autant que le développement de son estime de soi. Il est important de mentionner que la façon d'appliquer ces méthodes compte tout autant que les méthodes elles-mêmes.

## L'importance de la responsabilisation

C'est en assumant les conséquences de ses paroles et de ses gestes que l'enfant acquiert la notion de responsabilité. L'erreur est humaine et c'est bien de s'excuser, mais cela reste nettement insuffisant pour inciter l'enfant à se corriger. Le rôle du parent est d'aider l'enfant à comprendre qu'à tout comportement sont associés des effets. Quand il se comporte de la façon attendue, il vit la conséquence agréable de son choix de comportement : nous l'encourageons, le remercions ou le félicitons. Quand il se comporte d'une façon qui va à l'encontre de nos valeurs et de notre code de vie familial, il en assume aussi la conséquence, parfois désagréable.

## Se responsabiliser en tant que parent pour responsabiliser nos enfants

Les enfants ne sont pas responsables des cris de leurs parents. Personne ne contraint les parents à crier lorsqu'ils ressentent de la frustration face au comportement de leurs enfants. Chacun est responsable de ses faits et gestes. Le parent qui dit à l'enfant : « Tu me fais perdre patience ! Tu me mets en colère ! etc. » rend l'enfant responsable de son comportement et, en tant que modèle, il incite ce dernier à rendre les autres responsables de ses erreurs.

## Le retrait de l'enfant

« Est-il bon de retirer un enfant, de l'isoler ? » est une autre question fréquemment posée puisque le retrait est très souvent adopté dans l'exercice de l'autorité. Comme le mentionne Sylvie Bourcier : « Le retrait permet à l'enfant de se couper de sa frustration, favorise le sens des responsabilités puisqu'il vit une conséquence de son geste et lui permet, ainsi qu'à l'adulte, de se calmer[6]. » Lorsque l'enfant fait preuve d'agressivité envers un autre en mordant, tapant ou frappant, par exemple, le retrait vient favoriser le retour au calme et permet de porter son attention sur la victime. Toutefois, autant le retrait peut être utile dans certaines circonstances, autant il peut s'avérer nuisible à d'autres moments.

Le retrait de l'enfant peut s'effectuer avec fermeté sans pour autant mettre de côté l'attachement que vous ressentez pour lui. L'enfant se sent perdu si vous coupez le « courant » et adoptez une attitude de rejet en le retirant. Il ne sait pas combien de temps vous le laisserez dans cet

---

6. Sylvie Bourcier, *L'agressivité chez l'enfant de 0 à 5 ans*, Montréal : Éditions du CHU Sainte-Justine, 2008, p. 81.

état inquiétant, à quel moment vous vous « reconnecterez » à lui. Au contraire, l'enfant accepte davantage de se retirer et de se calmer dans un lieu propice lorsque l'adulte le fait avec sensibilité. Certains parents avouent se couper de tout sentiment lorsqu'ils mettent leur enfant en retrait ou le punissent. Imaginez que chaque fois que vous adoptez un comportement qui dérange votre conjoint, il refuse tout contact avec vous pendant un certain temps, vous plaçant ainsi en « retrait » de la relation. Comment vous sentiriez-vous ? Imaginez à présent ce que ce retrait représente pour l'enfant, qui évolue dans un contexte de dépendance et de vulnérabilité.

> Adeline, 2 ans, est mise en retrait plusieurs fois par jour sur une petite chaise dans un coin. Dès qu'elle ne répond pas aux demandes qu'on lui adresse, dès qu'elle pose les doigts sur la chaîne stéréo, le téléviseur ou tout autre objet fragile, on la met en retrait. Depuis quelques semaines, lorsqu'elle est assise sur cette chaise, elle se frappe la tête contre le mur tout le temps que dure le retrait. Lorsqu'elle est mise en retrait — ce qui arrive souvent —, Amélie, 3 ans, se griffe le visage à tel point qu'on doit garder ses ongles courts et lui enfiler des mitaines. Chacune de ces petites se voit punie par un parent en colère, qui ne sait faire autrement que rejeter son enfant et l'envoyer « réfléchir ». Se peut-il que l'enfant se rejette lui-même et veuille se faire du mal dans ce contexte ?

Les enfants discernent très bien dans quel but nous les retirons, quelles sont nos motivations. De quel côté des émotions nous situons-nous ? Du « côté cœur » ou du « côté vengeur » ? Notre but est-il de les aider à se sentir mieux ou de leur infliger un désagrément, une souffrance en les privant d'un objet ou d'une activité ? Trop souvent utilisés comme punition et annoncés sur un ton de reproche, les retraits négatifs font vivre du désagrément, de la culpabilité et du rejet à l'enfant. Les « J'en ai assez ! Va réfléchir dans ta chambre ! » ou encore les « Va au coin baboune ! » employés dans certaines garderies n'incitent pas l'enfant à s'améliorer et à devenir une meilleure personne.

Il est essentiel de préserver chez l'enfant le sentiment d'être aimable en toute circonstance. En aucun cas l'enfant ne devrait s'inquiéter, douter de l'amour que vous lui portez. Il devrait plutôt être rassuré sur le fait que même si vous n'appréciez pas son comportement, vous l'aimez toujours, lui. « Mais comment aimer mon enfant lorsqu'il n'est pas aimable ? », me demande-t-on. Le « coin plumes », tel que nous l'avons mentionné aux chapitres 1 et 4, peut vous aider à revenir à de meilleurs sentiments. Lorsque vous demandez à votre enfant d'une voix bienveillante : « Que dirais-tu d'aller au "coin plumes" ? », il risque d'accéder à votre demande. S'il refuse, dites-lui que vous y iriez ou encore, offrez-lui de l'accompagner si votre humeur le permet.

Rappelons aussi ici la nécessité pour le parent de séparer « le comportement » de « l'enfant ». Cela incite à parler du comportement inacceptable plutôt que de blâmer, juger ou critiquer l'enfant lui-même. En lui signifiant que c'est son comportement que nous n'acceptons pas, nous lui confirmons qu'il est toujours digne d'amour. Ainsi, au lieu de dire : « Tu es vraiment méchant ! », il est préférable de dire : « Je n'aime pas ce que tu viens de faire à ta sœur ! ». Évidemment, étant humain, il se peut qu'on ne puisse pas toujours être aimant et agir comme tel. Dans ce cas, il est important de songer à faire un geste de réparation si vous croyez avoir causé du tort à votre enfant, en plus de chercher une stratégie vous permettant d'intervenir autrement la prochaine fois.

## Retrait d'un objet, d'une activité ou d'un privilège

Cette méthode consiste à mettre une distance entre l'enfant et l'objet à l'origine du problème ou encore à retirer ou priver l'enfant d'une activité lorsqu'il y a un manquement de sa part durant le déroulement de l'activité.

♥ Lili fait tellement de bruit avec ses ustensiles qu'on l'avise que si elle s'en sert de façon inappropriée, on devra les lui retirer.

Fabien a chaussé ses patins à roues alignées et les a utilisés dans la maison. Il est privé de cette activité pour un certain temps.

Jason est allé chez un ami sans permission. Il lui est interdit de visiter cet ami pour un certain temps.

Élise s'est baignée dans la piscine sans surveillance. Elle perd le droit de se baigner pour un certain temps.

Charles est sorti à vélo sans son casque. Son vélo lui est confisqué pour le reste de la journée.

Les objets, jeux ou jouets utilisés de façon inadéquate ou à un moment inopportun par l'enfant (bâton de hockey dans la maison, fusil à eau à l'intérieur, etc.) peuvent lui être retirés pour un temps raisonnable. De même, lorsqu'il ne respecte pas les règles établies pour une activité, il peut perdre le droit de l'exercer pour un temps déterminé.

### Le système 1, 2, 3

Le psychologue Thomas Phelan a mis au point « le système 1, 2, 3 »[7], une approche éducative visant essentiellement à offrir aux parents un moyen d'imposer des limites à leur enfant lorsque les cris, les menaces ou l'agressivité sont prêts à surgir. Le fait de parler et d'être émotif dans un tel contexte de colère stimule également chez l'enfant le sens du défi et fait porter au parent le fardeau d'une « lutte à deux », comme si l'enfant ne devait s'arrêter que si le parent réussit à le *convaincre* de le faire.

Si vous êtes sur le point de dire des mots ou faire des gestes possiblement nuisibles pour votre enfant et que vous pourriez regretter, il vaut mieux utiliser le système 1, 2, 3. Cette méthode ne devrait pas être employée au quotidien.

---

7. Thomas W. Phelan, *123 Magic: Effective Discipline for Children 2012*, Parent Magic Inc. 4th ed., 2010.

Mais si vous êtes sur le point d'exploser ou que vous êtes engagé dans une discussion de plus en plus émotive, elle sera plus bénéfique que des cris, des mots ou des gestes violents et pourra vous être d'un grand secours.

## Objectifs

- Débrancher le courant d'impulsivité dans l'escalade qui s'amorce.
- Prendre une pause, un temps d'arrêt.
- Éviter que ça surchauffe, que le fusible saute.
- Éviter les discussions, les débordements d'émotions.

## Mise en place

- Expliquez à l'enfant que vous désirez mettre en place un nouveau système pour vous aider à mieux vivre ensemble.

- Dites-lui que lorsqu'il aura un comportement inacceptable, vous direz « 1 ». Ce sera une sorte d'avertissement qui signifiera clairement qu'il faut arrêter maintenant. Vous direz ensuite « 2 » et « 3 » s'il n'a pas choisi de s'arrêter. À « 3 », l'enfant écopera d'un temps d'arrêt d'un nombre fixe de minutes (une minute pour chaque année d'âge) dans sa chambre, comme quand l'arbitre d'un match exige une pause, un moment où tout le monde doit récupérer.

## Avantages

- Limite l'impulsivité du parent et de l'enfant.
- Clarifie le rôle de l'autorité parentale.
- Sollicite la capacité d'autocontrôle de l'enfant.
- Donne un message clair.
- Indique précisément la conséquence du comportement.
- Limite la rancune.
- Est facile à apprendre.
- Offre un équilibre au parent plus agressif ou plus permissif.

Il importe d'utiliser cette approche seulement pour faire cesser un comportement qui dérange, mais qui n'est pas dangereux. Pour qu'elle soit efficace, il ne doit y avoir aucune discussion ni émotion verbalisée au moment de son application.

## Les conséquences logiques

 Au moment du repas, Matis lance de la nourriture et salit le mur. On lui demande quelle pourrait être la conséquence raisonnable et logique de son comportement. Il propose de laver tous les murs de la salle à manger. Son père croit que cette conséquence est trop lourde par rapport au geste commis et suggère à son fils de nettoyer seulement l'endroit sali.

Dans certaines situations, on peut demander à l'enfant de choisir lui-même sa conséquence. La plupart des enfants de 7 ou 8 ans y arrivent. Le rôle du parent consiste alors à s'assurer que cette conséquence n'est pas démesurée par rapport à son comportement.

Les conséquences logiques sont efficaces lorsqu'elles:
- sont appliquées chaque fois que la règle est enfreinte ;
- ne dépendent pas de l'humeur du parent au moment du manquement à la règle ;
- sont en lien avec le non-respect de la règle ;
- sont appliquées avec calme et avec bienveillance.

La mise en pratique de ces conséquences incite les enfants à choisir avec soin leur comportement puisqu'ils peuvent anticiper les conséquences résultant de leurs choix. Ils apprennent que de mauvais choix entraînent immanquablement des conséquences désagréables dont ils sont les seuls responsables.

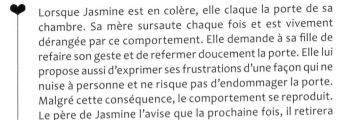 Lorsque Jasmine est en colère, elle claque la porte de sa chambre. Sa mère sursaute chaque fois et est vivement dérangée par ce comportement. Elle demande à sa fille de refaire son geste et de refermer doucement la porte. Elle lui propose aussi d'exprimer ses frustrations d'une façon qui ne nuise à personne et ne risque pas d'endommager la porte. Malgré cette conséquence, le comportement se reproduit. Le père de Jasmine l'avise que la prochaine fois, il retirera sa porte de chambre pour une semaine.

Il y a lieu de modifier la conséquence si elle n'est pas efficace. Il importe également de se questionner sur la motivation de l'enfant à reproduire son comportement dérangeant ou négatif. Est-ce le besoin d'une limite claire ou l'expression d'un besoin non satisfait, d'attention, de pouvoir, etc.? Dès que l'enfant a assumé sa conséquence, observez son comportement. Quand vous l'apercevez en train de bien faire, félicitez-le. Prenez le temps de souligner une bonne attitude ou initiative. Vous aiderez ainsi votre enfant à retrouver le sentiment d'être quelqu'un de bien et d'aimable.

> J'ai passé la fin de semaine à mettre mon fils en retrait, à lui faire assumer toutes sortes de conséquences», raconte Louise, désespérée. «Quel type de "dépôts" effectuez-vous avec votre fils en ce moment? «Présentement, je travaille 10 heures par jour et je ne peux pas lui offrir ses 20 minutes d'exclusivité et m'occuper de tous ses besoins.» «Voilà une conséquence logique et désagréable de votre comportement. Des choix s'imposent. Ou vous choisissez de lui donner ce dont il a besoin pour s'épanouir et être en mesure de vous donner ce que vous attendez de lui (conséquence agréable) ou vous choisissez de ne pas investir le temps nécessaire à la satisfaction de ses besoins et il ne veut pas collaborer avec vous (conséquence désagréable).»

Des situations particulières peuvent faire en sorte que le parent délaisse sa routine parentale et se désinvestisse dans sa relation avec son enfant. Dans ce cas, il est bon, sans exécuter totalement la «routine du parent», de prendre un moment avec l'enfant pour lui parler de la situation. Lorsqu'il aura saisi le contexte, on pourra établir avec lui des façons de satisfaire ses besoins malgré tout. Cela fera une grande différence, car il se sentira important et considéré à condition, bien sûr, que la situation en question ne perdure pas.

## Quelques autres exemples de conséquences logiques :

- **Courir dans un lieu où cela est interdit :** L'enfant refait le trajet en marchant.

- **Faire perdre du temps à son parent ou à la famille :** L'enfant doit exécuter une tâche pour son parent ou qui soit utile à toute la famille afin de leur remettre ce temps perdu.

- **Oublier d'apporter son lunch, ses vêtements de gymnastique ou des effets scolaires à l'école :** L'enfant assume les conséquences prévues par l'établissement scolaire. Cependant, il revient au parent d'aider l'enfant à trouver une stratégie pour ne plus répéter l'erreur. Il peut, par exemple, aider l'enfant à se préparer un aide-mémoire qui sera affiché dans un lieu stratégique.

- **Briser ou endommager un objet :** L'enfant répare ou aide à la réparation de l'objet. Il peut aussi participer au remboursement de l'objet brisé s'il a de l'argent. S'il n'a pas d'argent, il donne du temps pour effectuer des tâches utiles à l'autre.

- **Détruire une construction, un château de sable, déchirer un dessin, etc. :** L'enfant reconstruit, il refait la production détruite.

- **Ne pas ranger sa chambre :** L'enfant est privé de toute activité de loisirs tant que le rangement n'est pas effectué.

### La réparation

À court d'idées de punitions, lassés d'infliger les mêmes corrections ou persuadés qu'il y a mieux à faire que de punir, bon nombre d'adultes en position d'autorité recourent à ce moyen de discipline aussitôt qu'ils le découvrent. Hélas, changer les punitions pour des réparations du jour au lendemain n'enrichit ni l'enfant ni l'adulte qui l'encadre et alourdit le quotidien puisque cela demande beaucoup de gestion.

En fait, il est plus efficace d'utiliser la réparation lorsque l'exercice de l'autorité est occasionnel et seulement lorsque la relation d'attachement est solide et le désir de collaborer chez l'enfant, présent. Sans cette relation d'attachement entre l'adulte qui demande réparation et l'enfant, ce dernier n'obéira pas à la demande de réparation, s'y opposera, argumentera, finira par l'exécuter si l'adulte persiste, puis reproduira le comportement ou l'action répréhensible. Par exemple, quand une surveillante demande à l'enfant qui commet un geste répréhensible dans la cour de l'école de réparer son tort et que ce dernier ne la connaît pas, sa motivation à réparer son geste et à retrouver sa dignité est bien différente que s'il s'agit de son enseignante, à laquelle il est très attaché. Auprès de cette dernière, il veut retrouver le plus rapidement possible le sentiment d'être un bon élève. Avec elle, il aime être fier de lui le plus souvent possible. Sa relation avec son enseignante est importante, il aime se sentir aimé et valorisé par elle. Pour toutes ces raisons, sa motivation à réparer est bien plus grande.

La réparation s'inscrit également dans une continuité. Des étapes préparatoires sont nécessaires à son application, telles que décrites à partir du chapitre 2 :

1. Être « **connecté** ».

2. **Satisfaire les besoins :**

   On solidifie ainsi le lien avec l'enfant, on augmente sa capacité d'écoute et on devient plus sensible à lui. Il en résulte une plus grande collaboration et moins d'interventions.

3. **Établir le code de vie familial :**

   Une fois le lien avec l'enfant solidifié, on parle de nos valeurs, des règles qui en découlent et des conséquences prévues lors d'un manquement. On bâtit ainsi notre code de vie qui nous aidera à garder le cap pour atteindre les objectifs d'affirmation de l'autorité et de discipline familiale qu'on s'est fixés.

4. **Prévenir les difficultés et réorienter le comportement.**

5. **Demander la réparation.**

   Utiliser la réparation sans avoir effectué ces étapes préalables serait inefficace à long terme. Si le principe de la réparation vous séduit, préparez d'abord le terrain. Vous récolterez ainsi à la mesure de votre investissement.

> Lorsqu'un de mes enfants faisait un geste répréhensible à la maison, je le regardais dans les yeux et lui disais : « Ce comportement n'est pas digne de toi. Cela ne correspond pas à la personne bien que tu es. Comment comptes-tu réparer ? » Son regard me confirmait que j'avais touché sa sensibilité et la réparation s'effectuait facilement. Le plus souvent, avant même que je parle de réparation, il me disait : « Je vais réparer en... »

Lorsqu'un manquement à une règle survient, demandez calmement à l'enfant :

✓ Comment as-tu agi ? Qu'as-tu fait ?

✓ Qu'est-ce qu'on a convenu dans notre famille ? Quelle est la règle ?

✓ Penses-tu obtenir ce dont tu as besoin de cette façon ?

✓ Peux-tu trouver une meilleure façon de faire ?

✓ Comment pourrais-tu t'y prendre la prochaine fois d'une façon qui soit acceptable à la maison ?

✓ Comment comptes-tu réparer ton erreur ?

Après un temps de réflexion, si l'enfant n'a trouvé aucun geste de réparation, vous pouvez lui proposer votre aide. Mais laissez-le réfléchir d'abord, car si l'idée vient de lui, il sera plus enclin à la mettre en application. Le geste de réparation doit convenir à l'enfant et faire plaisir à sa victime. Si l'enfant refuse de réparer son geste, faites-lui assumer une conséquence logique.

## Quelques caractéristiques de la réparation[8]

- Vise à compenser les conséquences d'une erreur.
- Consiste à donner soit de son temps, de son travail ou de son argent.
- Dédommage la victime autant qu'elle restaure l'estime de soi du fautif.
- Exige un effort de la part du fautif et est en lien avec l'erreur.
- Permet au fautif de déployer des efforts pour recouvrer son estime et retrouver une image positive de lui-même.
- Ne ramène pas le fautif à un état neutre, mais le contraint à améliorer son comportement.
- Vise l'apprentissage de comportements positifs.
- Vise à éliminer la répétition des erreurs.
- Vise l'apprentissage de l'autodiscipline et du sens des responsabilités.

Lorsque nous traitons notre enfant comme s'il était toujours aimable malgré le fait qu'il agisse parfois de façon inacceptable, celui-ci est alors disposé à se comporter comme quelqu'un d'aimable et à réparer son geste au plus tôt pour se sentir de nouveau aimable. « La réparation répare les deux », écrit Maryse Vaillant, ce qui signifie qu'en plus de compenser le tort causé à la victime, la réparation répare l'estime de soi du fautif, l'aide à retrouver le sentiment qu'il est quelqu'un de bien, une personne humaine qui a commis une erreur et qui est prête à la réparer. « La réparation permet au fautif de se rétablir et de devenir la personne qu'il veut être[9]. »

---

8. Diane Chelsom Gossen. La *réparation : pour une restructuration de la discipline à l'école*, Montréal : Chenelière/McGraw-Hill, 1997.

## Guide de réparation pour l'enfant qui a manqué de respect

- Il exécute un dessin pour l'autre afin de lui exprimer des excuses (5 ans et moins).

- Il fait le ménage de la chambre de l'autre.

- Il écrit un message positif et il le lit devant toute la famille.

- Il sert un jus ou une collation à la personne qu'il a offensée.

- Il bricole une carte pour l'autre.

- Il joue avec l'autre à un jeu que ce dernier a choisi.

- Il lui laisse choisir l'émission de télévision à sa place.

- Il lui octroie sa période à l'ordinateur.

- Il prête à l'autre un jeu ou un jouet qui lui plaît.

- Il lui raconte une histoire ou des blagues pour le faire rire.

- Il lui rend service en l'aidant dans une tâche : faire son lit, ranger sa chambre, effectuer un devoir scolaire, le remplacer dans sa tâche hebdomadaire (sortir les ordures, le recyclage, etc.).

- **Lors d'un manque de respect verbal :** L'enfant nomme ou écrit à l'autre trois qualités et explique sur quoi il se base (comportements précis) pour les lui attribuer. Il peut aussi lancer un dé et attribuer à l'autre autant de qualités que le nombre inscrit sur le dé, toujours en fournissant des explications sur ses choix.

- **Parler en même temps qu'une autre personne :** Pour réparer, l'enfant pourrait être le « gardien de la parole » au prochain repas en remettant l'objet de la parole[10] à la personne qui veut parler et en rappelant à tous d'écouter celui qui parle, ou effectuer toute autre réparation en lien avec son geste.

- **Faire mal ou causer du tort à un animal de compagnie :** L'enfant pourrait prodiguer des soins pendant toute une journée (nourriture, promenade, etc.) ou effectuer toute autre réparation en lien avec son geste.

- **Entrer dans la chambre de l'autre sans sa permission :** L'enfant pourrait l'aider à ranger sa chambre ou effectuer toute autre réparation en lien avec son geste.

9. *Ibid.*
10. Voir la section « Les réunions de famille », chapitre 4, page 133.

- **Faire une blague qui non seulement ne fait pas rire l'autre, mais le blesse :** Il pourrait proposer un geste qui fasse plaisir à l'autre.

- **Se moquer de l'opinion ou des idées de l'autre :** Il pourrait nommer d'au moins deux façons en quoi cette personne se différencie positivement des autres.

- **Utiliser un vêtement, un objet, un jeu, un outil qui appartient à l'autre sans sa permission :** L'enfant pourrait lui rendre l'objet en bon état et lui proposer un geste qui lui fasse plaisir.

Lorsqu'une règle est enfreinte de façon répétitive, on peut demander à l'enfant de préparer une affiche illustrant la règle en question et de la placer bien en vue dans la maison. On peut également lui demander d'expliquer devant les membres de la famille à quoi sert cette règle et quels moyens il compte utiliser pour ne plus l'enfreindre.

## Tableau 1 – Différence entre les concepts de conséquence logique, réparation et retrait

| Comportement | Valeur en cause | Conséquence logique | Réparation | Retrait |
|---|---|---|---|---|
| Court dans un lieu où ce n'est pas permis. | Sécurité | L'arrêter et lui faire refaire le parcours en marchant. | | |
| Vous fait perdre du temps et vous retarde. | Ponctualité | | Lui faire remettre les minutes perdues en effectuant une tâche pour vous. | |
| Pousse des cris ou fait une crise. | Respect des autres | | | Mettre l'enfant en retrait dans un lieu où les cris ne dérangeront pas. |
| Sort à vélo sans son casque protecteur. | Sécurité | | | Retirer le vélo à l'enfant pour une journée. |

| | | | | |
|---|---|---|---|---|
| Se couche 30 minutes plus tard que l'heure prévue. | Santé | Lui faire reprendre le temps perdu le lendemain. | | |
| N'effectue pas le rangement prévu. | Ordre et propreté | | | Retirer ou reporter toute activité tant que le rangement n'est pas effectué. |
| Détruit la construction ou la production d'un autre. | Respect des autres | | Lui faire ramasser les morceaux et en reconstruire une autre. | |
| Perturbe l'harmonie familiale à table ou ailleurs. | Respect des autres | | | Mettre l'enfant en retrait jusqu'à ce qu'il soit prêt à se comporter correcte-ment. |
| A écrasé les fleurs du jardin en jouant. | Respect des autres | | Redresser les fleurs et les arroser. | |
| Ne s'est pas lavé les mains. | Propreté | Ne pas servir le repas ou la collation. | | |
| Refuse de manger au repas. | Santé | Retirer l'as-siette en même temps que celle des autres sans collation sup-plémentaire. | | |
| Laisse ses vêtements par terre plutôt que dans le panier à linge sale. | Propreté | Vêtements pas lavés. | | |

Source : Tableau inspiré de Germain Duclos et Martin Duclos, *Responsabiliser son enfant*, Montréal : Éditions du CHU Sainte-Justine, 2005, p. 151-152.

## Un moment de réflexion

- Vous arrive-t-il de punir votre enfant ? Si oui, déterminez une situation où vous pourriez remplacer la punition par des méthodes positives d'intervention suggérées dans ce chapitre.

- Vous arrive-t-il de mettre votre enfant en retrait quand c'est nécessaire ? De quelle façon pourriez-vous le faire afin de vous assurer que ce retrait soit positif ?

- Pour quels comportements pourriez-vous imposer à votre enfant une conséquence logique et raisonnable ?

- Identifiez un ou deux comportements pour lesquels la réparation serait appropriée.

- Vous arrive-t-il de causer du tort à votre enfant ? Si oui, dans quelles situations ? Une réparation pourrait-elle contrebalancer la portée de votre geste répréhensible ?

# Deuxième partie

## CHAPITRE 6

# Exercer son autorité au quotidien

Le présent chapitre fournit de nombreux exemples de difficultés vécues quotidiennement par les parents. Il propose, pour chacune d'entre elles, une façon d'exercer l'autorité parentale avec cœur et de corriger la situation, en employant notamment les moyens de prévention et de responsabilisation évoqués dans les chapitres précédents. Il s'attarde également aux possibles causes pouvant expliquer ces difficultés, permettant ainsi aux parents d'y remédier plus efficacement.

Avant d'analyser ces situations difficiles, rappelons les étapes nécessaires afin d'exercer son autorité avec cœur.

## Intervenir avec cœur

**Étape 1:**
S'assurer d'être «connecté» à l'enfant, se calmer s'il y a lieu.

**Étape 2:**
Nommer les sentiments, les émotions, les besoins et les désirs relatifs à la situation.

**Étape 3:**
Rappeler le code de vie familial et l'appliquer selon le comportement inadéquat de l'enfant, c'est-à-dire retirer l'enfant d'une activité, lui imposer une conséquence logique ou encore l'obliger à trouver un moyen de réparation en lien avec le tort causé.

**Étape 4 :**

Aider l'enfant à trouver un comportement de remplacement ou une stratégie aidant au respect de la règle qui a été enfreinte.

**Étape 5 :**

Prévenir la répétition du comportement inadéquat.

# Agressivité
## Coups • Morsures • Projection d'objets, etc.

 Jasmin, 8 ans, frappe sa mère à la moindre frustration, à tel point qu'elle doit dissimuler les marques qu'il lui inflige sous des chandails à manches longues. Le récent divorce de ses parents puis son déménagement avec sa mère le prive de la présence de son père, qu'il adore. Les animaux étant interdits dans leur nouvel appartement, il a dû se séparer de son chien. En changeant d'école, il a aussi dû laisser tous ses amis derrière lui.

Il est très éprouvant pour un parent d'être la cible de l'agressivité de son enfant. Il importe de « décoder » la signification d'une telle violence puisque tout comportement vise la satisfaction d'un besoin. Dans ce cas-ci, Jasmin a un comportement inacceptable qu'on doit tenter de réorienter. En plus de vivre des deuils et des stress importants, ses besoins affectifs (sécurité, amour, sentiment de compétence) sont loin d'être satisfaits.

L'agressivité de Jasmin est compréhensible dans les circonstances, mais demeure inacceptable. Même si l'enfant a toujours de « bonnes raisons » d'être agressif, le rôle du parent est de l'aider à trouver des façons acceptables et respectueuses de dire et d'agir plutôt que de céder à l'agressivité.

Plusieurs livres traitent de ce thème. L'agressivité est multifactorielle et il serait utopique de tenter d'en expliquer toutes les causes et les difficultés en quelques pages ou paragraphes. Cependant, nous pouvons en identifier les causes les plus courantes et proposer des solutions.

### Causes possibles de l'agressivité chez l'enfant

- Des besoins affectifs non satisfaits : quand l'enfant manque d'attention positive, il use de tous les moyens possibles pour obtenir l'attention parentale. Ses comportements agressifs la lui fournissent généralement pendant de longues minutes.

- Un manque de vocabulaire adéquat pour nommer ses sentiments et ses émotions (colère, frustration, peine, etc.).

- L'ignorance de stratégies pacifiques pour résoudre ses conflits et gérer sa colère.

- La croyance, notamment par le biais d'émissions de télévision et de jeux vidéo, que l'agressivité est un moyen efficace pour résoudre les conflits.

- Une autorité rigide et des punitions fréquentes qui rendent agressif et incitent à se venger.

- Peu ou pas d'autorité parentale et un manque d'interventions adéquates lui signifiant l'interdiction de tels comportements et l'incitant à les modifier.

- Un environnement qui incite à l'agressivité (amis agressifs, stress intense, contrôle étouffant ou limitations multiples).

- La reproduction de comportements agressifs d'adultes de l'entourage.

Dans le cas de Jasmin, les sources de stress et les changements sont trop nombreux. Il faut voir à les diminuer et lui apprendre à gérer son stress et à mieux se préparer aux changements.

### Intervenir avec cœur

> Étape 1 : S'assurer d'être « connecté » à l'enfant, se calmer s'il y a lieu.

Ce comportement suscite en vous de la colère, de l'exaspération, du mécontentement ? Avec raison. Le « courant d'amour» ne passe plus entre votre enfant et vous ? «Reconnectez-vous» avant d'intervenir, laissez-vous le temps de «traverser le pont» en utilisant le «coin plumes» ou un autre moyen vous permettant de redevenir sensible et aimant afin d'être en mesure d'aider votre enfant à se sentir mieux et de lui donner envie d'agir plus convenablement à l'avenir. Votre enfant est frustré ou en colère ? Proposez-lui le «coin plumes» ou tout autre lieu favorisant un retour au calme.

Lorsque le comportement agressif de votre enfant est dirigé vers un autre enfant, faites-le d'abord cesser et, sans trop de mots, donnez votre attention à la victime. Si le comportement de votre enfant est motivé par une recherche d'attention, son but ne sera pas atteint puisque vous vous occupez d'abord de l'autre enfant. Une fois la victime consolée, tournez-vous vers votre enfant.

> **Étape 2 : Nommer les sentiments, les émotions, les besoins et les désirs relatifs à la situation.**

Vous pouvez employer des phrases telles que :

✓ «Tu dois être très fâché de voir que ta sœur a pris ton CD sans ta permission. »

✓ «Je suis en colère et peinée de te voir frapper ta sœur. J'ai besoin de respect dans cette maison. Comment se sent-elle d'après toi ? Comment te sentirais-tu si je t'infligeais le même traitement ? »

✓ «Tu sais que je t'aime, mais je n'aime pas que tu me frappes. Tu es très fâché que je te dise "non", mais dis-le-moi avec des mots. »

✓ «Cela me choque lorsque tu me frappes ou que tu cries après moi. J'ai besoin de respect. »

> **Étape 3 : Rappeler et appliquer le code de vie familial : réparation.**

Selon les situations, vous pouvez employer des phrases telles que :

✓ «Chez nous, on se respecte. Tu as le droit d'être en colère, mais il est interdit de frapper. Tu dois réparer le tort que tu as causé à ta sœur. De quelle façon comptes-tu t'y prendre?»

✓ «Quelle est la règle concernant les relations entre nous? De quelle manière peux-tu me faire plaisir ou me faire du bien?»

Dans le cas particulier de l'enfant d'âge préscolaire qui mord, vous pouvez dire:

✓ «On ne mord pas, ça fait mal. Chez nous, nous sommes doux avec les autres. Viens avec moi. Nous allons préparer le jus préféré de ton frère pour réparer le tort que tu lui as causé.»

> **Étape 4: Aider l'enfant à trouver un comportement de remplacement ou une stratégie aidant au respect de la règle**

Vous pouvez employer des phrases telles que:

✓ «Exprime-lui ta colère avec des mots.»

✓ «Exprime ton mécontentement ou ta frustration d'une façon qui respecte les autres.»

✓ «Que pourrais-tu faire d'autre qui soit acceptable pour lui exprimer ta colère?»

✓ «Qu'est-ce qui t'aiderait à te calmer lorsque tu ressens une telle émotion?» S'il n'a pas d'idées, aidez l'enfant à en trouver.

✓ «Lorsque tu veux le jouet de ton frère, propose-lui-en un autre en échange. Je n'accepte pas que tu le mordes.»

> **Étape 5: Prévenir la répétition de ce comportement**

Observez le contexte dans lequel le comportement agressif se produit. Tentez de déterminer les facteurs déclencheurs et gardez à l'œil le petit (gardez-le près de vous, si possible), afin de prévenir son comportement inadéquat ou de le faire cesser aussitôt.

**L'étoile et le guichet automatique :** Les besoins affectifs de l'enfant sont-ils satisfaits ? Est-ce une recherche d'attention ou une recherche de limites de sa part ? Faut-il revoir votre routine de parent ? Vous faut-il effectuer un « dépôt » pour rétablir l'équilibre de votre relation ? Le tableau suivant s'applique à toutes les situations traitées dans le présent chapitre.

### Tableau 1

**Besoins affectifs des enfants, réponses des parents**

| | |
|---|---|
| Amour, attention | › Réveil tendre |
| Amour, attention, sentiment de compétence | › Félicitations pour les tâches accomplies<br>› Au repas du soir : montrer, à l'aide d'un exemple, qu'on est fier de lui<br>› Marques d'affection et de reconnaissance avant la nuit |
| Amour, attention, plaisir, liberté | › 10 minutes de plaisir en fin de journée<br>› 20 minutes d'exclusivité 3 fois par semaine |
| Sécurité | › Règles et limites claires |

**L'arrosoir et les photos :** Se peut-il que votre enfant reçoive beaucoup d'attention lorsqu'il a des comportements agressifs et que ses bons comportements soient passés sous silence ? Dès qu'il adopte un comportement pacifique, soulignez-le, prenez l'enfant en photo et affichez le cliché bien à la vue.

**Les questions plutôt que les sermons :** Vous pouvez questionner l'enfant pour stimuler sa réflexion.

✓ « Pourquoi crois-tu que ce comportement est interdit dans notre maison ? »

✓ « À quoi sert le respect ? »

**L'environnement adapté :** Favorisez un environnement prédisposant à l'harmonie familiale. Partagez des activités en famille ainsi que des tâches. Choisissez des émissions de télévision exemptes d'agressivité et de violence ou faites voir à l'enfant les conséquences de son choix d'amis si ceux-ci adoptent des comportements agressifs.

**Les jeux de rôles** : Reprenez la situation conflictuelle en demandant à votre enfant d'adopter un comportement acceptable pour résoudre le conflit.

**Les contes et les allégories** : Inventez puis racontez à l'enfant l'histoire d'un petit animal agressif qui subit les conséquences désagréables de son comportement ou inspirez-vous de contes ou d'allégories existant sur le sujet. Demandez ensuite à l'enfant comment l'animal pourrait s'y prendre pour obtenir ce qu'il veut sans faire mal.

**L'exemple et le modèle** : Soyez à la fois un modèle d'expression de la colère et de résolution de conflit pour votre enfant.

✓ « Lorsque tu me frappes, je suis tellement choquée que je n'ai plus envie de te voir ni de te parler. »

✓ « Je suis tellement en colère ! Si je ne me retenais pas, je pense que je pourrais tout lancer par terre. Je vais aller au "coin plumes" et t'informer par la suite de la conséquence liée à ton comportement. »

Puisque vous êtes un modèle, évitez de mordre l'enfant qui a mordu.

**Les réunions de famille** : Il s'agit d'un moment privilégié pour aborder la difficulté de l'enfant en sollicitant les idées des membres de la famille. Commencez ces réunions en mentionnant ce que vous appréciez de chacun.

## *Faut-il demander de l'aide ?*

La violence ne se résume pas à des coups et des mots blessants. Plusieurs formes de violence[1] sont beaucoup plus subtiles, mais tout aussi dévastatrices.

---

1. Ces données sont inspirées de la brochure *Briser le silence* de la Direction des communications et des relations publiques du CSSS du Sud-Ouest-Verdun, 2009. www.sov.qc.ca/fileadmin/csss_sov/Menu_du_haut/Publications/BriserLeSilence.pdf [consulté le 2 février 2013]

### Les formes de violence verbale

- Dénigrement
- Humiliation
- Insultes
- Menaces
- Harcèlement

### Les formes de violence psychologique

Plus difficile à cerner, la violence psychologique est souvent minimisée. Pourtant, ses effets sont aussi importants que ceux de la violence physique. Souvent associée à la violence verbale, elle mine notamment l'estime de soi et la confiance en soi. Elle contribue à faire croire à la personne qui en est victime qu'elle ne vaut rien. Ce type de violence peut se traduire par de brusques changements d'attitude ou d'humeur ou encore des silences, des soupirs, des regards, de la bouderie ou de l'indifférence afin d'amener une personne à changer d'idée ou de comportement.

La violence engendre la violence. Si elle vous affecte, il vous faut aller chercher de l'aide afin de mettre fin à ce cycle pour votre bien et celui de votre enfant. Cependant, une certaine forme d'agressivité est possible chez l'enfant, comme le mentionnent certains auteurs dont Thomas Gordon[2] ou encore Sylvie Bourcier : « L'agressivité dite "normale" est celle qui se manifeste chez les petits d'âge préscolaire parce qu'ils n'ont pas encore appris à utiliser de stratégies pacifiques pour résoudre leurs conflits, à réguler leurs émotions ou à se servir de comportements adaptatifs de rechange à l'agressivité. Ils n'ont pas encore développé les habiletés sociales qui leur permettront d'interagir de façon positive avec leur entourage[3]. »

Vers l'âge de 3 ou 4 ans, l'enfant s'exprime mieux et est capable de nommer ses sentiments et ses besoins. Si on lui

---

2. Thomas Gordon, *Éduquer sans punir*, Montréal : Éditions de l'Homme, 2003.
3. Sylvie Bourcier, *L'agressivité chez l'enfant de 0 à 5 ans*, Montréal : Éditions du CHU Sainte-Justine, 2008, p. 18.

a proposé des gestes pour remplacer ses comportements agressifs, ceux-ci devraient avoir diminué. Si, toutefois, ce n'est pas le cas, voici dans quelles situations vous pourriez demander de l'aide :

- L'enfant semble insensible aux sentiments des autres (peine, tristesse, etc.);
- L'enfant semble prendre plaisir à faire mal aux autres;
- L'enfant ne semble éprouver aucun remords à employer la violence.

Plus l'enfant est jeune, plus il est facile de l'aider à modifier son comportement[4]. Cependant, le manque de vocabulaire et de stratégies perdure parfois avec l'âge et se manifeste chez des enfants, des adolescents et même des adultes. Les haussements de ton et les cris sont des comportements très fréquents chez certains parents. Il est toujours temps pour l'adulte en position d'autorité d'agir autrement et d'aller chercher de l'aide en cas de besoin.

# Amis
## Choix • Influence, etc.

 « Devons-nous intervenir dans les amitiés de nos enfants ? Si oui, de quelle façon ? Mon conjoint et moi estimons que certaines de leurs amitiés sont malsaines. Par exemple, la seule amie de notre fille Annabelle, qui a 7 ans, dirige toutes les activités et notre fille se laisse faire sans s'obstiner. Notre fils Alexandre, 13 ans, a pour sa part plusieurs amis, mais peu sont recommandables. Plus nous tentons de limiter ses fréquentations, plus il les côtoie. D'ailleurs, on ne l'aperçoit presque plus à la maison... Il affirme que ses amis sont ce qu'il y a de plus important dans sa vie et que nous n'avons aucun droit de lui interdire de les fréquenter. Mon conjoint songe à le faire changer d'école pour le distancier de ces amitiés dangereuses. Est-ce une solution envisageable ? »

4. *Ibid.*

Voir son enfant se faire diriger, commander et influencer de façon négative s'avère pénible pour le parent qui préfère le voir prendre sa place, s'affirmer et s'épanouir dans ses relations amicales. Il peut aussi être inquiétant pour lui de sentir son adolescent s'éloigner du noyau familial pour donner la priorité à des jeunes de son âge qui peuvent avoir une influence néfaste sur lui. Pourtant, ces différentes relations d'amitié peuvent permettre aux enfants de choisir et de s'améliorer, comme le mentionne Michel Delagrave : « La relation d'amitié est un laboratoire de premier choix pour vivre et expérimenter des dimensions comme la tolérance, le tact, la justice, les limites des confidences, la résistance aux influences des autres, etc.[5] » « Au fur et à mesure que nos enfants grandissent, nous rappellent quant à eux Martin et Germain Duclos, ils se distancient de nous pour se rapprocher d'amis. En général, quand les petits sont d'âge préscolaire, les parents ont plus d'influence que les amis. Plus tard, quand les enfants ont entre 6 et 12 ans, les parents présents et responsables ont autant d'influence que les amis, puis durant l'adolescence, elle perd de l'importance, ce qui est normal[6]. »

Les parents d'Alexandre devraient accepter qu'il choisisse ses amis puisque cela satisfait en partie son besoin de liberté, à moins que ceux-ci ne représentent pour lui un réel danger. On observe dans cet exemple le peu de contacts avec ses parents. Dans le contexte, il y a lieu de s'interroger sur la provenance des valeurs d'Alexandre.

Un questionnement d'un autre ordre s'impose pour Annabelle. Certains enfants sont heureux avec un seul ami. Selon leur caractère et leur personnalité, certains aiment diriger alors que d'autres préfèrent l'être. À moins que ce rapport de force découle d'une difficulté d'affirmation de leur fille et qu'il soit jugé malsain par ses parents, cette amitié pourrait se poursuivre.

---

5. Michel Delagrave, *Ados : mode d'emploi*, 2e éd. Montréal : Éditions du CHU Sainte-Justine, 2005.
6. Martin Duclos et Germain Duclos, *Responsabiliser son enfant*, Montréal : Éditions du CHU Sainte-Justine, 2002, p. 70.

À force d'être jugés trop contrôlants par leur adolescent ou de se faire dire qu'eux seuls exigent des comptes, certains parents ont baissé leur garde et cessé d'assumer l'autorité qui leur revient. Ils laissent aller leur enfant sans exigences, sans limites ni contrôle. Pourtant, la *Loi sur la protection de la jeunesse* souligne les obligations parentales : « Dans la pratique, les parents doivent savoir, dans la mesure du possible, où se trouve leur enfant, ce qu'il fait, qui il fréquente. Ils doivent fixer les balises à l'intérieur desquelles leur enfant évoluera et intervenir au besoin pour tenter de les lui faire respecter[7]. » Il revient donc aux parents d'encadrer leur jeune, malgré l'agacement ou les plaintes suscitées par leurs interventions.

Cependant, comme dans toute situation, il faut aussi savoir trouver l'équilibre. Une intervention directe dans la relation amicale de l'enfant ne peut pas être basée sur un simple jugement de la part du parent. On ne peut interdire à notre jeune la fréquentation d'un ami parce que sa façon de s'exprimer, de s'habiller ou de nous regarder ne nous plaît pas. Ces motifs sont insuffisants. Tout jugement est à éviter, autant envers nos enfants qu'envers leurs amis. À la longue, cela peut fournir à nos jeunes une raison de s'éloigner davantage de leur milieu familial et de la maison en faveur de la présence accrue des amis qui, eux, ne les jugent pas.

Ne privons pas nos enfants de la richesse qu'apporte l'amitié. Mais ne nous privons pas non plus de la richesse du lien d'attachement parent-enfant en laissant toute la place aux amis, malgré le fait que certains jeunes le réclament haut et fort. Si nous souhaitons que les valeurs de notre enfant se fondent sur les nôtres, il importe d'exercer notre autorité tant et aussi longtemps qu'il est sous notre protection (généralement jusqu'à ce qu'il atteigne sa majorité et qu'il soit plus mature).

---

7. *Manuel de référence sur la protection de la jeunesse*, Sainte-Foy, Ministère de la Santé et des Services sociaux, 2010, p. 33.
http://publications.msss.gouv.qc.ca/acrobat/f/documentation/2010/10-838-04.pdf
[consulté le 2 février 2013]

*Intervenir avec cœur*

> **Étape 1 : S'assurer d'être « connecté » à l'enfant, se calmer s'il y a lieu.**

L'influence et l'importance acquises auprès de notre enfant sont directement proportionnelles à notre lien d'attachement au fil des ans. Des périodes de temps exclusives, des « 20 minutes de jeu », sont essentielles. Bien entendu, on ne s'amuse plus avec de petites autos à l'adolescence. Cependant, lui consacrer régulièrement du temps, s'intéresser à *tout* ce qui l'intéresse, même si ce n'est pas dans nos goûts (musique, amis, jeux, sports, mode, etc.) nous permet de demeurer « connecté ». Lorsque son parent lui communique ses observations, ses craintes, ses inquiétudes par rapport à ses relations d'amitié, l'enfant est alors plus disposé à l'écouter et à prendre en compte son avis et ses sentiments. Il faut aussi rappeler que les valeurs parentales continuent de s'intégrer en lui à condition qu'il passe encore du temps avec son parent.

> **Étape 2 : Nommer les sentiments, les émotions, les besoins et les désirs relatifs à la situation.**

Mentionnez vos observations et vos sentiments à l'enfant ou au jeune qui n'a qu'un ami ou qui semble être contrôlé par l'un d'eux. Aidez-le ensuite à exprimer ses propres sentiments face aux comportements de cet ami « contrôlant » :

✓ « Qu'est-ce que cela te fait d'avoir un seul ami ? »

✓ « Lorsque je vois ton ami te dicter ta conduite, cela m'interpelle. Comment te sens-tu lorsqu'il te dit quoi faire et comment le faire ? »

✓ « J'aime bien Anthony, mais je n'aime pas la façon dont il t'adresse la parole. Que ressens-tu, toi, lorsqu'il te parle sur ce ton ? »

Pour l'enfant ou le jeune qui a des fréquentations « douteuses », assurez-vous d'abord de la véracité des faits reprochés à l'ami « délinquant ». Par la suite, vous pouvez rappeler au jeune que tout parent a un rôle de protecteur. Vous pouvez en cela vous aider du texte de la *Loi sur la protection de la jeunesse* :

✓ « Je sais de source sûre que Joshua a déjà commis des vols à l'étalage. Le fait que tu le fréquentes si souvent m'inquiète. L'une de mes obligations en tant que parent est de te protéger de l'influence néfaste qu'il pourrait exercer sur toi. Puisque ta sécurité m'importe, je t'interdis donc de le fréquenter à l'avenir. »

✓ « Selon ce que dit la *Loi sur la protection de la jeunesse*, "un parent a des droits et des devoirs envers son enfant, dont celui de veiller sur lui et d'assurer sa sécurité, même si cela le force parfois à intervenir". Tu sais que je tiens à ce que les lois soient respectées et que je les respecte, celle-ci comme les autres. »

> **Étape 3 : Rappeler et appliquer le code de vie familial : conséquence.**

Lorsque votre enfant subit l'influence néfaste d'un ami, vous pouvez employer ce type de phrase :

✓ « Je ne peux pas t'interdire de fréquenter ces amis, mais lorsque tu choisis d'adopter leurs comportements inacceptables chez nous, tu choisis en même temps d'en assumer les conséquences. »

Si l'un des amis de votre enfant manque ouvertement de savoir-vivre, est impoli ou blasphème, informez-le des règles qui régissent votre demeure et dites-lui qu'en fréquentant votre famille, il accepte vos règles et doit assumer les conséquences aux manquements.

> **Étape 4 : Aider l'enfant à trouver un comportement de remplacement ou une stratégie aidant au respect de la règle.**

Si vous craignez une « contamination » de vos enfants par leurs amis, songez que le contraire est aussi possible : ce qu'on a donné de bon à nos enfants peut aussi influencer positivement leurs amis.

Afin d'aider votre enfant à réfléchir à l'influence nuisible qu'il subit, aux possibles conséquences qui en découlent et à le soutenir dans l'amélioration de la situation, vous pouvez employer des phrases telles que :

✓ « Je vois tes notes chuter depuis que tu as commencé à fréquenter Noémie. Je m'interroge sur ta motivation et je suis inquiète pour la réussite de ton année scolaire. Que peut-il se produire si la situation ne change pas ? »

✓ « Comment pourrais-tu entretenir cette amitié sans compromettre ta réussite scolaire ou la carrière dont tu rêves ? »

## ❯ Étape 5 : Prévenir la répétition de ce comportement.

**Jeux de rôles :** Si votre enfant est contrôlé par un ami et avoue en vivre du désagrément, aidez-le à prendre sa place. Dans un jeu de rôles, incarnez l'ami en question et encouragez votre enfant à s'affirmer et à prendre sa place. Votre enfant se sent désarmé quand vient le moment d'aborder les autres et nouer de nouvelles amitiés ? À l'aide de jeux de rôles, incitez-le à expérimenter différentes façons d'entrer en communication avec eux.

**L'environnement adapté :** Si votre enfant cherche à nouer de nouveaux liens d'amitié, vous pouvez faire en sorte de multiplier les moments de rencontres : participation à des activités parascolaires, activités artistiques ou sportives, etc. Vous pouvez aussi l'encourager à accepter les invitations d'autres amis pour une fête ou un autre événement.

Lorsque votre enfant subit une forte influence de la part d'un ami, évaluez si les heures de loisir avec cet ami ou encore les moments passés devant leur écran à clavarder sont excessifs. Sans intention de punir, de contrôler ou de faire vivre du désagrément, et en considérant son âge, établissez des limites claires de temps à allouer à cette amitié.

**L'exemple et le modèle :** Comment interagissez-vous avec les gens (vos voisins, votre famille, vos amis, votre conjoint et vos enfants) ? Vous affirmez-vous, êtes-vous en mesure de refuser ce qui ne vous convient pas, de demander ce dont vous avez besoin ? Si vous entretenez des relations saines en conservant votre indépendance, votre authenticité et votre intégrité, votre enfant sera tenté de vous imiter. La pomme ne tombe jamais loin de l'arbre…

**Les questions plutôt que les sermons :** Une des phrases clés à employer est : « Je te fais confiance » ou, formulée autrement, « Je te crois capable de faire les bons choix pour toi ». Je l'ai utilisée fréquemment avec mes enfants, toujours avec sincérité. Ils m'ont avoué apprécier ces mots lorsqu'ils s'apprêtaient à sortir avec des amis plutôt que : « Il fait froid. Prends donc un manteau. Ne te sens pas obligé de faire tout ce que tes amis font. Ne rentre pas trop tard. Fais attention à ceci, cela, etc. ». En fait, ce qu'ils entendaient répéter des parents de leurs amis.

# Argent de poche
Pourquoi ? • Quand ? • Comment ?

 Amélie, 7 ans, réclame tout ce qu'elle aperçoit lorsqu'elle magasine avec ses parents : des bonbons dans la distributrice à l'entrée du centre commercial, des barrettes pour ses cheveux et du vernis à ongles à la pharmacie, des vêtements et des souliers dernier cri aperçus dans la vitrine d'une boutique, puis un CD lorsqu'elle approche du magasin de musique. Sur le chemin du retour, elle demande un arrêt pour louer un film puis acheter un cornet de crème glacée. Épuisés d'avoir sans cesse à lui dire « non » et de se sentir parfois obligés de céder, ses parents effectuent de plus en plus souvent leurs achats en son absence.

Voilà une belle occasion pour discuter avec l'enfant du versement d'une allocation lui permettant d'effectuer de petits achats et de faire des choix. Dans la société de consommation actuelle, inculquer à l'enfant la valeur de l'argent et lui signifier concrètement que tous ses désirs ne peuvent être comblés durant la même journée s'avère un apprentissage important.

L'attribution d'argent de poche à l'enfant est également une excellente occasion pour un parent de se questionner sur ses habitudes de consommation, sur son rapport à l'argent et ses propos concernant les dépenses, les besoins et les désirs. Êtes-vous du genre à jeter, à faire réparer ou à recycler les objets à la maison ? Achetez-vous beaucoup à crédit ? Êtes-vous surendetté ? Dans ce domaine aussi, le modèle parle plus fort que tous les discours que vous pourrez faire à votre enfant sur l'importance d'épargner. Et si, en plus, vous prenez soin de relever tous les moments de plaisirs qui ne coûtent rien, votre enfant sera porté à les remarquer et à les rechercher à son tour...

Pour quels motifs offrir de l'argent de poche à un enfant, quand commencer à le faire et comment en fixer le montant ? Les opinions diffèrent grandement à ce sujet. Certains parents préfèrent garder le contrôle et attribuent un montant d'argent lorsque l'enfant le demande et justifie sa dépense. D'autres donnent une petite allocation dès l'entrée à l'école.

### Pourquoi ?

- C'est une excellente façon d'aider l'enfant à développer des comportements responsables face à l'argent puisqu'un jour, il aura un emploi et disposera d'un salaire. L'aider à réfléchir et à se questionner sur ses comportements de consommateur est tout aussi déterminant maintenant que pour son avenir.
- Le versement d'une allocation favorise l'apprentissage de la valeur des choses.

- L'argent de poche permet à l'enfant d'apprendre à gérer un certain montant d'argent et l'aide à établir un budget.
- C'est un moyen de transmettre concrètement les valeurs parentales liées à l'argent et au fait que les dollars retirés au guichet automatique n'y arrivent pas par magie.
- C'est une façon concrète d'inculquer à l'enfant des notions d'épargne.
- Donner de l'argent de poche oblige l'enfant à faire des choix, à distinguer ses besoins de ses désirs.
- Une allocation permet à l'enfant d'acquérir une forme d'autonomie, un certain contrôle. Lorsqu'il apprend à gérer efficacement son argent, il satisfait certains de ses besoins affectifs : liberté, plaisir et compétence.

### Quand ?

- On peut commencer à donner de l'argent de poche lorsque l'enfant en fait la demande, ce qui se produit généralement quand ses amis commencent à recevoir une allocation :
  › Pour les enfants d'âge préscolaire, vous pouvez donner un dollar par semaine qu'ils peuvent déposer dans une tirelire ou dans un compte bancaire (effectuez l'ouverture de ce compte avec eux).

### Comment ?

L'argent de poche attribué à l'enfant est en quelque sorte un salaire pour lequel il n'a pas à travailler puisqu'il n'est pas en âge de le faire. Son « travail » consiste à aller à l'école ou à la garderie.

Quelques faits doivent être pris en compte avant de commencer l'attribution de l'allocation :

- Le montant de l'allocation doit être raisonnable et réaliste. Il ne doit pas être trop élevé, le but n'étant pas que l'enfant se procure tout objet désiré.
- Le montant et le moment de l'attribution doivent être fixes :

› Pour les 6 à 10 ans, on peut attribuer environ 5 $ par semaine, le samedi par exemple ;

› Pour les 10 à 14 ans, on peut attribuer environ 20 $ toutes les deux semaines ;

› Pour les 14 ans et plus, on peut attribuer une allocation d'environ 60 $ une fois par mois, le premier jour du mois, par exemple.

- Le montant de l'allocation peut être augmenté lorsque l'enfant doit, par exemple, couvrir les dépenses concernant la location de films ou de jeux vidéo, l'achat d'un cadeau d'anniversaire, l'achat de vêtements pour une occasion spéciale, une sortie scolaire ou une sortie avec des amis.

- Le montant alloué est donné à l'enfant, ce qui signifie que vous n'avez plus de contrôle sur cet argent. Il n'est conditionnel à aucune forme d'épargne. L'enfant peut donc le dépenser à sa guise malgré, sans doute, quelques restrictions (par exemple, l'achat d'aliments ou de jeux nuisibles à sa santé physique et psychologique).

- L'allocation ne doit être liée à aucune tâche familiale. Aider aux repas, sortir les ordures ou passer l'aspirateur, par exemple, fait partie d'une contribution normale d'un enfant au bien-être de la famille. L'enfant apprend ainsi la gratuité. Tout comme lui, son parent n'est pas payé pour exécuter des tâches telles que cuisiner, le reconduire quelque part, faire les courses ou le lavage.

- L'argent de poche ne doit pas non plus être attribué pour récompenser l'enfant d'avoir accompli ses tâches personnelles. Il est normal qu'il fasse son lit, range sa chambre ou se brosse les dents sans être payé.

- L'allocation ne doit pas être associée aux résultats ou aux succès scolaires. L'enfant doit apprendre à fournir des efforts pour réussir à l'école. Il doit aussi apprendre que le résultat de ses efforts est déjà pour lui une récompense. En cas de difficultés scolaires, il faut aider l'enfant ou faire appel à des ressources qui peuvent lui venir en aide.

- L'argent de poche ne doit être rattaché à aucun comportement. Adopter les comportements socialement attendus ne doit pas être monnayé. Il y a des motifs « humains » à se comporter de façon respectueuse. De plus, il faut que l'enfant puisse se contrôler lui-même plutôt que d'être contrôlé grâce à l'argent.
- L'argent ne doit pas devenir un moyen de manipulation ou un outil de chantage entre l'enfant et son parent. Il ne doit pas être utilisé pour récompenser ou punir. L'allocation ne peut donc en aucun cas être diminuée ou supprimée.

### Cas particuliers

- Votre enfant a tout dépensé et veut une avance sur sa prochaine allocation ? Soyez sensible et ferme : « Je sais combien c'est frustrant pour toi de ne pas pouvoir aller au cinéma avec tes amis. Ton allocation n'est pas aujourd'hui, mais chaque samedi. »
- S'il se retrouve fréquemment sans argent et frustré de ne pouvoir s'offrir ce qu'il désire, offrez-lui vos services pour établir un budget.
- Une sortie exceptionnelle ou une occasion extraordinaire s'offre à votre enfant et il n'a pas suffisamment d'argent ?
  - › Si vous le jugez opportun, allouez-lui un prêt avec un remboursement raisonnable prélevé sur ses allocations futures ;
  - › Proposez-lui d'effectuer des tâches supplémentaires afin de lui permettre de gagner le montant désiré, si cette offre vous convient.
- Votre enfant désire s'offrir plus de choses qu'il n'en a les moyens ? Dressez avec lui une liste de tout ce qu'il aimerait se procurer et, par la suite, aidez-le à évaluer le montant à épargner pour effectuer ces achats.
- Il veut aller dans un camp de vacances avec ses amis ou s'offrir un nouveau vélo pour l'été ? Vous pourriez

lui proposer de payer la moitié de la somme s'il réussit à épargner pour payer l'autre moitié. Cela le motivera dans l'accomplissement de son projet.

- Il réclame des articles spécifiques lorsque vous magasinez ensemble ?
  › Demandez-lui si son budget lui permet cette dépense ;
  › Rappelez-lui qu'il a besoin de souliers, de pantalons… mais pas de vêtements de marque. S'il tient à s'offrir des articles de marque, il doit payer la différence avec son argent.

Il est important que vous discutiez avec votre enfant du montant que vous comptez lui allouer et de la façon dont il disposera de cet argent. Ce peut effectivement être un bon moment pour lui ouvrir un compte d'épargne (si ce n'est pas déjà fait) en lui expliquant que s'il le désire, une partie de son allocation pourrait y être déposée, ce qui lui permettrait, avec l'argent accumulé, de s'acheter des articles plus chers.

Durant cet apprentissage essentiel, donnez à votre enfant le droit à l'erreur. Les conséquences de ses choix de consommation seront moins dévastatrices à 10 ans qu'à 30 ans. Évitez de le sermonner : « Je t'avais averti que si tu t'achetais ce jeu, tu n'aurais plus d'argent de la semaine ! » Questionnez-le plutôt sans le juger et amenez-le à réfléchir à ses actions et à sa prise de décision : « Que s'est-il produit avec ton argent de poche ? » « Comment t'éviter une telle frustration lors du versement de ta prochaine allocation ? »

# Argumentation

 « Pierrot est d'une telle logique et d'une telle intelligence que lorsque je veux le punir, il réussit à me convaincre de laisser tomber par ses arguments. Le plus drôle, c'est qu'il a raison. Le même phénomène se produit quand mon conjoint ou moi n'accédons pas à ses demandes : à force d'écouter ses arguments, nous nous rangeons très souvent à son avis. Il est devenu si habile dans ce domaine que nous ne savons plus trop comment agir dans ces situations », raconte Carole, la mère du garçon.

Le père de Jasmine renchérit : « Notre fille, qui a 8 ans, n'accepte pas les "non". Elle s'acharne auprès de nous à les faire modifier en "oui". Nous restons solides dans notre refus ; elle ne parvient donc pas à nous faire changer d'avis, mais ce qu'elle peut argumenter longtemps ! La même situation se reproduit lorsqu'on lui demande d'exécuter ses tâches : elle argumente pour les accomplir plus tard ou ne pas les accomplir du tout. »

Ces situations, exaspérantes et épuisantes, deviennent souvent explosives. Ces parents n'encouragent-ils pas en quelque sorte ce comportement chez leur enfant ? Pierrot, avec ses arguments, semble obtenir tout ce qu'il demande. Et qu'en est-il de Jasmine ? Même si ses parents maintiennent leur refus, elle obtient tout de même une attention soutenue, ce qui l'encourage à persévérer.

Dans de nombreux établissements scolaires, les autorités se plaignent également qu'une multitude d'enfants refusent toute limite, contestent les règles et argumentent sur tout. Puisque ce comportement s'avère « payant » à la maison, ils le reproduisent partout. Or, il importe d'apprendre à vivre avec des règles et certaines limites « incontestables » le plus tôt possible, sans quoi l'enfant ne sera pas préparé à affronter les aléas de la vie. Que se passera-t-il, par exemple, lors d'une entrevue d'embauche pour un emploi s'il conteste les règles de l'entreprise ou l'autorité mise en place ?

### Causes possibles chez l'enfant

- Un environnement incitant à argumenter : si l'enfant a déjà réussi à gagner à force d'arguments, il croira qu'en persistant, il y arrivera peut-être une fois de plus.
- Des besoins affectifs non satisfaits : l'enfant peut manquer d'attention positive ou de limites claires en ce qui a trait à l'argumentation.
- Un manque de vocabulaire pour nommer sa déception, sa frustration, sa peine lors d'un refus de la part de son parent.

### Intervenir avec cœur

> **Étape 1 : S'assurer d'être « connecté » à l'enfant, se calmer s'il y a lieu.**

Ce comportement suscite en vous de la colère, de l'exaspération, du mécontentement ? Le « courant d'amour » ne passe plus entre votre enfant et vous ? « Reconnectez-vous » avant d'intervenir. Trouvez le moyen de redevenir sensible et aimant afin d'être en mesure de susciter chez votre enfant le désir d'accepter votre limite à l'avenir. Votre enfant est frustré ou en colère ? Proposez-lui le « coin plumes » ou tout autre lieu favorisant un retour au calme.

> **Étape 2 : Nommer les sentiments, les émotions, les besoins et les désirs relatifs à la situation.**

Vous pouvez employer des phrases telles que :

- ✓ « Tu sais que je t'aime, mais je n'aime pas tous les arguments dont tu te sers lorsque je te dis "non" ou que je te demande d'effectuer une tâche. »
- ✓ « Je sais que tu n'es pas content de la conséquence que tu dois assumer. »
- ✓ « Je vois que tu n'es pas tentée du tout de te mettre à la tâche. »

✓ « Lorsque je te demande d'effectuer tes tâches et que tu refuses ou me donnes une foule d'arguments, cela m'agace. J'ai besoin de ta collaboration et d'ordre dans notre maison. Je te demande donc de ranger immédiatement tes effets personnels. »

> ### Étape 3 : Rappeler et appliquer le code de vie familial : conséquence.

Selon les situations, vous pouvez employer des phrases telles que :

✓ « Lorsque ton père et moi te disons "non", nous maintenons notre position malgré tes arguments. Si tu n'es pas d'accord, nous t'accorderons une minute pour t'exprimer. Une fois ce temps écoulé, nous vaquerons à nos occupations en faisant la sourde oreille.

✓ « Je n'aimerais vraiment pas avoir à agir ainsi, mais c'est toi qui décides.»

✓ « Les tâches doivent être terminées avant toute autre activité de plaisir chez nous. »

> ### Étape 4 : Aider l'enfant à trouver un comportement de remplacement ou une stratégie aidant au respect de la règle.

Vous pouvez employer des phrases telles que :

✓ « Lorsque je te donne une conséquence ou te demande une réparation, dis-moi comment tu te sens plutôt que d'argumenter et de porter des jugements sur moi. Exprime-moi ton désaccord ou ton mécontentement plutôt que me dire que je suis injuste, que j'exagère... »

✓ « Lorsque je te demande de ranger tes effets personnels, dis-moi ce que tu ressens : frustration, déception... plutôt que me servir une foule d'arguments pour ne pas faire ce que je te demande. »

Il est également bon d'amener les enfants à différencier l'argumentation de la négociation. L'argumentation telle que décrite par de nombreux parents est une sorte de discussion vaine faite de contestation, de séduction et de justification (avec des phrases comme : « Ma belle maman, s'il te plaît… » « Je ne peux pas parce que… » ou « Pourquoi je dois toujours… ») qui n'apporte rien de positif ni de constructif. Cette discussion se termine le plus souvent par de la frustration et une colère exprimée de façon inacceptable. La négociation, quant à elle, est une discussion visant à s'entendre sur un point ou sur un projet afin de parvenir à un arrangement. Une fois la distinction effectuée, signifiez à votre enfant ce qui est « négociable » et ce qui ne l'est pas.

Si vous ressentez l'escalade qui s'amorce, freinez l'impulsivité qui s'installe à l'aide du système 1, 2, 3 tel qu'expliqué au chapitre 5. Voilà un excellent moyen de mettre fin à une situation dérangeante, mais non dangereuse.

### ❯ Étape 5 : Prévenir la répétition de ce comportement.

**L'étoile et le guichet automatique :** Les besoins affectifs de l'enfant sont-ils satisfaits ? Est-ce une recherche d'attention ou une recherche de limites de sa part ? La routine décrite au chapitre 2 peut vous aider à corriger la situation (voir aussi le tableau à la page 166).

**L'arrosoir et les photos :** Pensez à féliciter votre enfant lorsqu'il adopte le comportement souhaité, alors qu'il est en mesure d'exprimer ses sentiments sans argumenter.

- ✓ « J'apprécie que tu ranges immédiatement tes jouets comme je te l'ai demandé. »

- ✓ « J'aime que tu m'exprimes ton mécontentement d'avoir à réparer ta faute sans argumenter. »

**L'ignorance volontaire :** Après la minute allouée à l'enfant pour s'exprimer, ignorez la suite, cessez de lui accorder votre attention puisque vous souhaitez voir disparaître ce comportement.

**L'exemple et le modèle :** Argumentez-vous ? Acceptez-vous difficilement les limites en tentant de les faire changer ? Cherchez à être un modèle pour votre enfant en respectant vous-même les règles et en accomplissant vos tâches sans argumenter.

**Les réunions de famille :** L'argumentation vous exaspère ? Inscrivez-le dans le cahier familial afin d'en discuter lors de la prochaine rencontre. Commencez-la en nommant ce que vous appréciez chez votre enfant puis attardez-vous à différencier avec lui l'argumentation de la négociation.

- ✓ « Lorsque tu me demandes de rentrer après 21 heures, c'est "non" et cela ne changera pas. C'est non négociable jusqu'à ton prochain anniversaire. »

- ✓ « Par contre, si tu me demandes de retarder ton heure de coucher parce que tu as un ami qui dort à la maison, cela est négociable et nous pourrons en discuter pour arriver à une entente. »

# Automobile

**Difficulté lors des déplacements • Transports effectués à la demande de l'enfant**

 « Les vacances approchent. J'en suis heureuse et… j'angoisse en même temps. Nous devrons effectuer cette année encore un long trajet en automobile pour aller rendre visite à notre famille. Chaque année, cela tourne au cauchemar. Dès le départ, le plus jeune refuse de boucler sa ceinture. L'aîné, quant à lui, commence à agacer ses deux frères dès qu'il est assis jusqu'à ce que ces derniers crient ou pleurent. J'assume le rôle du gendarme, menace et élève la voix, parfois sans succès. À certains moments, je rêve en secret de partir sans eux ! Je me sens coupable de penser une telle chose ! », révèle Martine.

De tels comportements peuvent susciter déception, frustration, impatience, exaspération, peur, colère et même rage chez plusieurs parents. Ce qui s'annonçait comme de belles vacances en famille dégénère parfois en cauchemar qu'on ne veut plus reproduire, comme Martine le mentionne. Quel parent n'a jamais éprouvé de difficultés avec son enfant alors qu'il était au volant de sa voiture ? Combien de parents sont poussés à bout alors que les répétitions et menaces s'enchaînent ?

Lorsque le parent conduit et que l'enfant adopte des comportements inacceptables, voire dangereux, il est essentiel d'intervenir. On ne peut évidemment pas tout permettre, particulièrement lorsque la sécurité de tous les passagers est menacée. Si le fait de parler au téléphone lorsqu'on est au volant multiplie par quatre les risques d'accident, il est facile d'imaginer ceux qu'on court lorsqu'on tente de résoudre un conflit avec un enfant turbulent. L'enfant est en mesure de le comprendre, mais, selon son âge, la façon de le lui signifier peut différer.

En tant que parents, nos besoins peuvent se multiplier dans ces circonstances particulières : nous avons effectivement besoin de calme pour conduire, besoin de concentration, besoin de plaisir, de collaboration de la part des enfants, d'harmonie entre eux... Vous constaterez qu'en plus de simples interventions, il existe une foule de moyens pour prévenir les difficultés et pour agrémenter les déplacements en automobile, autant pour vous que pour vos enfants.

### Causes possibles chez l'enfant

- Des besoins affectifs non satisfaits. Est-on en présence d'un manque d'attention positive ? L'occasion est belle pour l'enfant, car il a son parent à sa disposition dans l'espace restreint de la voiture.
- Un besoin insatisfait de bouger ou de s'exciter.
- Un trajet trop long ou un nombre d'arrêts insuffisant.
- Un manque de stratégies de la part de la fratrie pour résoudre ses conflits.

- Un manque de vocabulaire pour exprimer ses sentiments, ses émotions et ses besoins (ennui, impatience,
intolérance, etc.).
- Un manque d'encadrement parental (règles et limites
vagues).
- Un manque de préparation, ne sachant pas à quoi
s'attendre (durée du trajet, arrêt prévu, etc.).
- Un manque d'information quant aux dangers que ses
comportements peuvent provoquer.
- L'absence de conséquence logique ou de réparation pour
ses comportements inacceptables.

*Intervenir avec cœur*

> **Étape 1 : S'assurer d'être « connecté » à l'enfant, se
calmer s'il y a lieu.**

Ces comportements suscitent en vous de la colère,
de l'exaspération, du mécontentement ? Le « courant
d'amour » ne passe plus entre votre enfant et vous ?
« Reconnectez-vous » avant d'intervenir, laissez-vous le
temps de « traverser le pont ». Il est plus difficile d'y parvenir en automobile qu'à la maison. Arrêtez le véhicule
dans un espace sécuritaire, sortez, marchez, respirez...
Trouvez le moyen de redevenir sensible et aimant afin
d'être en mesure de susciter chez votre enfant le désir
de mieux agir. Votre enfant est frustré ou en colère ?
Aidez-le à trouver un moyen de se calmer.

> **Étape 2 : Nommer les sentiments, les émotions, les
besoins et les désirs relatifs à la situation.**

Vous pouvez employer des phrases telles que :

✓ « J'ai besoin de calme et de bonne entente entre vous
afin de conduire de façon sécuritaire. Croyez-vous
être en mesure de collaborer ? »

✓ « La route est longue et tu es impatient d'arriver chez
grand-papa et grand-maman. »

✓ « Lorsque tu frappes mon siège avec tes pieds, cela me déconcentre et j'ai peur pour notre sécurité. J'ai besoin de ta collaboration et de calme pour conduire prudemment. »

✓ « J'aime que vous vous amusiez calmement quand je conduis. Je me sens en sécurité ».

## ❭ Étape 3 : Rappeler et appliquer le code de vie familial : conséquence.

Lorsque les règles sont enfreintes, intervenez en voiture tout comme à la maison et partout ailleurs, avec sensibilité et fermeté. Vous pouvez employer des phrases telles que :

✓ « Ta ceinture doit être bouclée, sinon je ne peux pas démarrer. » Votre enfant ne répond pas ou ne s'exécute pas ? Attendez calmement qu'il le fasse pour démarrer, sans dire un mot. En attendant, prenez un livre et lisez. Le retard que vous subirez peut-être ce jour-là permettra à votre enfant de comprendre qu'il ne gagne pas plus d'attention lorsqu'il ne s'exécute pas. Il ne gagne rien, sinon une attente sans intérêt. De plus, il connaît de cette façon votre limite claire en ce qui concerne les trajets en voiture.

✓ « Je ne peux pas conduire lorsque vous vous disputez. C'est dangereux. Je vais immobiliser le véhicule. » Rangez votre voiture sur l'accotement dès que vous en avez la possibilité et attendez que la dispute soit terminée et que le calme soit revenu. Ne répétez pas votre demande. Sortez votre livre et lisez en attendant que les enfants s'exécutent.

✓ « Les enfants, regardez-moi. Je vous accorde une minute pour arriver à une entente et partager votre jeu, sinon je le retire. » Si la situation ne se règle pas après une minute d'attente, ajoutez : « Je vois que vous avez décidé de vous en passer. » Retirez ensuite le jeu comme convenu.

✓ «Soit tu cesses de frapper sur mon siège, soit j'arrête de rouler. Je ne peux me concentrer sur la route lorsque tu frappes avec tes pieds sur mon siège.» Si l'enfant ne s'exécute pas, immobilisez votre véhicule dès que vous le pouvez.

Dans le cas où vous devez arrêter le véhicule à cause d'un comportement inacceptable de votre enfant, avisez-le que les minutes perdues devront vous être remises par des tâches à la maison.

> **Étape 4 : Aider l'enfant à trouver un comportement de remplacement ou une stratégie aidant au respect de la règle.**

Vous pouvez employer des phrases telles que :

✓ «Qu'est-ce qui t'aiderait à demeurer calme et me permettrait de conduire de façon sécuritaire?»

✓ «Peux-tu t'occuper à autre chose qu'à frapper mon siège? Peux-tu t'amuser sans déranger ma concentration?»

✓ «Peux-tu me dire ce que tu veux ou ce que tu recherches plutôt que chanter à tue-tête?»

✓ «Je te demande d'exprimer ton impatience ou ton mécontentement d'une façon qui ne soit pas dangereuse pour nous.»

> **Étape 5 : Prévenir la répétition de ce comportement.**

**L'étoile et le guichet automatique :** Les besoins affectifs de l'enfant sont-ils satisfaits? Est-ce une recherche d'attention ou de limites de sa part? La routine décrite au chapitre 2 peut vous aider à corriger la situation (voir aussi le tableau à la page 166).

Si votre enfant reçoit peu d'attention agréable ou positive, vous vous trouvez à sa portée dès que vous vous installez au volant. La recherche d'attention est sa priorité. Tous les moyens (refus de boucler sa ceinture, conflits au sein de la fratrie, opposition, cris, pleurs…) sont bons pour qu'on s'occupe de lui. Assurez-vous avant de prendre le volant que vous avez utilisé votre « guichet automatique » et fait régulièrement des « dépôts ». Accordez à votre enfant (ou à chacun de vos enfants, si vous en avez plusieurs) ne serait-ce que quelques secondes de temps exclusif en soulignant un comportement positif que vous avez observé chez lui depuis le début de la journée. Faites également des pauses quotidiennes pour rire avec lui, être complice de sa joie, pour redevenir un « enfant ». En retour, il sera plus en mesure de se comporter comme un « grand » en voiture lorsque vous le lui demanderez.

**L'arrosoir et les photos :** Se peut-il que votre enfant reçoive beaucoup d'attention pour ses comportements dérangeants en voiture ? Quand lui dites-vous : « Quelle chance d'être le parent d'un enfant qui agit de façon sécuritaire en auto ! Grâce à ton calme et ta collaboration, j'ai toute ma concentration pour conduire » ? Une telle phrase peut être bénéfique. Vous pouvez également motiver votre enfant en le prenant en photo lorsqu'il est bien installé à sa place avec sa ceinture bouclée. Écrivez-vous une note sur le tableau de bord vous rappelant de **souligner** et d'**encourager** les comportements que vous aimez voir adopter par votre enfant.

**L'ignorance volontaire :** Votre enfant chantonne la même mélodie depuis un bon moment ? Questionnez-vous avant d'intervenir. Malgré le fait que cela vous énerve un peu, est-ce que ce comportement est dangereux ? S'il ne nuit pas à votre conduite automobile, la réponse est « non ». Si vous n'intervenez pas, cela peut-il changer quelque chose dans sa vie ou dans son avenir ? « Non ». Chantez une mélodie qui vous plaît dans votre tête au lieu d'intervenir auprès de votre enfant.

**Les questions plutôt que les sermons :** Vous pouvez questionner l'enfant pour stimuler sa réflexion.

✓ « Pourquoi crois-tu que je t'interdis de frapper avec
tes pieds sur mon siège ? De crier lorsque je conduis ?
De te disputer avec ta sœur ? »

✓ « Pour quelles raisons est-ce que je te demande d'être
calme lorsque je conduis ? » « Parce qu'on peut avoir
un accident si je te dérange. » « Exactement. Est-ce
que c'est ce que tu souhaites ? »

**L'environnement adapté, la préparation et la diversion :**
Favorisez un environnement qui prédispose à l'harmonie.
Lors de longs trajets en automobile, une préparation
adéquate peut faire toute la différence.

› Dressez une liste d'activités amusantes et accessibles
en automobile (jeux de mots, devinettes, nommer tous
les objets rencontrés dans le paysage — débutant par
la lettre « a », puis « b », puis « c », etc. —, musique,
lecture, tablette magique, crayons pour écrire sur le
verre, crayons, papier, films sur support électronique,
etc.). Plusieurs livres proposent une multitude d'activités pour agrémenter les voyages en automobile[8].

› Juste avant les vacances, dressez ensemble une liste des
préparatifs et des tâches à effectuer. Chacun choisit
une tâche. Plus l'enfant participera aux préparatifs
des vacances, plus il se sentira concerné et en mesure
de répondre à vos attentes.

› Préparez un sac contenant différentes surprises
(comme une tablette magique, de petits jeux de
cartes, de la gomme, des minijeux aimantés pour
l'automobile, des tatouages à coller sur la peau, etc.).
Ajoutez-y différentes collations. Ce sac vous permettra
de faire diversion, c'est-à-dire détourner l'attention

---

8. Consultez, par exemple, les suggestions de l'auteure Marie-Claude Béliveau dans
son livre *Au retour de l'école : la place des parents dans l'apprentissage scolaire*,
2ᵉ éd., Montréal : Éditions du CHU Sainte-Justine, 2004. Vous y trouverez
une foule de jeux de mots qui, tout en divertissant et en amusant l'enfant,
l'aident à consolider différentes habiletés en français, en mathématiques et dans
d'autres matières. L'enfant ne s'aperçoit pas qu'il est en train d'apprendre…

d'une situation conflictuelle ou désagréable. Un conflit est sur le point d'éclater entre deux enfants ? L'un des enfants fait une scène parce que vous lui refusez quelque chose ? Vous pouvez alors dire : « Je crois que c'est le moment du sac à surprises ! » ou encore : « Que diriez-vous de jouer à... » Le conflit ou la situation qui semblait sans issue sera chose du passé.

› Repérez les aires de jeux accessibles aux enfants sur la route et prévoyez des arrêts fréquents (au moins toutes les heures). Il vaut mieux prendre quelques heures supplémentaires pour se rendre, dans le plaisir, que s'empresser d'arriver à destination en accumulant le stress et la fatigue.

› Les manifestations d'impatience et d'énervement de la part de l'enfant peuvent indiquer qu'il a besoin d'une pause. Lorsque le climat le permet, apportez des jeux tels que Frisbee[MD], ballons, balles ou corde à danser dans la voiture. L'enfant pourra se divertir et se dégourdir lors des arrêts. Une fois qu'il aura comblé son besoin de bouger, il sera plus calme lorsque vous reprendrez la route.

› Préparez un pique-nique.

› Avant de commencer le voyage, informez les enfants de l'itinéraire choisi. Informez-les également de vos attentes en ce qui concerne le déroulement du voyage et les règles à respecter.

› Tirez au sort les places assignées dans la voiture et faites une rotation à chaque arrêt.

**Le contrat :** Discutez avec l'enfant qui pose problème lors des déplacements en automobile. Que pourrait-il gagner à respecter les règles qui vous permettent de conduire prudemment ? Que gagnez-vous à effectuer ces déplacements pour lui ? Rien. Qu'est-ce qui pourrait être équitable pour vous deux ? L'enfant pourrait peut-être, en contrepartie, participer davantage aux tâches domestiques ? Il y a beaucoup de gratuité, de don de soi chez les parents, mais comment transmettre cette valeur, ainsi que le partage, l'entraide et la coopération si l'on ne fait que donner et ne demandons rien en retour à l'enfant ? Un contrat écrit mentionnant ce que doivent respecter les deux parties dans une situation donnée peut rendre les choses plus claires, plus équitables et plus acceptables.

**La règle des grands-mères :** Vous pouvez vous assurer que toutes les tâches qui figurent dans la routine de l'enfant ou à l'horaire de sa journée sont effectuées avant la sortie.

✓ « Je te conduirai dès que ta chambre sera rangée, comme prévu. »

Attention ! Le but n'est pas de profiter de sa demande de transport pour lui demander d'accomplir plus de tâches.

**L'exemple et le modèle :** Demeurez un modèle. Adoptez vous-même les comportements que vous voulez voir votre enfant adopter. Lorsque votre conjoint conduit, vous arrive-t-il de vous disputer avec lui ? Prenez le temps de dire : « Nous en reparlerons à la maison puisque tu conduis et que je ne veux pas te déconcentrer. » Lorsqu'un comportement vous exaspère, cherchez encore à rester un modèle en mentionnant : « Lorsque tu parles fort comme en ce moment, je suis exaspéré et j'ai peur de conduire dans cet état. J'ai besoin de calme pour conduire en toute sécurité. Peux-tu employer ta belle voix douce ? » Parlez doucement, prenez dix grandes inspirations pour vous calmer. L'enfant aura tendance à reproduire ces comportements lorsqu'il se trouvera dans un véhicule. La fratrie apprendra de la même façon à rester calme, à mieux gérer les situations conflictuelles, à ne pas émettre de jugement sur l'autre, permettant à chacun de nommer ses sentiments et ses besoins de façon acceptable.

**Les réunions de famille:** Lors d'une réunion, abordez les déplacements en voiture et les difficultés vécues. Discutez avec votre enfant des activités accessibles en automobile et demandez-lui lesquelles suscitent le plus son intérêt. Énumérez-lui vos besoins à combler afin que ce déplacement soit sécuritaire et satisfaisant pour vous et aidez-le ensuite à nommer les siens. Puis trouvez ensemble des moyens concrets et efficaces de combler les besoins (et non tous les désirs!) de chacun.

Qui a dit que le bonheur durant le trajet était plus important que le but à atteindre? Les déplacements en automobile peuvent être source de plaisir et permettre des activités fort amusantes auxquelles on ne s'adonne pas à la maison. Voilà de quoi rendre ces voyages agréables et même attirants pour les enfants.

# Autorité
## Déléguer l'autorité à un tiers

Alors que j'assiste à la joute de hockey de mon neveu, j'entends avec étonnement et tristesse certains parents d'enfants de l'équipe adverse s'injurier, se menacer et même utiliser des propos blessants à l'égard des joueurs sur la glace. Et que penser du match de soccer auquel j'ai également assisté et au cours duquel les policiers ont dû intervenir... Les esprits s'étant échauffés dans les estrades, certains parents en étaient venus aux coups. La joute a été interrompue et les enfants, témoins de ces scènes, ont dû attendre la fin de l'intervention des policiers pour poursuivre la partie.

Je vous laisse tirer vos propres conclusions de ce qu'on enseigne aux enfants en adoptant ces comportements. Étant humains, les parents ont de la difficulté à « s'élever » dans certaines situations qui touchent leurs enfants et suscitent en eux de vives émotions. Mes enfants ont pratiqué de nombreux sports et j'ai moi-même ressenti à certains moments un sentiment d'injustice alors que, par exemple, je trouvais que mon fils jouait moins souvent que les autres, qu'il n'occupait pas la position que je jugeais appropriée... J'ai aussi ressenti de la colère alors qu'on le critiquait de façon négative pour une erreur. Se taire et laisser l'entraîneur — c'est-à-dire l'adulte en position d'autorité — effectuer son travail auprès de l'équipe n'est pas si facile. Pourtant, lorsque nous les inscrivons à l'école, dans une équipe sportive ou à toute autre activité, nous acceptons du même coup de partager notre autorité avec les adultes en poste et nos enfants tirent de grands bénéfices d'une collaboration entre ces adultes « dirigeants » et nous.

Après la joute, c'est le moment de parler avec l'enfant de ce qu'il a vécu, de souligner ses efforts, ses bons coups et de l'aider à s'améliorer s'il y a lieu. En écoutant mes enfants parler de leurs parties, j'ai constaté que leurs sentiments étaient souvent bien différents des miens. L'injustice et la colère étaient issues d'expériences passées chez moi. Ce n'était pas le cas pour eux. Il est important d'être prudent et vigilant dans nos propos. On peut aisément se questionner: « Que va-t-il retenir, apprendre de mes propos, de mes interventions, de mes actes? » Tout n'a pas à être dit. Je ne suggère pas ici qu'on laisse le champ complètement libre aux entraîneurs en tolérant, par exemple, des injustices réelles et répétées ou encore des comportements qui contreviennent aux valeurs que nous souhaitons transmettre à notre enfant. Ces situations doivent, au contraire, être dénoncées et expliquées aux enfants. Lorsque nos comportements sont dictés par nos valeurs et non pas par des sentiments de vengeance, nous nous posons en modèles inspirants pour nos enfants.

Si vous souhaitez exprimer votre désaccord, aidez-vous des étapes de la communication non violente telles que décrites au chapitre 4. Sans reproche ni jugement, votre message a plus de chances d'être entendu et pris en considération.

# Conflits

 « Lorsque Véronique et moi sommes en famille, nous consacrons la majorité de notre temps à résoudre les conflits entre nos enfants. Ils ne cessent de nous interpeller. "Papa, il ne veut pas partager notre nouveau jeu de construction !", "C'est moi qui avais cette place en premier !", "Elle ne veut pas aller parler au téléphone ailleurs !", "Il n'arrête pas de me regarder !". C'est épuisant de tenter d'identifier qui a commencé, de les amener à s'accorder ou encore de les séparer quand cela devient intolérable. Nous pensions qu'avec l'âge, ils résoudraient leurs différends eux-mêmes. C'est le contraire ! On dirait qu'avec l'âge, les conflits se multiplient ! », raconte Christophe.

Être en conflit, c'est faire l'expérience d'un déséquilibre entre nos besoins et ceux de l'autre. Comment gérer ces conflits entre nos enfants et nous et leur apprendre également à régler leurs propres conflits entre eux ? Plusieurs auteurs, dont Thomas Gordon et Stephen Covey[9], proposent une démarche de résolution de conflits intéressante qui consiste à protéger d'abord la relation. En effet, la relation est plus importante que le fait de gagner. On tient compte des besoins des deux parties et on tente de les satisfaire sans que l'une des parties se sacrifie.

### Des façons de régler les conflits

- **Je gagne, tu perds :** Nos propres objectifs passent avant la relation. On impose notre solution. Cette façon de faire est fréquemment utilisée par certains parents, c'est aussi la plus utilisée dans d'autres milieux, dont celui du travail.

- **Je perds, tu gagnes :** De peur de perdre la relation ou l'amour de l'autre, on les fait passer avant nous et on abandonne nos objectifs.

9. Consultez les ouvrages de Thomas Gordon, *Parents efficaces, une autre écoute de l'enfant*, Paris : Marabout 2004, et de Stephen Covey, *Les 7 habitudes de ceux qui réalisent tout ce qu'ils entreprennent*, Paris : J'ai lu, 2012.

- **Je perds, tu perds :** On fuit le conflit et on s'éloigne de l'essentiel de la relation plutôt que d'affronter le problème pour le résoudre. Les deux parties opposées perdent, finalement. C'est une solution populaire en cas de divorce : « Si je ne peux pas l'avoir, personne ne l'aura. »
- **Je gagne, tu gagnes :** La relation a autant de valeur que les objectifs qui ont provoqué le conflit. Les besoins de chacun sont considérés puis satisfaits de la meilleure façon possible.

Ne croyez-vous pas que l'enfant qui apprend à résoudre ses conflits en utilisant la façon « Je gagne, tu gagnes » a plus de chances de vivre des relations harmonieuses, satisfaisantes et épanouissantes tout au long de sa vie ? Il me semble important d'investir du temps pour apprendre à notre enfant à résoudre ses conflits en tenant compte des besoins des autres, de leurs sentiments et de leurs opinions tout autant que des siens. Le tirage au sort ou « la majorité l'emporte » n'est pas, selon certains auteurs, la meilleure façon de résoudre un conflit puisque les besoins de ceux qui ne gagnent pas ne sont pas tenus en compte. Tenter avec le groupe de déterminer qui sera choisi ou qui obtiendra d'abord l'objet désiré dans le respect des besoins de chacun est une solution plus équitable, mais qui n'est malheureusement pas toujours applicable.

### Des façons d'intervenir selon le type de conflit

#### Aucune nécessité d'intervention (conflit léger)

- Lorsque vous répondez « non » aux deux questions suivantes : « Est-ce que le conflit qui se passe présentement entre les enfants est physiquement dangereux ? » et « Si je n'interviens pas, cela aura-t-il un impact dans leur vie actuelle ou future ? », il n'est pas nécessaire pour vous d'intervenir.
- Si les enfants sont en désaccord sans que le ton monte, sans manque de respect ni bagarre, et que vos valeurs ne

sont pas en danger, donnez-leur l'occasion de négocier et d'arriver à un compromis par eux-mêmes.

Les conflits permettent aux enfants de prendre leur place et de faire respecter leurs droits. Ils leur apprennent à s'affirmer, à dire leurs limites et à demander ce dont ils ont besoin.

Par la résolution de leurs conflits, les jeunes apprennent à chercher des solutions, à faire des compromis, à s'entendre et à collaborer.

### Intervention sans prise de position (conflit moyen)

Le ton monte, la colère s'installe et vous voyez que vos enfants n'arrivent pas à résoudre le conflit seuls ? Intervenez pour les aider, sans toutefois prendre parti.

> **Étape 1 : Soyez « connecté ».**

Trouvez le moyen d'être sensible et aimant, capable de parler de leurs sentiments sans jugement afin de toucher leur sensibilité.

> **Étape 2 : Nommer les émotions relatives à la situation.**

✓ « Tu as l'air furieux. »

✓ « Vous avez l'air tous deux vraiment fâchés. »

> **Étape 3 : Écoutez le point de vue de chacun avec respect, sans interruption.**

Tous deux parlent en même temps ? S'ils n'arrivent pas à déterminer eux-mêmes qui parle en premier, effectuez un tirage au sort pour déterminer qui parlera en premier ou demandez-leur de faire le tirage eux-mêmes. Chacun doit pouvoir s'exprimer à son tour. Utilisez le dé ou la pièce de monnaie comme un « objet de la parole ». Celui qui a le dé est écouté, celui qui ne l'a pas est ignoré s'il parle alors que ce n'est pas son tour.

Plutôt que demander : « Qui a commencé ? », phrase qui détermine en quelque sorte un coupable, dites plutôt : « Qu'as-tu fait ou dit ? Et toi ? » à chaque enfant.

### ❯ Étape 4 : Récapitulez et décrivez la source du conflit.

✓ « Tu dis que cette place est à toi puisque tu étais là en premier et toi, tu dis que ton frère occupe cette place depuis suffisamment longtemps et que c'est à ton tour. On a un problème. Un seul fauteuil inclinable et deux enfants qui veulent l'utiliser en même temps. »

✓ « Tu as besoin d'intimité pour parler au téléphone dans cette pièce et toi, tu as besoin de silence pour lire. Il semble que ce ne soit pas possible de satisfaire chacun vos besoins dans cette même pièce. »

### ❯ Étape 5 : Manifestez votre confiance.

✓ « J'ai confiance en vous pour trouver une solution qui soit juste et qui vous convienne. »

### ❯ Étape 6 : Quittez la pièce.

Lorsqu'on fait confiance aux enfants et qu'on leur laisse l'espace et la liberté de résoudre les conflits, il est vraiment étonnant de les voir négocier, trouver un compromis, s'entendre sur des solutions différentes des nôtres. Les enfants trouvent parfois des solutions très créatives. Puisqu'ils ont trouvé eux-mêmes ces solutions, ils ont tendance à les appliquer aisément et cela vous évite de prendre parti.

Les auteures Adèle Faber et Elaine Mazlish proposent une façon originale et intéressante d'intervenir[10] lorsque les enfants ne sont pas capables de trouver une solution par eux-mêmes. Elles suggèrent qu'un parent note les sentiments et les préoccupations de chacun des enfants, puis qu'il les relise à voix haute devant eux : « Benjamin dit qu'il est furieux lorsque Lauriane…» Par la suite, le parent invite chacun des enfants à trouver des solutions et met par écrit toutes les idées sans les juger. Un choix est ensuite effectué parmi les solutions qui conviennent

---

10. Adèle Faber et Elaine Mazlish, *Jalousies et rivalités entre frères et sœurs : comment venir à bout des conflits entre vos enfants*, Paris : Stock, 2003, p. 177.

le mieux à tout le monde. Le parent peut ensuite mettre à l'agenda une rencontre pour effectuer le suivi auprès des enfants.

Certains conflits se reproduisent jour après jour. Ni vous ni vos enfants ne semblez en venir à bout. « Il n'arrête pas de m'agacer tout le temps et c'est moi qui me fais toujours réprimander ! », de dire Mathilde. Maxime l'agace jusqu'à ce qu'elle se fâche et lui donne un coup. En tant que figure d'autorité, vous demandez à Mathilde d'assumer la conséquence de son geste (réparation ou autre) et Maxime s'en tire à bon compte, sans avoir à assumer de conséquence. Mathilde ne cesse de répéter : « Arrête, arrête, arrête ! » à son frère, mais celui-ci fait comme s'il n'avait rien entendu. Ils ont besoin d'aide pour mettre fin à cette situation conflictuelle.

Ce genre de situation vous est familier ? Vous pourriez aviser vos enfants que lorsque quelqu'un leur demande de cesser un comportement qui lui est désagréable, ils doivent cesser immédiatement puisque le mot « arrête » exprime une limite. Si l'enfant décide d'ignorer la limite et continue d'adopter le comportement dérangeant, il devra réparer ce flagrant manque de respect.

## Intervention immédiate et soutenue (conflit grave)

- Agressivité ;
- Violence physique ou verbale.

### ❯ Étape 1 : Comment intervenir ?

- Vous devez faire rapidement cesser les altercations violentes, qu'elles soient physiques ou verbales. Ce type d'intervention compte donc moins d'étapes.

### ❯ Étape 2 : Nommer les émotions, les sentiments relatifs à la situation.

✓ « Je vois que vous êtes en train de vous faire mal. Je ne peux pas vous laisser ensemble. Allez vous calmer chacun de votre côté. »

> **Étape 3 : Écoutez le point de vue de chacun avec respect, sans interruption.**

Une fois que les enfants se sont calmés, écoutez le point de vue de chacun sans interruption.

> **Étape 4 : Récapitulez et décrivez la source du conflit.**

Rappelez la règle : « Chez nous, on se respecte. On ne frappe pas, on ne blesse pas avec des mots ». Demandez à chacun de réparer ses torts si chacun en a puis demandez-leur de trouver une solution à ce conflit et une façon d'agir qui soit acceptable la prochaine fois.

> **Étape 5 : Prévenez les conflits.**

**L'étoile et le guichet automatique :** Les conflits sont un excellent moyen de rechercher l'attention du parent. Qui laisserait ses enfants se chamailler et se faire du mal ? Leurs besoins affectifs sont-ils satisfaits ? Vos limites sont-elles claires et conséquentes concernant les conflits ? Faut-il revoir votre routine de parent (voir le tableau à la page 166) ?

**L'arrosoir et les photos :** Se peut-il que vos enfants reçoivent beaucoup d'attention lorsqu'ils sont en conflit et que leur bonne entente, lorsqu'ils jouent de façon harmonieuse, soit passée sous silence ? Dès qu'ils partagent, s'entendent bien, négocient ou coopèrent, soulignez-le. Prenez-les en photo et affichez-la bien à la vue.

**Les questions plutôt que les sermons :** Vous pouvez questionner vos enfants pour stimuler leur réflexion.

✓ « Pourquoi crois-tu que ce comportement est interdit chez nous ? »

✓ « Comment pourriez-vous arriver à vous entendre ? »

✓ « Que proposez-vous pour partager ce jeu ? Avoir chacun votre journée de priorité ? »

**L'environnement adapté :** Favorisez un environnement qui prédispose à l'harmonie. Vous pouvez, par exemple, demander à vos enfants de faire équipe pour l'exécution des tâches domestiques.

**Les jeux de rôles :** Reprenez la situation conflictuelle sous forme de jeux de rôles en demandant à vos enfants d'adopter un comportement acceptable pour résoudre leur conflit.

**Les contes et les allégories :** Plusieurs allégories ou contes traitent des difficultés liées à la résolution des conflits[11]. Vous pouvez vous y référer.

**Les réunions de famille :** Profitez de ces rencontres pour discuter des conflits qui reviennent sans cesse. N'oubliez pas de profiter de l'occasion pour dire à vos enfants ce que vous appréciez chez eux.

# Coucher

 « Il me faut plus d'une heure pour mettre Amanda au lit. Au moment même où je m'assois pour relaxer, les requêtes commencent. Tous les prétextes sont bons pour m'attirer dans sa chambre. Elle a chaud, elle a froid, elle veut un dernier câlin... Malgré le fait que je lui répète qu'elle doit dormir, qu'elle sera fatiguée pour aller à l'école le lendemain, elle persévère dans ses requêtes », raconte Amélie, sa maman.

Alors qu'on aimerait clore la journée sur une note positive, c'est souvent l'inverse qui se produit. Si Amanda avait été en mesure de nommer ce dont elle avait besoin au moment de se coucher, elle aurait sûrement mentionné un besoin d'attention et un besoin de sécurité. Ses agissements envers sa mère peuvent vouloir dire : « Mais dis-moi où se situe ta limite ? Quand vas-tu me mettre au lit une fois pour toutes ? Combien de fois encore vas-tu répondre à mes demandes ? » Comme bon nombre de parents, Amélie trouve parfois difficile de

11. Consultez la rubrique « Allégorie » du *Guide Info-Famille* sur le site Web du CHU Sainte-Justine : www.chu-sainte-justine.org/famille/CISE-description.aspx?id_sujet=100414 [consulté le 2 février 2013]

mettre un terme à ces demandes alors qu'elle a si peu vu sa fille durant la journée. Elle en ressent de la culpabilité et ne peut ainsi arrêter de répondre aux incessantes demandes qui étirent inutilement l'heure du coucher.

Cela montre bien qu'une routine est essentielle au bon déroulement de la fin de la journée, tant pour les enfants que pour les parents. À la longue, elle permet de réduire énormément les interventions parentales. Sans routine pré-établie, le moment du coucher peut être le plus éprouvant de la journée. Référez-vous à l'annexe pour obtenir un modèle de routine possible.

### Causes possibles chez l'enfant

- Des besoins affectifs non satisfaits : Quand l'enfant manque d'attention positive, il peut adopter des comportements dérangeants au moment du coucher. Il obtient ainsi plus d'attention ;
- Un environnement qui encourage ce type de comportement : Le fait de répondre aux demandes de l'enfant qui ne veut pas dormir fait en sorte de récompenser ce comportement ;
- Un manque d'autorité parentale et d'interventions adéquates lui signifiant les limites à respecter quand vient l'heure de dormir ;
- L'absence d'une routine sécurisante ;
- De l'anxiété, de la peur ou du stress ;
- Des activités stimulantes durant l'heure précédant le moment du coucher.

### Intervenir avec cœur

> **Étape 1 : S'assurer d'être « connecté » à l'enfant, se calmer s'il y a lieu.**

Les demandes continuelles de l'enfant ou le fait qu'il se lève de son lit pour venir vous voir suscitent en vous de l'exaspération ? De quelle façon pourriez-vous vous « reconnecter » avant d'intervenir ? Quelques profondes respirations ou le soutien de votre conjoint pourraient-ils vous aider ?

Qu'attendez-vous de votre enfant ? Vous souhaitez qu'il vous écoute, qu'il reste dans son lit et dorme. Vous souhaitez de l'ouverture de sa part afin qu'il arrive à modifier son comportement. Vous avez aussi sans doute besoin de respect, de considération pour vos limites et de collaboration de sa part ? Offrez-lui d'abord la même chose.

> **Étape 2 : Nommer les sentiments, les émotions, les besoins et les désirs relatifs à la situation.**

Vous pouvez employer des phrases telles que :

✓ « Si je t'écoutais, je poursuivrais la lecture des contes toute la nuit tellement tu les apprécies. »

✓ « Tu es déçu d'aller te coucher. Tu aurais aimé terminer ton jeu. Tu le compléteras demain. »

✓ « C'est frustrant de cesser une activité pour aller brosser ses dents. »

✓ « Lorsque tu sors de ton lit pour me demander une foule de choses, cela me dérange et m'inquiète. J'ai besoin de repos en soirée et j'ai besoin de savoir que tu dors suffisamment. Je te demande de demeurer dans ton lit jusqu'au matin. »

> **Étape 3 : Rappeler et appliquer le code de vie familial : conséquence.**

Selon les situations, vous pouvez employer des phrases telles que :

✓ « Une fois au lit, on ne se relève plus. »

Il est préférable de ramener l'enfant d'âge préscolaire dans son lit autant de fois qu'il le faut, sans dire un mot. Lorsque vous répondez à ses demandes, vous le récompensez et l'encouragez à demander de nouveau, en plus de l'empêcher de s'endormir.

Les conséquences s'appliquent plutôt à l'enfant d'âge scolaire. Ainsi, toutes les minutes de sommeil perdues doivent être reprises le lendemain. Si l'enfant se couche 30 minutes plus tard que prévu, le lendemain, il ira au lit 30 minutes plus tôt.

> **Étape 4 : Aider l'enfant à trouver un comportement de remplacement ou une stratégie aidant au respect de la règle.**

Vous pouvez employer des phrases telles que :

✓ « Lorsque tu dois rattraper tes minutes de sommeil perdues, ça me fait de la peine. Veux-tu que nous regardions ensemble comment tu pourrais être au lit à l'heure afin de ne plus avoir à assumer cette conséquence ? »

✓ « Qu'est-ce qui t'aiderait à demeurer dans ton lit jusqu'au matin ? »

✓ Pour l'enfant d'âge scolaire : « Qu'est-ce qui t'aiderait à effectuer ta routine du coucher sans que j'aie à te répéter quoi faire ? »

✓ Pour l'enfant qui a du retard dans sa routine du coucher : « Où en es-tu dans ta routine ce soir ? »

> **Étape 5 : Prévenir la répétition du comportement inadéquat.**

**L'étoile et le guichet automatique :** Les besoins affectifs de votre enfant sont-ils satisfaits ? Est-ce une recherche d'attention ou une recherche de limites de sa part ? La routine décrite au chapitre 2 peut vous aider à corriger la situation (voir aussi le tableau à la page 166).

Avant de quitter votre enfant pour la nuit, vous pourriez lui dire : « Regarde-moi, j'ai quelque chose d'important à te dire. Merci pour les beaux moments qu'on a partagés aujourd'hui !» Malgré les tracas de la journée, relevez quelques-uns de ces beaux moments et nommez-les à votre enfant. Il saura concrètement comment vous faire plaisir à nouveau, et ces instants précieux se multiplieront. Plus le parent voit ce qui est positif et agréable, plus les comportements de l'enfant deviennent positifs et agréables.

Certains parents mentionnent que le fait de s'arrêter pour parler des moments ou des comportements positifs avec leur enfant prend du temps alors qu'ils ont tant à faire. C'est tout à fait vrai, mais combien de temps perd-on à répéter, attendre ou menacer ? Ce temps investi de façon positive nous revient de façon positive. L'inverse est aussi vrai ; le temps investi de façon négative nous revient de la même façon.

**L'arrosoir et les photos:** Encouragez-vous la routine du coucher de votre enfant ? Prendre le temps de photographier l'enfant qui se brosse les dents, qui se couche à l'heure facilement ou encore qui se couche pour ne plus se relever de la nuit peut être une source de motivation.

**L'ignorance volontaire :** Votre enfant demande de l'eau, une histoire, un câlin… On peut ignorer ces comportements non dangereux, surtout si l'on souhaite les voir disparaître. Au moment du coucher, anticipez ses demandes et dites-lui : «Tu as reçu tout ce dont tu as besoin pour dormir. On se revoit demain. Bonne nuit. »

**Les questions plutôt que les sermons :** Vous pouvez questionner l'enfant pour stimuler sa réflexion.

✓ « À quoi sert le sommeil ? »

✓ «Que se passe-t-il lorsqu'on ne dort pas suffisamment ? »

Vous pouvez vous référer à la section traitant du sommeil au chapitre 2 pour répondre à ces questions.

**Les routines :** Répétez toujours les mêmes gestes, dans le même ordre et à la même heure (par exemple : le bain, les dents, l'échange sur les événements de la journée, la lecture d'un conte, le dernier câlin aux parents). Dans son livre *Enfin je dors... et mes parents aussi*, l'infirmière Evelyne Martello souligne les bienfaits de l'eau sur la capacité de relaxation de l'enfant : « La détente que procure l'eau aide le tout-petit à aller au lit et à mieux s'endormir ; c'est à ce moment que la température corporelle est à son meilleur pour s'endormir. Après le bain et les soins d'hygiène, l'enfant devrait aller tout de suite dans sa chambre[12]. »

**L'environnement adapté :** Faites du coucher un moment spécial que votre enfant anticipera avec plaisir.

› Nommez deux ou trois choses que vous avez particulièrement appréciées chez lui durant la journée ;

› Dans l'heure précédant le moment du coucher, éteignez tous les écrans dans la maison et faites cesser toute activité excitante pour l'enfant ;

› Proposez de mettre une musique relaxante ou un air que votre enfant aime bien :

› Tamisez les lumières dans les pièces et le corridor près de la chambre de l'enfant.

**Les allégories :** Plusieurs allégories ou contes traitent des difficultés liées à l'heure du coucher[13]. Vous pouvez vous y référer.

**L'exemple ou le modèle :** Quelles sont vos habitudes de sommeil et d'endormissement ? Vous endormez-vous devant le téléviseur ? Vous arrive-t-il de ne pas vous accorder le sommeil dont vous avez besoin ? Mentionnez-vous souvent que vous manquez de sommeil ou que vous êtes fatigué ? Il est important de servir de modèle à votre enfant en prenant l'heure du coucher et le sommeil au sérieux, pour vous comme pour les autres membres de votre famille.

---

12. Evelyne Martello, *Enfin je dors... et mes parents aussi*, Montréal : Éditions du CHU Sainte-Justine, 2007.
13. Consultez la rubrique « Allégorie » du *Guide Info-Famille, Op.cit*

**Les réunions de famille :** Voilà une bonne occasion pour discuter des difficultés qu'a votre enfant au moment du coucher.

## Cas particuliers[14]

Pour l'enfant qui s'éveille ou se lève durant la nuit sans motifs importants (malaises, peur, etc.) :

- Reconduisez-le dans sa chambre. Vous pouvez lui dire doucement, mais fermement : « C'est la nuit. Tout le monde dort, tout va bien, tu peux te rendormir. On se verra demain. » ;

- Évitez toute stimulation ou marque d'intérêt qui l'inciterait à se lever ;

- Évitez d'allumer la lumière, de lui prodiguer une caresse ou de discuter avec lui. Il doit sentir qu'il vous dérange et que cela vous déplaît.

- Résistez à la tentation de vous coucher avec lui.

# Courses et sorties

 « Effectuer des sorties ou faire les courses avec nos enfants est tellement compliqué qu'on ne sort presque plus. Il n'y a plus de place pour le plaisir. Liam, 3 ans, passe son temps à faire le bouffon, à se rouler par terre, à lancer des objets, à crier ou à courir partout. Sa sœur ne se conduit guère mieux. Elle touche à tout, se cache ou se sauve dans les endroits publics. On passe notre temps à les réprimander et à les menacer qu'ils ne sortiront plus. Aussi bien rester chez nous », se disent Jeanne et Francis.

---

14. Dans son ouvrage *Enfin je dors… et mes parents aussi*, Evelyne Martello aborde les différentes difficultés se rattachant au coucher et au sommeil de l'enfant (la résistance au coucher, le sevrage de la présence parentale, les siestes, les cauchemars, etc.).

Les parents n'ont pas toujours le temps, les moyens financiers ou l'envie de faire garder les enfants pour aller tranquillement effectuer les courses. S'ils doivent les emmener, comment faire en sorte que chacun retire de la satisfaction et du plaisir à sortir ensemble?

### Causes possibles chez l'enfant

- Des besoins affectifs non satisfaits ou une recherche d'attention de sa part;
- Des comportements dérangeants récompensés par l'attention parentale constante;
- Peu ou pas d'autorité parentale et un manque d'interventions adéquates lui imposant des limites claires et l'incitant à cesser ces comportements;
- De l'ennui: l'enfant n'a aucun intérêt à effectuer cette sortie.

### Intervenir avec cœur

> **Étape 1: S'assurer d'être « connecté » à l'enfant, se calmer s'il y a lieu.**

Si vous souhaitez intervenir de façon à susciter la collaboration de votre enfant et l'inciter à cesser ou à modifier son comportement négatif et dérangeant, tentez d'abord de vous « rebrancher » sur lui. Sous le coup de la colère, on ne fait que jeter de l'huile sur le feu. Où que vous soyez, prenez le temps de respirer, de vous calmer. Si vous devez vous éloigner quelques minutes, faites-le.

> **Étape 2: Nommer les sentiments, les émotions, les besoins et les désirs relatifs à la situation.**

Vous pouvez employer des phrases telles que:

- ✓ « C'est très gênant et frustrant de te voir te comporter de cette façon. J'ai besoin de plaisir dans nos sorties. J'ai aussi besoin de ta collaboration. Peux-tu cesser ce comportement immédiatement? »

✓ « Cela semble t'amuser de courir partout au centre commercial. Tu peux courir dans notre cour ou au parc, mais pas ici, car j'ai peur de te perdre de vue ou que tu te blesses. J'ai besoin d'être rassuré. Je te demande de demeurer près de moi. Peux-tu faire cela ? »

**❭ Étape 3 : Rappeler et appliquer le code de vie familial : conséquence.**

Selon les situations, vous pouvez employer des phrases telles que :

✓ « On marche dans les endroits publics. On ne court pas. Si tu ne peux pas rester près de moi, on rentre immédiatement. » Rappelez-vous d'aller chercher par la main l'enfant d'âge préscolaire qui s'éloigne de vous. Dites-lui gentiment, mais fermement : « Tu restes à mes côtés dans les endroits publics. »

✓ « Les canapés sont faits pour s'asseoir et non pour sauter. Tu peux sauter sur ton trampoline ou sauter à la corde, mais pas sur les canapés. Je te demande de descendre immédiatement du canapé de grand-maman. »

✓ « Au restaurant comme à la maison, on reste assis durant le temps du repas. Si tu as besoin de te lever, je me rendrai avec toi à la voiture ou aux toilettes. Tu pourras marcher et bouger quelques minutes et nous reviendrons lorsque tu seras capable de rester assis. » Sans dire un mot, retirez-vous avec l'enfant s'il n'obéit pas. Si les attitudes de l'enfant gâchent définitivement la soirée, vous pouvez choisir de rentrer directement à la maison sans terminer le repas. La semaine suivante, vous pouvez sortir en couple en disant : « Nous allons au restaurant seuls tous les deux ce soir. Nous voulons passer une soirée agréable. Nous pourrons refaire un essai avec toi dans quelque temps, si tu es prêt à te comporter comme nous l'exigeons. » Le but ici n'est pas d'infliger un désagrément à l'enfant, mais plutôt de lui faire comprendre clairement votre limite.

**❯ Étape 4 : Aider l'enfant à trouver un comportement de remplacement ou une stratégie aidant au respect de la règle.**

Vous pouvez employer des phrases telles que :

✓ « Qu'est-ce qui t'aiderait à rester assis pendant le repas au restaurant ? »

✓ « Qu'est-ce qui te permettrait de demeurer près de moi à l'épicerie ? »

✓ « Qu'est-ce qui te rappellerait de marcher plutôt que de courir ? »

✓ « Qu'est-ce qui pourrait rendre les courses plus captivantes pour toi ? Un détour à la boutique d'animaux ? Au magasin de sport ? »

✓ « Qu'est-ce qui rendrait la visite chez tes grands-parents plus amusante encore ? »

**❯ Étape 5 : Prévenir la répétition de ce comportement.**

**L'étoile et le guichet automatique :** Votre « compte relationnel » serait-il à sec ? Les besoins affectifs de votre enfant sont-ils satisfaits ? Est-ce une recherche d'attention ou une recherche de limites de sa part (voir le tableau à la page 166) ?

**L'arrosoir et les photos :** Lors de sorties, pensez-vous à prendre le temps d'exprimer votre reconnaissance à votre enfant ? « J'aime que tu restes près de moi au centre commercial. », « Comme c'est agréable de sortir au restaurant avec toi quand tu restes assis et que tu te comportes si bien. », « Merci de marcher comme une grande dans les lieux publics. », « J'aime que tu te rappelles à quoi servent les canapés. » Gardez votre appareil photo en main pour prendre des clichés de votre enfant en train de bien faire. Par la suite, faites un petit montage ou un diaporama.

**L'ignorance volontaire :** Pensez à ignorer les comportements qui ne menacent pas directement vos valeurs.

Avant d'intervenir, pensez à vous poser les deux questions de base : Est-ce que le comportement de votre enfant est dangereux ? Aura-t-il un impact dans sa vie présente ou future ?

**Les questions plutôt que les sermons :** Vous pouvez questionner votre enfant pour stimuler sa réflexion.

✓ « Comment te sentirais-tu si je me sauvais ou me cachais de toi et que tu ne me trouves plus au centre commercial ? »

✓ « Apprécierais-tu que je me lève sans cesse alors qu'on joue à ton jeu préféré ? »

**L'environnement adapté :** Apportez des divertissements à l'enfant qui risque de s'ennuyer (jeu, livre, cahier, crayon, etc.). Si vous devez magasiner un long moment, planifiez de vous arrêter dans un ou deux endroits qui intéresseront votre enfant. L'enfant qui dispose d'un peu d'argent de poche pour effectuer des achats démontrera plus d'intérêt. Si vous n'avez pas besoin de lui et n'avez pas à effectuer d'achats le concernant, évitez de l'emmener.

**La préparation :** Préparez adéquatement votre enfant avant de faire une sortie. Informez-le de son déroulement et précisez-lui vos attentes. Cela fait une énorme différence. « Une fois que nous aurons acheté tes vêtements, nous irons à l'animalerie. Après être passés à la pharmacie, nous dégusterons une crème glacée. »

**Les choix :** Proposez certains choix à l'enfant. La sortie ou les courses deviendront ainsi beaucoup plus intéressantes pour lui : « Quelles céréales choisis-tu cette semaine ? Celle-ci ou bien celle-là ? », « Peux-tu choisir cinq belles pommes ? », « Peux-tu trouver le beurre d'arachide dans cette rangée ? ».

**Les réunions de famille :** Planifiez les sorties à venir lors de vos réunions. Prenez soin de mentionner clairement vos attentes. Demandez à votre enfant comment il pourrait vous accompagner et rendre cette sortie plaisante.

# Écrans
## Cellulaire • Jeux vidéo • Télévision • iPod® • iPad®, etc.

 « Rien à faire pour décoller William de l'ordinateur, du téléviseur ou de la console de jeux. Il faut que je le menace
et que j'élève la voix pour qu'il finisse par éteindre. Il n'a
plus d'intérêt pour les sports, ne voit plus ses amis mais
échange des tonnes de textos par cellulaire. Seuls les écrans
l'intéressent ! Il réclame même le droit d'utiliser son cellulaire
à table. Cela m'exaspère et m'inquiète en même temps. Je
ne peux pas l'imaginer tout l'été, les yeux rivés à l'écran et
les mains accrochées aux manettes ou à son cellulaire. Cette
situation me semble inacceptable pour un jeune de 12 ans »,
de dire Julie, sa mère.

Il devient effectivement difficile d'intéresser les enfants
et les adolescents à d'autres activités que les jeux sur écran
si captivants pour eux… Certains enseignants se plaignent
même d'avoir de plus en plus de mal à capter l'intérêt de
leurs élèves. Lorsqu'on est passionné par quelque chose,
il est normal d'y être « accro » et de vouloir s'y adonner
aussi souvent qu'on le souhaite, et parfois démesurément.
William, cependant, semble avoir franchi une limite. Dans
un tel contexte, il est normal que ses parents s'inquiètent.
Un certain dosage s'impose. Comment se faire entendre
sans cris ni menaces dans une telle situation ?

### Causes possibles chez l'enfant

• Des jeux si captivants que tout le reste semble manquer
  d'intérêt ;
• Un manque d'activités ou d'échanges intéressants en
  famille ;
• Peu ou pas d'autorité parentale et un manque d'interventions adéquates lui imposant des règles et des limites
  claires en rapport avec l'usage des écrans ;
• Un modèle adulte qui, par exemple, parle ou texte constamment au cellulaire ou consulte son iPad® à la moindre
  occasion.

*Intervenir avec cœur*

> **Étape 1 : S'assurer d'être « connecté » à l'enfant, se calmer s'il y a lieu.**

Assurez-vous d'être « branché » sur votre enfant avant d'aborder une telle situation avec lui. Il importe de demeurer sensible à toute l'importance que revêt ce type d'activité pour lui. Sinon, vous risquez de vous retrouver devant un mur de résistance. Ne chercheriez-vous pas vous-mêmes à défendre votre passion et le temps que vous y allouez ? Si vous voulez que votre enfant ou votre adolescent soit à l'écoute, qu'il comprenne vos inquiétudes et vos besoins, vous devez d'abord vous mettre à sa place pour le comprendre et comprendre aussi sa passion. Il s'agit d'une stratégie gagnante.

> **Étape 2 : Nommer les sentiments, les émotions, les besoins et les désirs relatifs à la situation.**

Vous pouvez employer des phrases telles que :

✓ « Tu sembles vraiment passionné par ton jeu électronique et ton cellulaire. »

✓ « Je suis heureuse que tu éprouves autant de plaisir et que tu te trouves bon aux jeux vidéo, mais je suis inquiète que tu ne t'adonnes pas à d'autres activités. »

✓ « Lorsque je te demande d'éteindre l'ordinateur et que tu n'exécutes pas ma demande, je deviens tellement exaspérée que j'ai envie de le lancer par la fenêtre. J'ai besoin de collaboration, de plaisir et d'harmonie entre nous deux. »

✓ « Ce doit être vraiment difficile pour toi de t'arrêter de jouer à 20 heures lorsque les autres continuent en ligne. On en discutera avec ton père afin de trouver ensemble une entente satisfaisante pour chacun. »

✓ « Je suis inquiète de ne plus te voir faire de sport ni fréquenter tes amis. Et je constate que tu as de la difficulté à t'endormir le soir. »

✓ « J'ai besoin d'être rassurée sur ta santé. »

✓ « Je suis triste de te voir dépenser tout ton argent de poche en frais de cellulaire et de t'entendre te désoler par la suite de ne plus avoir d'argent. Veux-tu vérifier si des modifications peuvent être apportées à ton forfait ? »

> **Étape 3 : Rappeler et appliquer le code de vie familial : conséquence.**

Selon les situations, vous pouvez employer des phrases telles que :

✓ « Dans notre maison, les écrans s'éteignent à 20 heures. Soit vous éteignez, soit je le fais moi-même. »

✓ « Les cellulaires et iPod® ne sont pas admis à table, ni pour vous ni pour nous. Le repas ne sera pas servi à la personne qui s'assoit avec son cellulaire à table. »

Lorsque le parent constate à quel point son enfant est passionné des écrans, il a tendance à s'en servir pour contrôler l'enfant, en le punissant ou en le récompensant. Évitez d'agir ainsi. Décidez plutôt d'un horaire à respecter. Pour contrer l'excès, voici ce que propose Sylvie Bourcier dans son livre *L'enfant et les écrans*[15] :

- Pas de télévision pour les bébés ;
- De 30 minutes à une heure par jour pour les enfants d'âge préscolaire :
- Des pauses après 20 minutes pour les petits de 2 ou 3 ans ;
- Une cassette entière ou un DVD d'une heure ou d'une heure et demie à l'occasion pour les enfants de 3 ou 4 ans ;
- À partir de 6 ans, deux heures d'écran par jour (télévision et console de jeux) ;
- À partir de 9 ans, l'enfant peut commencer à naviguer sur le Web s'il est accompagné ;

---

15. Sylvie Bourcier, *L'enfant et les écrans*, Montréal : Éditions du CHU Sainte-Justine, 2010, p. 135.

- À 12 ans, l'enfant peut naviguer seul sur Internet. Cependant, il est essentiel de continuer à naviguer avec lui pour discuter de ce qu'il y voit.

> **Étape 4 : Aider l'enfant à trouver un comportement de remplacement ou une stratégie aidant au respect de la règle.**

Vous pouvez employer des phrases telles que :

✓ « Qu'est-ce qui t'aiderait à éteindre l'ordinateur à l'heure déterminée ? Une alarme 10 ou 15 minutes avant la fin ? As-tu d'autres idées ? »

✓ « Qu'est-ce que tu pourrais faire d'autre que de jouer à la Wii ? » « Comment pourrais-tu t'amuser autrement ? »

✓ « Je suis prête à allonger ta période à l'ordinateur pourvu que tu t'arrêtes à l'heure déterminée, et ce, au moins une heure avant ton heure de coucher. Je veux aussi que tu fasses de l'exercice régulièrement et que tu sortes plus souvent avec tes amis. »

Il est également bon de développer l'habitude d'ignorer les sonneries du téléphone au moment du repas. Cela préserve de rares moments partagés en famille. Cependant, cette règle doit être respectée des enfants autant que des adultes de la famille.

Vous pouvez aussi proposer à l'enfant qui refuse d'arrêter de jouer à son jeu vidéo ou qui ne veut pas éteindre le téléviseur de faire une recherche sur Internet concernant les effets d'un usage excessif des écrans et du phénomène de dépendance aux écrans. Le but n'est pas de lui faire peur, mais de le conscientiser aux risques d'abus.

> **Étape 5 : Prévenir la répétition de ce comportement.**

**L'étoile et le guichet automatique :** La relation parent-enfant est basée sur le « donnant-donnant ». Intéressez-vous à ce qu'il regarde à la télévision, observez-le jouer à ses jeux électroniques... Plus on s'intéresse à ce qui intéresse l'enfant, plus il porte intérêt à nos demandes.

**L'arrosoir et les photos:** Valorisez les bons comportements de votre enfant relativement aux différents écrans:
« Merci d'éteindre à l'heure convenue », « Je sais que cela
te demande un effort d'aller bouger dehors. Je l'apprécie
et cela me donne confiance en ta capacité de prendre soin
de ta santé ». Ne manquez pas de souligner les bonnes
attitudes de votre enfant en le prenant en photo lorsqu'il
se conduit bien.

**L'ignorance volontaire:** « Est-ce dangereux pour votre
enfant d'être constamment rivé à l'écran du matin au
soir? On ne peut pas ignorer l'usage illimité des écrans.
Vous vous devez d'intervenir.

**Les questions plutôt que les sermons:** Vous pouvez
questionner votre enfant pour stimuler sa réflexion.

✓ « Pourquoi crois-tu que je te demande de t'adonner
à d'autres activités ? »

✓ « Que peut-il se passer si tu ne vois plus tes amis ? »

✓ « Que peut-il arriver si nous n'échangeons plus un
seul mot ou presque avec toi ? »

**Demandez une seule fois et agissez:** Avisez votre enfant
une fois. S'il refuse d'éteindre l'appareil à l'heure prédé-
terminée, vous pouvez l'éteindre vous-même. Utilisez
toutefois cette stratégie en dernier recours, car on ne
marque généralement pas de points en agissant de façon
si autoritaire et draconienne auprès de l'enfant. On peut
cependant mettre fin aux batailles puisque la limite est
très claire.

**La règle des grands-mères:** Faites passer les tâches prévues à l'horaire avant le plaisir: « Dès que ta chambre sera
rangée, tu auras accès à la télévision. » Veillez toutefois
à ne pas ajouter une foule de tâches à l'enfant pour
marchander l'accès à l'ordinateur, par exemple.

**L'environnement adapté:** Avec votre enfant, faites une
liste d'activités auxquelles il peut s'adonner et qui ne
nécessitent pas d'écrans.

**Les choix :** Laissez l'enfant effectuer un choix : « Tu ne peux pas dépasser tes deux heures d'écran par jour, mais tu peux choisir lequel tu vas privilégier et à quel moment. Tu peux aussi choisir de tous les utiliser, mais moins longtemps. »

**Dire non lorsque c'est nécessaire :** « Il n'y a pas de téléphone, cellulaire ou autre à table ni dans les chambres. »

**L'exemple et le modèle :** Allumez-vous le téléviseur en arrivant à la maison ? La laissez-vous allumée en mangeant ? Êtes-vous suspendu à votre téléphone ou rivé à votre écran d'ordinateur ? Votre enfant vous voit-il faire de l'exercice régulièrement ? Vous arrive-t-il de lire plutôt que de regarder la télévision ? Avez-vous un téléviseur dans votre chambre ? Devriez-vous revoir votre utilisation de tous ces écrans ?

**Les réunions de famille :** Parlez-en ensemble ! Déterminez un horaire permettant l'accès à l'ordinateur ou au téléviseur à chacun des membres de la famille, selon l'âge. Affichez cet horaire près des écrans. Ayez un « objet de la parole » afin que chacun puisse s'exprimer à tour de rôle. Apprenez à votre enfant à parler au « je » et à exprimer ses sentiments et ses besoins plutôt que d'émettre des jugements sur les autres ou de leur faire des reproches. Ce genre de réunions est un investissement qui rapporte grandement puisqu'elles permettent de résoudre et de prévenir un grand nombre de difficultés.

# Facebook et les autres réseaux sociaux
## Quand ? • Comment ?

Facebook est officiellement interdit au moins de 13 ans puisque les enfants n'ont pas encore développé toutes les capacités cognitives requises pour y naviguer en toute sécurité. Malgré les mises en garde liées à l'utilisation de ce réseau social, de nombreux enfants y accèdent dès l'âge de 8 ou 9 ans en mentant sur leur âge et leur statut.

Pourtant, les enfants ont besoin d'être accompagnés d'adultes afin de connaître en quoi consistent les réseaux sociaux, quels en sont les dangers et les pièges. Il faut avoir développé un esprit critique pour composer avec les situations et les discussions qui s'y trouvent. Il faut savoir que tout ce qui est sur Facebook devient public et y demeure à vie. De plus, il faut savoir que les systèmes informatiques de contrôle parental ne fonctionnent pas à 100 %. Il importe donc d'informer votre enfant des risques d'apercevoir des images ou des vidéos choquantes et de l'importance d'en parler avec vous si cela se produit. Différents documents vidéo peuvent être téléchargés pour informer parents et enfants des pièges liés à l'utilisation des réseaux sociaux.

# Habillement

 «Aucun de mes trois enfants ne s'habille comme je le souhaite. Ma mère, qui confectionnait nos vêtements et nous habillait comme des princesses, est scandalisée par leurs tenues. La façon dont s'habille Annabelle la fait ressembler davantage à un garçon qu'à une fille. Elle n'a aucune féminité apparente dans ses choix vestimentaires et l'agencement des couleurs est affreux. Quant à sa sœur aînée, si je la laissais faire, elle sortirait en bikini tant elle aime se découvrir le corps. Et elle ne porte que des vêtements de marque. Sébastien, le benjamin, porte des chandails tellement grands qu'on dirait des sacs et le fond de ses culottes lui descend aux genoux!»

Si on s'amuse à vêtir notre enfant comme il nous plaît lorsqu'il est bébé, nos goûts et nos envies doivent faire place aux siens au fil des ans. Généralement, ses goûts se distinguent des nôtres. C'est un domaine où il apprend à faire des choix, à s'affirmer, à expérimenter, à suivre le groupe et la mode, mais aussi où l'autorité parentale doit s'exercer en tenant compte des besoins respectifs de l'enfant et des parents. Trouver un équilibre — c'est-à-dire un terrain d'entente — est beaucoup plus facile à dire qu'à faire ! Notre jeune ne peut pas apprendre à gérer sa vie et faire des choix si on ne lui en laisse pas la liberté. Comment lui permettre d'exercer un certain contrôle dans le domaine vestimentaire tout en continuant d'exercer notre rôle de parent et d'assumer notre position d'autorité ? Y a-t-il lieu d'interdire certains vêtements ou certaines tendances ? Lorsque les valeurs qu'on souhaite transmettre en matière de tenue vestimentaire sont menacées, on doit intervenir auprès de l'enfant, en évitant tout jugement sur sa personne. Il importe aussi d'exprimer notre approbation lorsque sa tenue vestimentaire respecte ces valeurs.

### Causes possibles des « guerres vestimentaires »

- Un besoin d'affirmation, de liberté de la part du jeune ;
- Un besoin de différenciation, de distanciation (survenant surtout à l'adolescence) ;
- Un besoin de s'opposer ;
- Trop de contrôle parental.

### Intervenir avec cœur

#### ❯ Pourquoi et quand ?

Quand intervenir ? Quelle tenue vestimentaire peut-on tolérer ? Entre laisser porter n'importe quoi à votre enfant et tout choisir pour lui, voyons où pourrait se situer un juste milieu.

Si votre enfant ou votre adolescent reçoit de votre part l'attention, la reconnaissance, le respect, la considération et l'écoute dont il a besoin, il collaborera davantage en matière d'habillement. Il fera plus de concessions, ce qui aura pour effet de diminuer les occasions de « guerres vestimentaires » puisqu'il ne cherchera pas à contester ni à défier votre autorité, mais plutôt à s'affirmer.

Rappelons également qu'en tant que parent, il faut choisir ses batailles. Il peut être parfois très utile de se poser les deux questions relatives à l'ignorance volontaire : Est-ce physiquement dangereux pour l'enfant de s'habiller de cette façon ? Cela aura-t-il un impact dans sa vie présente ou future ? Si vous répondez « non » à chacune des questions, il n'y a pas lieu d'intervenir. Si vous répondez « oui », cela signifie que l'une de vos valeurs est menacée et que vous devez, au contraire, intervenir.

## ❯ Comment ?

Selon l'âge et le tempérament de l'enfant, il y a différentes façons pour un parent d'intervenir. En voici des exemples :

- **Votre enfant de 3 ans change trois fois de vêtements le matin avant d'aller à la garderie ?**

  Est-ce physiquement dangereux ? Non. Y a-t-il un impact dans le présent ou le futur ? Oui. Dans le présent, cela vous retarde, vous exaspère et risque de vous mettre en retard. Il faut intervenir. La veille, dites à votre enfant que vous préférez consacrer vos précieuses minutes du matin à le cajoler et à lui montrer votre bonne humeur plutôt qu'à vous disputer avec lui quant au choix de ses vêtements, puis ajoutez que le lendemain, il devra porter les vêtements choisis.

- **Votre fille de 4 ans refuse de s'habiller sans votre aide ?**

  Dessinez avec elle l'ordre dans lequel elle doit se vêtir. Vous pouvez aussi choisir des vêtements sur lesquels ont retrouve des motifs animaliers ou d'autres figures. Ils sont plus attrayants puisque l'enfant perçoit le vêtement comme un ami. Vous pouvez alors lui demander : « Es-tu prête à mettre les mains dans la fourrure de tes petits ours ? » en parlant de ses mitaines sur lesquelles apparaissent une figure d'ourson. C'est le bon moment pour instaurer une routine matinale dans laquelle l'habillement vient en premier, le déjeuner par la suite puis les jeux, s'il reste du temps. Si vous terminez la routine du matin par l'habillement, vous serez souvent dans l'embarras et la situation ne s'améliorera pas si le téléviseur est allumée ou si un jeu a été autorisé.

- **Votre fille de 6 ans veut porter des vêtements dont les couleurs ne s'agencent pas du tout selon vos goûts ?**

  Est-ce physiquement dangereux ? Non. Y a-t-il un impact dans le présent ou le futur ? Non. Peut-être que cela pourrait avoir un impact sur l'estime de soi de l'enfant, puisqu'il court le risque de faire rire de lui. Toutefois, il est moins dommageable pour la fillette de subir quelques moqueries que d'avoir une bataille vestimentaire tous les matins avec ses parents. Si certains commentaires la blessent, elle pourra réagir de différentes façons, soit en s'affirmant (« Moi, j'aime ça ! »), soit en parlant de ce qu'elle ressent (« Ça me fait de la peine lorsque tu me dis que ce que je porte est laid »). Elle pourra aussi observer les agencements de couleurs des vêtements des autres enfants afin de forger ses propres goûts. Peut-être sera-t-elle tentée de modifier ses agencements ou d'imiter ceux qui lui plaisent…

- **Votre fils de 8 ans veut porter un chandail de son athlète de basketball préféré en version très grand alors qu'il est mince comme un fil ?**

  Est-ce physiquement dangereux ? Non. Y a-t-il un impact pour lui dans le présent ou le futur ? Non. Il a l'air ridicule, direz-vous ? Il vaut mieux que ce soit ses copains qui le lui disent plutôt que vous. Votre relation est ainsi préservée.

- **Votre fils de 10 ans ne veut plus porter sa tuque pour aller à l'école ?**

Il affirme qu'il n'y a plus de neige et que ce n'est plus nécessaire. Il ajoute que ses amis n'en portent plus, attestant ainsi qu'il fait suffisamment chaud. Il y a fort probablement un règlement à l'école concernant les vêtements d'extérieur. Si oui, incitez-le à le respecter. Si tel n'est pas le cas, questionnez-vous : est-ce physiquement dangereux ? Cela dépend de la température, bien entendu. Si votre enfant risque d'avoir des engelures, faites-lui part de votre inquiétude et dites-lui que dès que la température sera plus élevée, il pourra cesser de porter la tuque. Une telle demande de la part de votre enfant changera-t-elle quelque chose dans sa vie actuelle ou dans quelques dizaines d'années ? Si la réponse est « non », il pourrait probablement cesser de porter la tuque. De toute façon, la majorité des parents savent bien que s'ils obligent leur enfant à porter une tuque, il la retirera dès qu'ils ne seront plus à portée de vue. Si vous allez reconduire ou chercher votre enfant à l'école, profitez de l'occasion pour regarder comment sont vêtus les jeunes de son âge. Si cela vous inquiète, faites-lui-en part : « Le thermomètre indique –10 °C, je crains que tu n'aies froid. » Et pourquoi ne pas lui dire : « Je te fais confiance. Tu sais mieux que moi si tu as froid ou non. Que pourrais-tu faire si la température se refroidit tel qu'on l'a annoncé ? » Si vous cherchez trop à contrôler votre enfant, il risque de s'opposer plus fermement. Il pourrait non seulement refuser de porter la tuque, mais aussi de l'apporter à l'école.

- **Votre fils de 13 ans porte son pantalon si bas que le fond du pantalon est à mi-jambe ?**

  Est-ce physiquement dangereux ? Non. Cela changera-t-il quelque chose dans sa vie actuelle ou dans une vingtaine d'années ? Si aucun règlement à l'école n'interdit cette tenue vestimentaire, n'intervenez pas. Si, toutefois, il sort vêtu de cette façon pour une occasion spéciale, importante ou solennelle et que vous craignez que cela puisse lui nuire, faites-lui part de vos craintes et laissez-le choisir. «Certaines personnes attachent beaucoup d'importance à l'habillement. Crois-tu que ton habillement en ce moment est adéquat?» Vous avez plus de chances de le voir se changer si vous avez l'appui de votre conjoint ou d'un autre adulte. Si vous tentez de le contrôler et de décider pour lui, il gardera ses vêtements pour exprimer son opposition.

- **Votre fille de 15 ans sort au cinéma avec ses amies et porte une petite camisole décolletée qui laisse voir une partie de son abdomen.**

Est-ce physiquement dangereux? Je ne crois pas. Cela changera-t-il quelque chose dans sa vie actuelle ou dans 20 ans? Certains diront «non». Personnellement, je dirais «oui» dans le présent, car cette tenue peut lui attirer des regards et des commentaires de toutes sortes. Cela touche aussi le respect de soi, qui est une valeur importante. Vous pourriez sincèrement lui dire : «Cette tenue est acceptable dans notre maison, en famille, mais dehors, tu peux t'attirer des regards et des paroles désobligeantes qui ne sont pas en accord avec nos valeurs.» Bien sûr, elle pourra retirer son chandail en tournant le coin de la rue et se promener avec la camisole qu'elle a gardée en dessous. Vous aurez tout de même fait votre travail de parent, qui est de transmettre vos valeurs et cela aura à la longue un certain impact sur votre fille, malgré qu'elle soit en désaccord.

- **Votre adolescent réclame des vêtements de marque comme ceux que portent ses amis?**

Porter des vêtements et des chaussures est un besoin. Porter des vêtements de marque, un désir. Soyez clair avec votre ado : «J'ai un budget de 50 $ pour tes chaussures. Si tu veux payer plus cher, tu dois utiliser ton argent de poche pour payer la différence.»

Si l'enfant ne reçoit pas d'argent de poche, c'est peut-être le moment de commencer à lui en donner. Si cela vous convient mieux, vous pouvez lui permettre d'effectuer des tâches supplémentaires pour lesquelles vous pouvez le rétribuer.

# Hygiène
## Bain • Douche • Brossage des dents • Lavage des mains, etc.

Tous les soirs, Étienne répète quatre à cinq fois à son fils, Mathis, d'aller prendre sa douche. «Il dit que ce n'est pas nécessaire de se laver tous les jours, que nos ancêtres se lavaient une fois par mois. Tous les prétextes sont bons pour tenter de s'en exempter. Il semble être devenu allergique à l'eau! Puisque je ne peux pas le forcer à se laver, je le menace de toutes sortes de choses: lui retirer son jeu préféré, lui interdire une sortie avec ses amis... C'est vraiment désagréable», se désespère le père de famille.

Que de défis à relever dans une seule soirée pour un parent! Retour en automobile désagréable et stressant, repas éprouvant, combat à livrer pour faire faire à l'enfant les devoirs et les leçons et cette autre étape qui s'annonce déplaisante: le bain ou le brossage des dents. Les répétitions et les argumentations s'annoncent, à moins que le parent prenne le temps d'inverser les choses et s'investisse davantage dans la relation qu'il entretient avec son enfant. Quelles sont les attentes d'Étienne en matière d'hygiène? Est-ce que celles-ci sont bien inscrites dans la routine de Mathis?

Dans le cas de Mathis, il y a aussi lieu de se questionner sur ce qui est le plus dommageable: mener le combat et risquer l'explosion de colère pour qu'il prenne sa douche ou lui permettre de se laver aux deux jours ou à d'autres moments? Certains dermatologues ne recommandent pas de se laver tous les jours puisque la peau perd de cette façon des huiles qui lui sont essentielles. Cependant, un bain ou une douche s'impose quotidiennement lors de chaleurs intenses, après avoir pratiqué un sport ou s'être entraîné ou encore lorsque le bébé ou le jeune enfant porte des couches.

### Intervenir avec cœur

> **Étape 1 : S'assurer d'être « connecté » à l'enfant, se calmer s'il y a lieu.**

Assurez-vous d'être calme et « branché » avant d'intervenir auprès de votre enfant ou d'aborder les difficultés reliées à l'hygiène.

> **Étape 2 : Nommer les sentiments, les émotions, les besoins et les désirs relatifs à la situation.**

Vous pouvez employer des phrases telles que :

✓ « C'est frustrant de cesser de jouer pour aller te laver. »

✓ « Tu aimerais bien continuer à échanger avec ton ami, mais tu dois te brosser les dents. »

✓ « Lorsque je te demande d'aller te laver les mains et que tu t'exécutes après une multitude de répétitions, cela me frustre. J'ai besoin d'être entendu lorsque je te parle et j'ai besoin de ta collaboration. Crois-tu être en mesure d'y aller dès la première demande ? »

✓ « Je vois combien cela te demande d'efforts de te laver. J'aimerais qu'on parvienne à une entente tous les deux. »

> **Étape 3 : Rappeler et appliquer le code de vie familial : conséquence.**

Selon les situations, vous pouvez employer des phrases telles que :

✓ « Jules, regarde-moi, c'est l'heure du bain. L'ordinateur doit être éteint. »

✓ « Dès que tes dents seront brossées, je pourrai te raconter une histoire. »

✓ « Dès que tes mains seront lavées, tu pourras manger. »

✓ « Si tu ne peux pas prendre soin de tes dents comme le recommande notre dentiste, je ne peux pas te permettre de consommer des aliments contenant du sucre. La consommation de ces aliments endommagerait davantage tes dents qui manquent présentement de soin. Je n'aimerais vraiment pas avoir à appliquer cette conséquence, mais c'est toi qui choisis ton comportement. »

✓ « Lors de ta prochaine visite chez le dentiste, si tu as des caries, tu devras payer les frais de réparation avec ton argent de poche. Je ne paie que les soins préventifs. » S'il n'a pas d'argent de poche, il peut utiliser l'argent reçu en cadeau. Sinon, il peut effectuer des tâches visant à compenser ces frais[16].

✓ « C'est le moment de la douche. Est-ce que tu éteins toi-même le téléviseur ou est-ce que je m'en occupe ? » Vous pouvez allez éteindre vous-même l'appareil si votre enfant n'obéit pas à votre demande.

> **Étape 4 : Aider l'enfant à trouver un comportement de remplacement ou une stratégie aidant au respect de la règle.**

Pour l'enfant d'âge préscolaire :

• Le plaisir motive. Vous pouvez inciter l'enfant à prendre son bain en inventant une chanson, une comptine ou un jeu : « Qui de nous deux sera le premier à la baignoire ? », « Quels jouets vas-tu mettre dans l'eau ce soir ? ».

• La durée d'un lavage de main efficace est la durée de la chanson *Frère Jacques*. Lorsqu'on a terminé la chanson, le lavage a assez duré.

---

16. Certains parents sont contre ce genre de mesure, affirmant qu'ils ne peuvent laisser leur enfant avoir une carie. Pourtant, la carie pour laquelle il aura à payer le rendra fort probablement responsable de la santé de ses dents. Cela favorisera un climat harmonieux exempt de répétitions de la part du parent.

- Dites à l'enfant que c'est le moment d'aller nager plutôt que celui d'aller prendre son bain. Vous pouvez également l'inviter de façon détournée : « C'est le moment du bain de ton pingouin. » Prenez-le par la main et amenez-le à la baignoire sans dire un mot.

- Proposez-lui de choisir : « Débutes-tu par les dents du haut ou celles du bas ce soir ? », « Est-ce que tu te déplaces seul jusqu'à la salle de bain ou est-ce que je te prends la main ? ». Vous pouvez également lui laisser choisir le dentifrice et sa prochaine brosse à dents à la pharmacie.

Pour l'enfant d'âge scolaire ou l'adolescent, vous pouvez employer des phrases telles que :

✓ « As-tu des idées pour te rappeler de prendre ta douche sans qu'on te le répète ? »

✓ « J'aimerais qu'on regarde ensemble comment l'exécution de cette tâche peut s'effectuer dans un climat de respect et d'harmonie. »

Trouvez avec lui sur Internet comment effectuer un lavage de mains efficace. Imprimez les différentes étapes nécessaires et affichez-les près du lavabo.

Vous pouvez aussi profiter d'une visite de routine chez votre médecin pour lui demander combien de douches ou de bains par semaine sont recommandés. Ayez cette discussion en présence de votre enfant ou de votre adolescent. Ce sera une personne de plus à souligner l'importance d'une bonne hygiène corporelle.

> **Étape 5 : Prévenir la répétition de ce comportement.**

**L'étoile et le guichet automatique :** Les besoins affectifs de votre enfant sont-ils satisfaits ? Est-ce une recherche d'attention ou une recherche de limites de sa part ? Est-ce le seul moment de la soirée où il a l'impression qu'on s'occupe de lui ? Revoir la routine de parent du chapitre 2 peut favoriser la collaboration lorsque viendra le moment de la douche, du brossage des dents ou du lavage des mains (voir aussi le tableau à la page 166).

**L'arrosoir et les photos :** Pensez-vous à encourager l'enfant qui répond instantanément à votre demande ? Ses comportements adéquats en matière d'hygiène sont-ils suffisamment soulignés ? Photographiez votre enfant lorsqu'il se brosse les dents ou se lave les mains : il sera tenté de reproduire ces bons comportements.

**L'ignorance volontaire :** Si l'hygiène et la propreté sont des valeurs que vous désirez transmettre à votre enfant, vous ne pouvez ignorer ses refus de se laver.

**Les questions plutôt que les sermons :** Lorsque vous argumentez ou sermonnez votre enfant, vous le récompensez en lui donnant de l'attention. Stimulez plutôt sa réflexion.

✓ « Pourquoi est-ce important de laver nos mains avant de porter des aliments à notre bouche ? Que peut-il se produire lorsqu'on ne le fait pas ? »

✓ « À quoi ça sert d'être propre ? »

✓ « Qu'arriverait-il si tu ne te brossais plus les dents ? »

**Les routines :** Faire prendre le bain ou la douche à son enfant tous les jours et au même moment dans le déroulement de la routine du coucher est la meilleure façon d'éviter les répétitions. De plus, cela aide l'enfant à devenir autonome et à apprendre à s'organiser. Il en retirera un sentiment de compétence. Le chapitre 3 peut vous aider à instaurer une routine concernant l'hygiène.

**L'environnement adapté :** Il est plus difficile d'aller prendre son bain ou sa douche si le téléviseur et l'ordinateur restent allumés. Prenez l'habitude d'éteindre les écrans et de faire cesser les activités à partir d'une certaine heure pour permettre à l'enfant de se concentrer entièrement sur sa routine d'hygiène.

**Les allégories ou les contes :** Plusieurs allégories ou contes traitent des difficultés liées à l'heure du coucher[17]. Vous pouvez vous y référer.

**Le contrat :** Un contrat pourrait favoriser une entente acceptable pour les deux parties, comme un congé de douche un jour sur deux durant la période scolaire si le jeune accepte de prendre sa douche par lui-même, sans aucun rappel des parents, lors de la journée désignée.

**Les choix :** « Tu viens seule à la baignoire ou je te prends par la main ? » « Tu n'as pas le choix de te laver, mais tu as le choix de prendre ta douche avant ou après moi. De combien de temps as-tu besoin pour prendre ta douche ? »

**La règle des grands-mères :** Pour l'enfant d'âge scolaire, on peut interdire certaines activités tant que la douche n'est pas prise.

**L'exemple et le modèle :** Lorsque vous sortez du bain ou de la douche, profitez-en pour faire voir subtilement les bienfaits de l'hygiène à votre enfant : « Je me sens comme neuve lorsque je sors de la douche ! Ça fait du bien ! »

**Les réunions de famille :** Après avoir pris le temps de mentionner ce que vous appréciez chez chacun des membres de la famille, discutez des difficultés relatives à l'hygiène et évoquez ensemble des solutions.

---

17. Consultez la rubrique « Allégorie » du *Guide Info-Famille*, *Op. cit.*

# Matins difficiles
## Ponctualité • Tâches

 «Je suis gênée d'admettre que je songe à demander un changement d'horaire pour pouvoir me rendre au travail avant que les enfants ne sortent du lit et laisser mon conjoint s'en occuper tellement les matins sont pénibles... C'est l'enfer! Nous ne cessons de répéter: "Habille-toi! Viens déjeuner! Brosse tes dents! Va te coiffer! Cessez de vous bagarrer! Je vais être en retard!" Je me sens tellement incompétente. Y a-t-il moyen que cela se passe autrement?»

Tout parent souhaite commencer joyeusement la journée, mais c'est parfois tout le contraire qui se produit. Tout comme au moment du coucher, une routine dès le lever est essentielle au bon déroulement de la journée, tant pour les enfants que pour les parents. Cette routine prévient une foule de difficultés et réduit du même coup les trop nombreuses interventions parentales. Sans routine préétablie, ce moment peut faire vivre aux parents des sentiments pénibles qui dureront toute la journée: déception, culpabilité, incompétence, etc. Dans cet exemple, les parents éprouvent de sérieuses difficultés à assumer leur autorité. De leur côté, les enfants manifestent visiblement un grand besoin d'avoir coûte que coûte toute l'attention de leurs parents. Il serait bon de revoir le lien parents-enfants et de faire en sorte que les besoins affectifs des enfants soient comblés.

### Causes possibles chez l'enfant

- Des besoins affectifs non satisfaits;
- L'absence d'une routine constante;
- Des heures de sommeil insuffisantes;
- Une recherche d'attention, même négative, peut combler un manque d'attention positive. L'enfant peut avoir l'impression que lorsqu'il ne collabore pas, on s'occupe de lui;

- Un environnement qui n'encourage pas la collaboration (accès à la télévision ou à toute autre activité ludique) ;
- Trop de contrôle parental. L'enfant s'oppose, car il ne veut pas être contrôlé ;
- Un manque d'autorité parentale et d'interventions adéquates clarifiant les attentes, les règles, les limites ;
- Pas de conséquences prévues pour les comportements inappropriés.

### Intervenir avec cœur

Il vous appartient de choisir le déroulement de vos matinées. Tous les moyens d'atteindre vos objectifs sont décrits dans les précédents chapitres et résumés dans ce qui suit.

> **Étape 1 : S'assurer d'être « connecté » à l'enfant, se calmer s'il y a lieu.**

Le manque de collaboration de votre enfant vous exaspère ? Prenez le temps de respirer avant d'intervenir. Le but est d'éviter des comportements (mots, ton de voix ou gestes) que vous pourriez regretter pendant toute la journée et qui causeraient du tort à votre enfant. Vous éviterez aussi de ressentir du regret, de la culpabilité ou un sentiment d'incompétence.

Pour gagner du temps, il faut souvent savoir prendre le temps. Le parent qui s'arrête pour regarder son enfant et lui parler doucement renforce chez ce dernier son sentiment d'être important et d'avoir de la valeur.

> **Étape 2 : Nommer les sentiments, les émotions, les besoins et les désirs relatifs à la situation.**

Il se peut que le temps dont vous disposez le matin ne permette pas de tout nommer. Prenez alors un moment le soir avec vos enfants pour parler de vos difficultés en exprimant vos besoins et vos émotions et être à l'écoute de ceux de votre enfant.

✓ « Te voir jouer alors que je suis prête à partir me met en colère. C'est exaspérant. »

✓ « Je sais que tu aimerais jouer ou écouter la télévision le matin, mais ce n'est pas le moment. »

✓ « Comment te sentirais-tu si je te faisais attendre et que tu arrivais en retard lors d'une sortie au cinéma avec tes amis ? »

> **Étape 3 : Rappeler et appliquer le code de vie familial : conséquence.**

Pour l'enfant d'âge préscolaire :

- Aidez-le à exécuter sa routine et dessinez un sourire sur son tableau de motivation pour chaque tâche accomplie (voir le chapitre 2, page 74). S'il refuse de s'habiller, de venir déjeuner, etc., réagissez comme suit : sans dire un mot, comme un robot, prenez-le par la main et guidez-le pour qu'il exécute chacune des tâches de sa routine. Il comprendra ainsi que vos demandes sont sérieuses.

Pour l'enfant d'âge scolaire, vous pouvez employer des phrases telles que :

✓ « Pour que nos matins soient agréables, chacun doit effectuer toutes ses tâches dans le temps requis sans que je m'épuise à répéter. À partir de maintenant, je ne te dis plus de te préparer pour 7 h 30. Si tu n'es pas prêt à cette heure-là, je compterai les minutes que tu prends en plus et tu me les rendras le soir en effectuant des tâches pour moi. Je serais triste d'avoir à appliquer cette conséquence. À toi de choisir. »

✓ « Si tu es encore en pyjama au moment du départ, tu transporteras tes vêtements dans un sac et tu t'habilleras dans la voiture, une fois que nous serons arrivés à l'école. »

✓ « Si tu arrives en retard à l'école, les minutes perdues en classe seront ajoutées à ta période de devoirs. » Si vous voulez appliquer cette conséquence, avisez l'enseignant de votre enfant que vous souhaitez responsabiliser celui-ci et vérifiez que cela ne lui porte pas préjudice. Habituellement, les professeurs sont d'accord avec cette façon de faire. Ils savent que cela ne se produira pas plus d'une ou de deux fois.

- L'enfant ne peut sortir de sa chambre que s'il s'est habillé et que son lit est fait. Le déjeuner lui sera servi une fois que ses tâches seront accomplies. Si vous dressez la table, retirez le couvert de l'enfant qui n'a pas effectué ses tâches plutôt que de lui répéter d'aller les faire. S'il veut savoir pourquoi il n'y a pas d'assiette pour lui sur la table, dites-lui simplement : « Dans ta routine, que dois-tu faire avant de déjeuner ? »

- Si vous avez un adolescent qui a de l'argent de poche, vous pouvez l'aviser qu'il devra défrayer le coût d'un taxi s'il n'est pas prêt lorsque l'autobus arrivera. En assumant les conséquences de ses choix, il se responsabilisera rapidement.

> **Étape 4 : Aider l'enfant à trouver un comportement de remplacement ou une stratégie aidant au respect de la règle.**

Pour l'enfant d'âge préscolaire :

- L'utilisation d'un sablier ou d'un minuteur permet à l'enfant de voir le temps s'écouler et peut éviter que le parent ait à répéter ses demandes.

- Le plaisir motive. Inventez une comptine pour agrémenter la routine du matin. Proposez à votre enfant de faire un jeu : « Qui de nous deux va s'habiller le plus rapidement ce matin ? », « Crois-tu être capable de t'habiller avant que j'aie compté jusqu'à 25 ? », « Commences-tu par ton pantalon ou ton chandail ? ».

Vous pouvez aussi jouer au vendeur de la boutique de vêtements : « Qu'est-ce que M. Jasmin va acheter aujourd'hui ? Le pantalon bleu ou le jaune ? La chemise verte à carreaux ou ce chandail rouge à rayures ? » Même si cela nécessite du temps, cela en vaut souvent la peine !

Pour l'enfant d'âge scolaire :

Vous pouvez employer des phrases telles que :

✓ « Où en es-tu dans ta routine ce matin ? »

✓ « Qu'est-ce qui t'aiderait à être prêt à temps le matin sans que j'aie à te le rappeler ? »

✓ « Si tu souhaites disposer de temps pour jouer le matin, de quelle façon pourrais-tu t'organiser ? »

❯ **Étape 5 : Prévenir la répétition de ce comportement.**

**L'étoile et le guichet automatique :** Les besoins affectifs de votre enfant sont-ils satisfaits ? Est-ce une recherche d'attention ou une recherche de limites de sa part ? La routine décrite au chapitre 2 peut vous aider à rendre les matins difficiles plus supportables (voir le tableau à la page 166).

**L'arrosoir et les photos :** Le respect de la routine du matin est-il souligné ? Félicitez-vous votre enfant lorsqu'il adopte les comportements souhaités ? Photographiez-le lorsqu'il exécute ses tâches comme convenu. Vous pouvez aussi le remercier : « Merci de t'habiller aussi rapidement ce matin. J'apprécie beaucoup que tu exécutes ta routine sans rappel de ma part. Cela m'aide énormément et fait une grande différence dans ma journée. »

**Les questions plutôt que les sermons :** Stimulez la réflexion de votre enfant.

✓ « Pourquoi est-ce que je te demande d'être prêt à l'heure ? »

✓ « Que se passerait-il si personne ne respectait l'heure d'arrivée à l'école ou au travail ? »

✓ « Pourquoi crois-tu que je te demande de faire ton lit ? »

**Les routines :** Veillez à faire faire à votre enfant les mêmes gestes, dans le même ordre et à partir de la même heure. Avant d'instaurer la routine matinale, observez votre enfant deux ou trois matins de suite durant la semaine afin d'évaluer le temps dont il a besoin pour effectuer chacune de ses tâches ; cette évaluation vous permettra de déterminer l'heure du lever.

**L'environnement adapté :** Faites du lever un moment spécial que votre enfant anticipera avec plaisir. Faites en sorte d'être calme et reposé et prenez soin d'avoir des attentes positives envers votre enfant. Vous aurez plus de chances que cela se déroule de façon positive.

**La règle des grands-mères :** Il faut effectuer les tâches d'abord et faire passer le plaisir ensuite : « Si tu exécutes tes tâches rapidement et qu'il te reste du temps avant ton départ, tu pourras disposer de temps pour t'amuser. » Pour les enfants d'âge scolaire, il est toutefois plus approprié de proposer des activités permettant de bouger plutôt que des activités sédentaires. D'autant plus que les enfants devront demeurer assis une partie de la journée à l'école.

**Les allégories ou les contes :** Plusieurs allégories ou contes traitent des difficultés liées à la routine du matin ou aux préparatifs à faire avant de se rendre à l'école[18]. Vous pouvez vous y référer.

**Les choix :** En laissant à votre enfant certains choix (parmi les aliments du déjeuner ou les vêtements appropriés au climat, par exemple), il sera plus motivé à commencer la journée du bon pied.

**Le modèle :** Quelle est votre routine du matin ? Êtes-vous à la course ? Prenez-vous le temps de déjeuner avec les

---

18. Consultez la rubrique « Allégorie » du *Guide Info-Famille, Op. cit.*

enfants? Sont-ils bousculés à coups de «Dépêche-toi!»? Il est primordial de servir de modèle à notre enfant, puisqu'il sera porté à imiter nos comportements.

**Les réunions de famille:** Si vous éprouvez des difficultés le matin avec vos enfants, une réunion de famille est une bonne occasion pour en discuter et amorcer des changements.

# Procurer un cellulaire à l'enfant
Quand? • Comment? • Pourquoi?

### *Quand et pourquoi?*

Malgré les demandes incessantes de votre enfant, rien ne vous oblige à accéder à son désir de posséder un téléphone cellulaire. Ce n'est pas un jouet. Des responsabilités importantes sont rattachées à l'acquisition d'un tel objet. C'est à vous de déterminer le moment ainsi que l'appareil le plus approprié. Vous devez prendre en compte la maturité de votre enfant et l'utilisation qu'il fera du téléphone en question.

Il n'existe pas d'âge minimum pour utiliser un téléphone cellulaire. Cependant, dans certains pays, comme en Angleterre[19], ce genre d'appareil est déconseillé aux moins de 15 ans par mesure de précaution, car les effets sur la santé ne sont pas encore clairement établis.

Toutefois, certaines situations particulières exigent que vous puissiez contacter rapidement et efficacement votre enfant pour des raisons de sécurité. Le cellulaire est le seul moyen d'y parvenir. Une carte prépayée permettant à votre enfant de vous joindre à partir d'un téléphone public est parfois suffisante pour répondre aux véritables besoins.

---

19. www.robindestoits.org/Angleterre-danger-du-telephone-portable-pour-les-enfants-JT-France-2-14-01-2005_a923.html. [contulté le 2 février 2013]

Ce n'est pas *cool*, bien entendu, et peut-être pas adéquat dans votre situation. À vous de juger si cet achat est justifié. Il importe surtout de responsabiliser votre enfant face à l'utilisation d'un tel appareil.

### Comment ?

Avisez clairement l'enfant ou l'adolescent des règles liées à l'utilisation d'un téléphone cellulaire :

- Ne pas donner son numéro de téléphone à n'importe qui, encore moins à un inconnu ;

- Respecter les interdictions de téléphoner, que ce soit en classe, à la bibliothèque, au cinéma, à l'hôpital… et d'éteindre son téléphone lorsqu'on le demande. Informez-vous du règlement concernant l'utilisation du cellulaire à l'école et discutez-en avec votre enfant. Appuyez le personnel de l'école (direction et enseignants) et encouragez votre enfant à respecter le règlement ;

- Demander le consentement des personnes concernées avant de les photographier ou de les filmer ;

- Éviter de faire de mauvaises blagues à ses amis (appels anonymes, textos provocateurs, etc.) ;

- Ne pas diffuser d'images ou de vidéos portant atteinte à la vie privée des autres ;

- Éviter l'utilisation du téléphone lorsqu'il interagit avec quelqu'un (en classe, à table, au restaurant, pendant une discussion, à la banque, etc.) par mesure de politesse et de respect d'autrui ;

- Les téléphones cellulaires n'ont pas leur place dans les chambres, ni pour lui ni pour vous ;

- Le port des écouteurs est requis par mesure préventive (les recherches en cours pourraient démontrer qu'il y a un danger pour la santé) ;

- Utiliser le téléphone de la maison quand il s'y trouve pour les appels dépassant quelques minutes ;

- Son cellulaire doit demeurer allumé à l'extérieur de la maison afin que vous puissiez le joindre en tout temps (excepté lors des cours);

- Si la facture mensuelle est plus élevée que le forfait autorisé ou qu'il souhaite y ajouter des services supplémentaires (textos illimités, jeux, «apps», etc.), il doit utiliser son argent de poche pour défrayer le supplément. S'il ne peut pas vous rembourser ces frais lorsque vous recevez la facture, le cellulaire demeure en votre possession jusqu'au moment du remboursement;

- Il y a des lieux et des situations où le cellulaire doit obligatoirement être éteint pour garantir sa sécurité: au volant d'une automobile, à vélo, en patins à roues alignées, en traversant la rue, etc.

Notez enfin que l'utilisateur d'un téléphone cellulaire au volant a 38 % plus de risques d'avoir un accident que le non-utilisateur[20]. Vous êtes le modèle de votre enfant. Évitez de l'utiliser dans ce contexte.

# Repas
## Refus de manger • Comportements inacceptables

Avant d'être parents, Josée et Marc rêvaient de repas en famille où chacun raconterait sa journée et où le plaisir serait de la partie. Ce qu'ils anticipaient comme d'heureuses retrouvailles quotidiennes s'est plutôt transformé en moments désagréables avec Thomas, 5 ans, et Évelyne, 3 ans. «Thomas, veux-tu bien te rasseoir, s'il te plaît? Évelyne, une bouchée pour grand-maman.» «Tout le temps du repas, nous devons faire cesser des comportements dérangeants ou inciter notre fille à manger. Il n'y a plus de place pour le plaisir. Et nous n'invitons plus personne à venir souper à la maison», avoue Marc.

---

20. Voir à ce sujet le site de la Société de l'assurance automobile du Québec. www.saaq.gouv.qc.ca/securite_routiere/comportements/cellulaire_texto/index.php [consulté le 2 février 2013]

Le repas du soir (du moins, en semaine) étant souvent l'unique moment de la journée passé en famille, il est effectivement décevant et pénible pour les parents de devoir faire de la discipline et donner sans arrêt des ordres.

Il faut ici rappeler que plus un enfant est jeune, plus il est probable qu'il se soit ennuyé de ses parents durant la journée. Si ces derniers s'attèlent à la tâche dès leur arrivée à la maison en enchaînant le repas, les devoirs et le bain, l'enfant réclamera son dû : une attention exclusive de leur part, leur regard sur lui, et ce, à n'importe quel prix. C'est parfois pour lui une question de survie affective, si l'on peut dire. À sa façon, l'enfant dit à ses parents : « Occupez-vous de moi. Je suis là et j'existe. » Soit les parents dépensent leur énergie en répétant, en menaçant et en élevant la voix, soit ils font des besoins affectifs de leur enfant une priorité qui ne requiert au retour à la maison que quelques minutes bien investies.

Il n'est pas étonnant que les comportements « désagréables » de Thomas et d'Évelyne semblent se produire plus fréquemment la semaine. Il pourrait aussi en être ainsi lorsque leurs parents sont moins disponibles (il peut s'agir, par exemple, des jours où ils reçoivent des visiteurs ou des moments où ils sont plus fatigués…). En fait, les jours où Josée et Marc ont moins à leur offrir, les deux enfants revendiquent ce dont ils ont besoin sans tenir compte de leur état.

### Causes possibles des comportements dérangeants à table chez l'enfant

- Un manque d'attention gratuite et positive ? L'heure du repas est le moment privilégié pour en rechercher ;
- Un manque de plaisir à table ;
- Des propos trop centrés sur la nourriture et les bonnes manières ;
- Peu de reconnaissance lorsqu'il adopte les comportements attendus ;

- Des assiettes trop remplies qui rendent les repas «décourageants»;
- Trop de contrôle parental : l'enfant a l'impression d'être «forcé» de manger. Cette impression est souvent appuyée par des phrases comme : «Si tu ne termines pas ton assiette, tu n'auras pas de dessert»;
- Un manque d'autorité, de règles et de limites claires à table. Assurez-vous que votre enfant est informé des comportements souhaités et de ceux qui sont interdits lors des repas;
- Pas de conséquences prévues pour les comportements inappropriés;
- Un environnement peu incitatif. L'enfant peut par exemple constater que certains adultes qui devraient lui servir de modèles sautent des repas, ne s'assoient pas avec eux ou encore se lèvent fréquemment de table.

### *Intervenir avec cœur*

**❯ Étape 1 : S'assurer d'être «connecté» à l'enfant, se calmer s'il y a lieu.**

Le comportement de votre enfant à table suscite en vous de la colère, de l'exaspération, du mécontentement? Le «courant d'amour» ne passe plus entre votre enfant et vous? Trouvez le moyen de redevenir sensible et aimant afin de susciter chez lui le désir de mieux agir. Votre enfant se comporte de façon inacceptable à table? Proposez-lui le «coin plumes» ou tout autre lieu favorisant un retour au calme en quelques instants.

**❯ Étape 2 : Nommer les sentiments, les émotions, les besoins et les désirs relatifs à la situation.**

Vous pouvez employer des phrases telles que :

- ✓ «Je sais que tu es demeuré assis de longues heures en classe et que tu as besoin de bouger. Par contre, j'ai besoin de ce temps en famille et je veux que tu te nourrisses adéquatement avant de retourner jouer.»

✓ « Se pourrait-il que tu aies besoin de mon attention et que tu la recherches en ne mangeant pas ? »

✓ « Lorsque tu me dis que mon repas est mauvais, cela me dérange. J'ai besoin de reconnaissance pour le temps que j'y investis. Comment te sentirais-tu si tu consacrais une heure de ton temps à produire quelque chose et que je te disais que c'est mauvais ? »

✓ « J'aime que tu me mentionnes tes goûts, ce que tu aimes, ce que tu n'aimes pas. Par contre, je n'apprécie pas la façon dont tu me le signifies. »

✓ « Pour trouver de la motivation et du plaisir à préparer le repas du soir, il me suffit d'imaginer qu'on va tous le déguster en partageant des moments de notre journée ensemble. »

✓ « Comment te sentirais-tu si je me levais à répétition de ma chaise pendant que nous nous adonnons ton activité favorite ? »

> **Étape 3 : Rappeler et appliquer le code de vie familial : conséquence.**

Selon les situations, vous pouvez employer des phrases telles que :

✓ « Ici, on demeure assis durant tout le repas, tant que tout le monde n'a pas terminé de manger. Le temps que nous perdons à attendre que tu reviennes t'asseoir sera compté et tu devras le remettre en tâche. » S'il s'agit d'un enfant d'âge préscolaire, il est préférable de le prendre par la main et de le ramener à table sans dire un mot.

✓ « Chez nous, on remercie la personne qui investit son temps à cuisiner le repas. »

✓ « Retire-toi de table et reviens lorsque tu pourras te comporter de façon agréable. »

✓ « Les assiettes seront retirées à la fin du repas, que tu aies terminé ou non. » Retirez toutes les assiettes au même moment sans augmenter la collation de l'enfant qui n'aurait pas mangé. Pour un enfant d'âge scolaire qui prend trop de temps pour manger, on peut mettre à sa portée un sablier ou un minuteur afin qu'il puisse voir s'écouler le temps du repas.

✓ « Je vais t'offrir 10 minutes de mon attention avant le repas du soir, mais je ne t'en accorderai pas du tout si tu ne manges pas. »

> **Étape 4 : Aider l'enfant à trouver un comportement de remplacement ou une stratégie aidant au respect de la règle.**

Vous pouvez employer des phrases telles que :

✓ « Qu'est-ce qui t'aiderait à demeurer assis durant le repas ? »

✓ « Qu'est-ce qui t'aiderait à manger sans que j'aie à te le répéter continuellement ? »

✓ « Dis-moi que tu n'aimes pas le repas plutôt que me dire que c'est mauvais. »

✓ « On va voir qui de nous deux va demeurer assis le plus longtemps ce soir. »

✓ « Crois-tu être en mesure de battre ton record de minutes assis ce soir ? »

> **Étape 5 : Prévenir la répétition de ce comportement.**

**L'étoile et le guichet automatique :** La majorité des comportements dérangeants au repas peuvent être interprétés comme une recherche d'attention de la part de l'enfant. Puisqu'il vous a à proximité, disponible, il en profite. Évitez cette recherche d'attention négative en établissant votre routine de parent. Les « 10 minutes de plaisir » et d'attention positive que vous lui accordez en arrivant à la maison, par exemple, peuvent totalement changer le cours du repas et de la soirée. La routine décrite au chapitre 2 peut vous aider à corriger la situation (voir aussi le tableau à la page 166).

**L'arrosoir et les photos :** Vous pouvez encourager l'adoption de comportements adéquats à table en photographiant l'enfant qui se conduit comme vous le souhaitez. En prenant le cliché, vous pouvez ajouter :

✓ « Cela me fait plaisir de te voir manger de bon appétit. »

✓ « Quel plaisir de cuisiner les repas pour vous lorsqu'on partage de si beaux moments à table ! »

✓ « Quelle chance nous avons d'avoir un enfant qui demeure assis pendant tout le repas et adopte de si bonnes manières à table. »

**L'ignorance volontaire :** Votre enfant joue avec sa fourchette ? Il mange tous ses légumes en dernier ? Rappelez-vous les deux questions essentielles avant d'intervenir : Est-ce physiquement dangereux ? Si vous n'intervenez pas, cela changera-t-il quelque chose dans sa vie future ? Si vous répondez « non » à ces deux questions, n'intervenez pas.

**Les questions plutôt que les sermons :** Vous pouvez questionner l'enfant pour stimuler sa réflexion sur l'importance du bon déroulement des repas, la valeur des aliments, etc.

✓ « Pourquoi crois-tu que je te demande de demeurer assis pendant le repas ? »

✓ « À quoi servent les ustensiles, selon toi ? À manger ou à faire du bruit ? »

✓ « Quels sont les bienfaits du brocoli, selon toi ? »

✓ « Quelles sont les bonnes manières que nous avons pratiquées dimanche dernier ? Es-tu en train de les adopter ? Laquelle serait à améliorer, selon toi ? »

**Les routines :** Qui s'occupe de la préparation du repas, de dresser le couvert, de nettoyer après le repas ? La routine des repas proposée en annexe peut rendre l'enfant plus responsable et les repas, beaucoup plus agréables.

**L'environnement adapté :** D'autres astuces peuvent être employées pour agrémenter les repas :

> › Éteignez le téléviseur pendant que vous mangez. Cela incite à la fois au calme et à une conversation agréable en famille. Laissez sonner le téléphone sans répondre afin de préserver ce moment privilégié.

> › Évitez les récompenses ou le marchandage pour forcer l'enfant à manger. L'enfant qui n'a plus faim se force ainsi à manger la portion que vous lui avez servie et peut même y ajouter un dessert alors qu'il n'a plus faim. Voilà de quoi causer des troubles alimentaires.

> › Déposez les aliments sur la table et permettez à l'enfant en âge de le faire de se servir lui-même et, ainsi, de manger selon son appétit. Vous pouvez notamment proposer un repas-sandwicherie une fois par semaine en déposant le pain pita, les charcuteries, les légumes et le fromage sur la table afin que chacun prépare son propre sandwich. Vous pouvez varier avec un repas-pizza, en disposant le pain pita, la sauce tomate, les légumes et le fromage de la même manière.

> › Votre enfant ne mange presque pas ? Vérifiez que sa courbe de croissance est normale et qu'il n'a pas de problème de santé. Une fois le tout confirmé, cessez de vous inquiéter à ce sujet. Ne gardez que des aliments « santé » à la maison. L'appétit est votre meilleur allié. L'enfant mangera lorsqu'il aura faim.

> › Limitez l'accès de l'enfant au garde-manger et au réfrigérateur. S'il a grignoté toute la journée, son appétit sera gâché lorsqu'arrivera le temps du repas.

> › Organisez le repas de façon à ce que vous puissiez demeurer assis jusqu'à la fin.

> Demandez aux enfants de décorer la table pour rendre ce moment plus festif. Pourquoi pas des bougies lors du repas du soir ?

> Donnez à l'enfant le défi de trouver, sur Internet par exemple, la façon de dresser correctement une table, d'apprendre l'étiquette et les bonnes manières à table, ou encore demandez-lui de trouver une nouvelle recette qu'il cuisinera avec vous.

> Annoncez une soirée de « pratique des bonnes manières ». Expliquez celles que vous voulez voir adopter à table et faites-en un jeu plutôt qu'un ordre pour l'enfant.

> À l'occasion, proposez à l'enfant plus jeune un pique-nique dans la maison (par terre ou dans les marches d'escalier, par exemple). Ce sera pour lui un moment très spécial qui peut raviver son intérêt pour la nourriture ou le repas partagé.

> L'enfant n'aime pas ce que vous avez cuisiné ? Ayez du pain « santé » sur la table afin qu'il puisse compenser. Ne cuisinez surtout pas d'autres mets.

> Votre enfant ou votre adolescent a décidé de devenir végétarien et refuse de manger de la viande ? Respectez ce choix et proposez votre aide dans la planification d'un menu équilibré.

> Laissez l'enfant choisir le repas du vendredi soir et préparez-le ensemble. Si vous avez plusieurs enfants, le choix peut se faire à tour de rôle.

**La diversion :** Parlez de tout à table sauf de nourriture, si ce n'est pour questionner la valeur des aliments. Amenez l'attention de l'enfant sur divers sujets. Évitez les conseils, les recommandations ou les suggestions comme : « Tu devrais manger ceci ou cela, moins de ceci, de cette façon-là, etc. »

**Les choix :** Votre enfant peut-il exercer des choix ou est-il obligé de manger de tout ? Il mangera plus facilement certains aliments si on le laisse faire des choix. Par exemple, on peut proposer à l'enfant qui ne raffole pas des légumes de choisir entre les carottes, le brocoli, ou les asperges. À un enfant très difficile, on peut dire, par exemple : « Tu as le choix de manger ce que j'ai cuisiné ou de te préparer une tartine de beurre. »

**Dire oui le plus souvent possible :** À l'enfant qui demande de sortir de table, vous pouvez dire : « Oui, dès que tout le monde aura terminé. » À celui qui demande s'il peut avoir du dessert, vous pouvez dire : « Oui, si tu as mangé les aliments que je t'ai servi et qui sont nécessaires à ta croissance. »

**Dire non lorsque c'est nécessaire :** À l'enfant qui demande s'il peut manger en écoutant la télévision parce que tous ses amis le font, vous pouvez dire : « Non. Chez nous, il n'y a pas de télévision en mangeant. C'est un moment pour se retrouver en famille. »

**L'exemple et le modèle :** Quelle sorte d'exemple êtes-vous en ce qui concerne votre façon de manger ou de vous comporter à table ? Demeurez-vous assis durant toute la durée du repas ? Mangez-vous calmement ? Votre enfant vous voit-il sauter des repas ? Il est important de lui servir de modèle en adoptant les mêmes comportements que vous souhaitez le voir adopter.

**Les réunions de famille :** Il s'agit d'un moment privilégié pour discuter du menu, de l'ambiance des repas et de ce qui rendrait les repas agréables et intéressants pour toute la famille.

# Respect
## Langage ou ton de voix irrespectueux • Blasphème • Non-respect des différences ou des biens matériels, etc.

> Plusieurs fois par semaine, Mathilde lance ses souliers contre le mur en arrivant à la maison après l'école. « C'est compréhensible, explique Marie-Josée, sa mère. Elle vit tellement de stress depuis qu'elle est au secondaire ! » Sa sœur Chloé traite quant à elle son jeune frère de tous les noms jour après jour. Elle se moque ouvertement de sa façon de s'exprimer ou d'exécuter ses tâches. Marie-Josée excuse aussi ce comportement en affirmant qu'elle agit bien à l'école et qu'elle se contrôle toute la journée. « Il faut bien lui permettre d'avoir de petits écarts de conduite à la maison. Et puis, le petit apprendra bien à se faire respecter un jour... »

Quel parent ne se sent pas profondément blessé lorsque ce qu'il a de plus cher au monde est victime de dénigrement, de quolibets, de moqueries ou de paroles blessantes ? Il se sent encore plus tiraillé lorsque le fautif est aussi ce qu'il a de plus cher au monde, c'est-à-dire un autre de ses enfants... Malgré tout, il est essentiel pour lui d'intervenir et de résoudre ces conflits fraternels de façon respectueuse. Le stress, la colère et la frustration sont des émotions acceptables et chaque enfant doit apprendre à les exprimer adéquatement. Le manque de respect met en péril une valeur importante et nuit considérablement au développement de l'estime de soi.

Qu'adviendra-t-il de Mathilde à l'âge adulte, lorsqu'elle vivra du stress au travail ? Que lancera-t-elle pour diminuer ou évacuer son stress ? Qu'en dira son supérieur ? Que retient pour sa part Chloé quand ses parents n'interviennent pas alors qu'elle insulte son frère ou se moque de lui ? Elle apprend qu'il est admissible de rire des autres et de les insulter. Il est tout aussi acceptable qu'on lui rende la pareille. Enfin, que retient le petit frère de cette même situation ? Qu'il n'est pas digne de respect. Pour qu'il puisse apprendre, comme le souligne Marie-Josée, à se faire respecter un jour, il doit bénéficier de la présence d'adultes significatifs — donc censés prendre soin de lui — qui interdisent et sanctionnent ces manques de respect. Cela facilitera l'apprentissage du respect de soi, des autres et de leurs différences ainsi que de l'environnement.

### Causes possibles du manque de respect chez l'enfant

- Des besoins insatisfaits : L'enfant croit peut-être que son manque de respect est un moyen efficace d'obtenir ce qu'il veut.
- Un manque de vocabulaire pour nommer ses sentiments et ses émotions (colère, frustration, stress, peine, etc.).
- Des moments difficiles à l'école et qui génèrent de la frustration.
- Un manque de stratégies pacifiques pour résoudre ses conflits et gérer sa colère et son stress de façon acceptable.
- Une carence flagrante d'autorité parentale faisant en sorte d'excuser ses comportements de même qu'un manque d'interventions adéquates concernant toutes les formes de manque de respect.
- Un entourage (adultes, amis, personnages de la télévision ou des jeux vidéo) qui valorise les comportements irrespectueux ou encore un manque de modèles d'adultes respectueux à son égard.
- Un désir de tester les limites parentales ainsi que son pouvoir (particulièrement à l'adolescence).
- Des règles trop floues concernant le respect et aucune conséquence prévue pour un manque de respect.

### Intervenir avec cœur

> **Étape 1 : S'assurer d'être « connecté » à l'enfant, se calmer s'il y a lieu.**

Ce manque de respect suscite en vous de la colère, de l'exaspération, du mécontentement ? Le « courant d'amour » ne passe plus entre votre enfant et vous ? « Reconnectez-vous » avant d'intervenir, trouvez un moyen de redevenir sensible et aimant. En le traitant comme une personne digne, vous susciterez chez votre enfant le désir de se comporter avec dignité. Votre enfant est frustré ou en colère ? Proposez-lui le « coin plumes » ou tout autre lieu favorisant un retour au calme.

> **Étape 2 : Nommer les sentiments, les émotions, les besoins et les désirs relatifs à la situation.**

Évitez les phrases comme :

✓ « Ne t'en fais pas avec cela. » Votre enfant a le droit de s'en faire.

✓ « Tu n'as pas de raison d'être fâchée. Ton professeur fait de son mieux. » Reconnaissez plutôt ce que vit votre enfant.

Vous pouvez employer des phrases telles que :

✓ « Ce doit être vraiment frustrant de se faire parler de cette façon par son enseignant. »

✓ « Ça n'a pas l'air d'aller. Je t'ai vu lancer tes souliers. »

✓ « Lorsque tu lances tes souliers contre le mur, cela me choque. J'ai besoin de respect dans notre maison, que tu fasses attention à tes effets et aux nôtres. Peux-tu trouver une autre façon d'exprimer ton mécontentement la prochaine fois que tu vivras une telle situation ? »

✓ « Lorsque tu emploies des mots qui blessent ton frère, cela me fait de la peine et me choque. J'ai besoin de respect entre nous dans notre foyer. »

✓ « Lorsque tu portes des jugements négatifs sur les idées de ta sœur, cela me fait de la peine. J'ai peur qu'elle garde ses idées pour elle si tu te moques constamment d'elle. »

✓ « Lorsque tu me parles de cette façon, je n'arrive plus à t'écouter. J'ai besoin de me calmer d'abord et nous reparlerons plus tard. »

Sensibilisez l'enfant aux autres à l'aide du mot « comment » :

✓ « Comment te sentirais-tu si je t'empruntais ce nouveau jeu et que je te le remettais sali ou abîmé ? »

✓ « Comment te sentirais-tu si je te disais de tels mots ? »

✓ « Comment crois-tu que ton frère se sent ? »

✓ « Comment te sentirais-tu si je me moquais de toi lorsque tu me dis ce que tu penses, ce dont tu rêves, ce qui te ferait plaisir, ce qui te peine ? »

> **Étape 3 : Rappeler et appliquer le code de vie familial : conséquence ou réparation.**

Selon les situations, vous pouvez employer des phrases telles que :

✓ « On prend soin de notre maison et de nos effets personnels. Il est interdit de lancer des objets. Lorsque tu choisis de faire un tel geste, tu dois effectuer un geste de réparation par la suite. Comment comptes-tu réparer ce que tu as fait ? »

✓ « Quelle est la règle concernant les relations familiales que nous souhaitons entretenir ? Agis-tu selon les valeurs prônées chez nous avec ton frère ? Es-tu capable de respecter cette règle ? »

✓ « Le respect est une valeur importante dans cette maison. Le dénigrement n'est pas toléré. Trouve une façon de réparer le tort que tu as causé à ta sœur. »

✓ « Lorsque je te prête un vêtement, je m'attends à ce qu'il me revienne dans le même état. Je vais te demander de faire nettoyer mon chandail. » Vous pourriez aussi décider de ne plus le prêter pendant un certain temps.

✓ « Tes petites autos sont faites pour rouler, pas pour être lancées. Puisque tu ne peux pas t'en servir de façon adéquate et sécuritaire en ce moment, je dois te les retirer. »

Si votre enfant a endommagé un objet ou un meuble, il doit le réparer avec votre aide s'il ne peut le faire seul. Si l'objet est irréparable ou si la réparation nécessite des coûts, il doit alors puiser à même son argent de poche pour assumer la dépense. S'il ne reçoit pas d'argent de poche et que vous devez payer le coût de la réparation, il devra dans ce cas compenser cette dépense en effectuant des tâches.

- ✓ « Ici, il est interdit de se moquer, de ridiculiser quelqu'un ou de faire des commentaires négatifs sur sa façon d'être, de faire ou de penser. Que peux-tu proposer en guise de réparation ? »

- ✓ « Tu ne peux pas me parler de cette façon. Dis-moi autrement ce qui ne va pas et songe à une façon de réparer le tort causé par tes mots blessants. »

- ✓ « Lorsque tu choisis de faire mal, tu dois faire du bien pour compenser. ».

- ✓ « Les blasphèmes sont interdits pour tout le monde dans notre maison. Lorsque tu choisis d'utiliser ces mots, tu dois me faire une liste de 10 mots de remplacement tolérés chez nous. »

> **Étape 4 : Aider l'enfant à trouver un comportement de remplacement ou une stratégie aidant au respect de la règle.**

Selon les situations, vous pouvez employer des phrases telles que :

- ✓ « Comment pourrais-tu nous faire connaître ta frustration de façon acceptable ? »

- ✓ « Comment comptes-tu t'y prendre pour jouer sur le gazon avec tes amis sans piétiner les fleurs ? »

- ✓ « Comment pourrais-tu t'assurer de me remettre ce que tu m'as emprunté en bon état ? »

✓ « Peux-tu trouver une manière respectueuse de dire à ta sœur que tu n'es pas d'accord ou que tu penses différemment? De quelle façon pourrais-tu t'y prendre? »

✓ « Comment pourrais-tu lui exprimer ton désir de jouer avec lui autrement qu'en l'agaçant? »

✓ « Est-ce possible que tu recherches mon attention en me parlant comme tu le fais? Peux-tu m'exprimer ton besoin autrement? »

**〉 Étape 5: Prévenir la répétition de ce comportement.**

**L'étoile et le guichet automatique:** Les besoins affectifs de l'enfant sont-ils satisfaits? Est-ce une recherche d'attention ou de limites de sa part? La routine décrite au chapitre 2 peut vous aider à corriger la situation (voir aussi le tableau à la page 166).

**L'arrosoir et les photos:** Avez-vous l'habitude d'encourager ou de souligner les comportements respectueux? Photographiez votre enfant lorsqu'il se comporte de façon respectueuse envers un ami, un frère ou une sœur.

**Les questions plutôt que les sermons:** Vous pouvez questionner l'enfant pour stimuler sa réflexion.

✓ « Pourquoi crois-tu que je refuse de te prêter mon chandail ou mes outils aujourd'hui? »

✓ « Pourquoi ce ton est-il inacceptable selon toi? »

✓ « Pourquoi ce genre de commentaire est-il interdit chez nous? »

**L'environnement adapté:** Favorisez un environnement qui prédispose votre enfant au respect, au partage, à la coopération et à l'harmonie. Montrez-lui comment demander quelque chose en faisant preuve de courtoisie et de respect ou demandez-lui, par exemple, de faire équipe pour l'exécution d'une tâche (mettre le couvert, décorer la table ou préparer une activité). Plus il sera en interaction avec les autres, plus il aura d'occasions de mettre en pratique des gestes et des paroles respectueuses.

**Les jeux de rôles**: Dans le cas d'un manque de respect verbal, reprenez la situation en demandant à l'enfant fautif d'adopter un comportement acceptable pour exprimer ce qu'il n'approuve pas dans les propos ou l'attitude de l'autre personne (enfant ou adulte). L'enfant pourrait utiliser des phrases comme: « Je ne suis pas d'accord avec toi », « Je pense différemment », « Moi, je m'y prendrais autrement » ou encore « Je n'aime pas… ». Dans le cas d'un manque de respect concernant un objet appartenant à autrui, reprenez la situation jusqu'à ce que l'enfant démontre qu'il a compris comment « prendre soin » de ce qui lui est prêté.

**Les contes et les allégories**: Vous trouverez plusieurs allégories traitant de ce thème[21].

**L'exemple et le modèle**: Vous arrive-t-il de lancer des objets sous le coup de la colère ? Faites-vous attention à vos effets personnels, à tout objet matériel ou à l'environnement ? Utilisez-vous parfois des mots blessants ou des jugements faciles qui ressemblent à du dénigrement à l'égard d'un membre de la famille ou de toute autre personne ? Vous arrive-t-il de vous moquer des gens que vous connaissez ou même des inconnus que vous croisez dans la rue ? Comment pourriez-vous agir autrement afin de donner l'exemple à votre enfant ? Il est humain, lorsqu'on nous manque de respect, d'avoir tendance à réagir par un manque de respect. Songez à réparer le tort causé par vos paroles ou vos actes irrespectueux. Encouragez-vous l'expression des différences ? Lorsque votre enfant vous demande votre opinion, vous pouvez d'abord lui demander : « Qu'en penses-tu ? C'est intéressant, ta façon de faire ou de penser. »

**Les réunions de famille**: Il s'agit d'un moment propice pour discuter du respect des biens matériels, du respect des autres et du respect des différences. Souvenez-vous

---

21. Consultez la rubrique « Allégorie » du *Guide Info-Famille, Op. cit.*

de commencer ces réunions en mentionnant ce que vous appréciez chez chacun.

Qui n'a pas envie d'exprimer ses idées dans un contexte où l'on peut tout dire avec confiance, sachant que nos propos seront non seulement reçus avec respect, mais appréciés pour leur richesse ou leur originalité?

# Tâches personnelles et domestiques
## Responsabilités • Désordre • Rangement

 « Que de répétitions chez nous pour l'exécution des tâches personnelles de chacun de nos quatre enfants! Ils protestent en alléguant qu'ils devraient être payés comme leurs amis pour effectuer ces tâches. Le plus souvent, nous finissons par ranger à leur place au lieu de menacer ou d'élever la voix. Ça va plus vite et nous sommes moins en colère. Comment obtenir leur collaboration pour ces tâches? À quel âge seront-ils suffisamment responsables pour les effectuer eux-mêmes? Et à quel âge accepteront-ils de contribuer aux tâches domestiques? », s'interroge Pascal.

Visiblement, Pascal et sa conjointe ont besoin d'aide et de collaboration alors que leurs enfants ont besoin d'avoir du plaisir et de s'amuser. Comment concilier les besoins de chacun dans le respect et l'harmonie? Aucun changement ni aucune responsabilisation n'est à espérer des enfants de Pascal, à moins que ce dernier et sa conjointe ne changent d'abord leurs comportements. On ne peut espérer modifier les comportements de nos enfants que si nous changeons d'abord.

Ce père de famille se demande à quel âge les enfants devraient commencer à participer aux tâches domestiques. À l'âge de 2 ou 3 ans, ils veulent généralement aider, ils veulent imiter. C'est le bon moment de les habituer. Ils sont en mesure de mettre leurs vêtements sales dans le panier à linge, de ranger leurs jouets dans le coffre à jouets, d'exécuter des tâches toutes simples. Lorsqu'ils imitent leurs parents ou lorsqu'ils se disent « capables », il faut profiter de leur motivation et les encourager. De plus, en devenant responsables de quelques tâches avant l'âge de l'entrée à l'école, les enfants acceptent plus facilement d'accomplir leurs tâches scolaires. Il est vrai qu'il est plus long et ardu de vider le lave-vaisselle avec l'aide d'un enfant de 3 ans que de le faire seul, mais au bout du compte, c'est un excellent investissement de temps.

En fait, il est toujours temps de responsabiliser un enfant afin qu'il se sente utile à la famille et participe au mieux-être de chacun. En relevant des défis et en recevant des félicitations pour certains accomplissements, l'enfant développe le sentiment d'être bon, de faire du bien. Cela génère en lui un sentiment de fierté et de compétence. De plus, il apprend que pour vivre en société, chacun doit collaborer. De nombreux parents assument toutes les tâches parce que cela va plus vite, parce qu'ils veulent éviter les conflits ou parce qu'ils excusent leurs enfants pour toutes sortes de raisons. Dans ces conditions, comment l'enfant apprendra-t-il que tout n'arrive pas par magie et qu'en partageant les tâches autant que les plaisirs, chacun pourra ainsi s'épanouir ?

Plus les parents commencent tôt à responsabiliser leur enfant, plus il est facile pour eux d'obtenir sa collaboration. De façon générale, il devrait assumer ses tâches person-nelles : ranger sa chambre, faire son lit, mettre son linge sale au lavage, placer sa vaisselle dans le lave-vaisselle après le repas. Selon son stade de développement et ses compétences, il devrait également assumer une petite tâche quotidienne pour le bien de toute la famille comme préparer une salade, mettre le couvert ou desservir la table, de même que de petites tâches hebdomadaires comme passer l'aspirateur, ramasser les feuilles dans la cour ou sur le balcon, sortir les poubelles, etc. Tout cela devrait être fait gratuitement.

L'argent de poche, l'exécution des tâches personnelles et la participation aux tâches domestiques devraient être des choses distinctes. Si les parents rémunèrent leur enfant pour tout service ou tâche, quel message transmettent-ils quant aux valeurs telles que l'entraide et le partage ? Plus il y a d'éléments positifs rattachés aux tâches — du plaisir, de l'enthousiasme, de la reconnaissance, des remerciements, etc. —, plus l'enfant en assumera. Qui ne se porterait pas volontaire dans un tel contexte ?

### *Causes possibles chez l'enfant*

- Des besoins affectifs non satisfaits : Si l'enfant manque d'attention positive, il fera tout pour en obtenir et pourra aller jusqu'à agir de façon négative pour que son parent s'occupe de lui ;

- La croyance qu'il est payant de ne pas effectuer ses tâches, puisque son parent finit par les faire à sa place ;

- Une autorité parentale rigide, qui exerce trop de contrôle. Cela peut inciter l'enfant à développer un sentiment d'opposition ;

- Peu ou pas d'autorité parentale et un manque d'interventions adéquates lui signifiant que l'exécution de ses tâches n'est pas un choix, mais une obligation ;

- Des modèles d'adultes qui exécutent des tâches en maugréant. Cela lui montre que les tâches domestiques entraînent automatiquement du désagrément ;

- Un environnement qui incite à ne pas effectuer ses tâches (pas de routine préétablie, un accès illimité aux différents écrans dans la maison, pas de partage prédéterminé des tâches, etc.).

*Intervenir avec cœur*

> **Étape 1 : S'assurer d'être « connecté » à l'enfant, se calmer s'il y a lieu.**

Le désordre dans la chambre de votre enfant, les souliers oubliés dans le salon, la serviette mouillée sur le parquet de la salle de bain, les jouets qui traînent partout dans la maison, tout cela suscite en vous de l'irritation, de l'exaspération, du mécontentement ? « Rebranchez-vous » avant d'intervenir. Utilisez le « coin-plumes » si vous ressentez le besoin de vous calmer. La colère attire la colère et ce n'est sûrement pas ce que vous souhaitez activer chez votre enfant. Retrouvez votre lien d'attachement à votre enfant : il sera plus ouvert à vous entendre et à collaborer.

> **Étape 2 : Nommer les sentiments, les émotions, les besoins et les désirs relatifs à la situation.**

Vous pouvez employer des phrases telles que :

✓ « Lorsque je vois ces jouets éparpillés sur le plancher à la grandeur de la maison, j'ai envie de m'en débarrasser une fois pour toutes tellement ce désordre m'exaspère ! J'ai besoin d'ordre dans la maison et de collaboration pour le rangement. Je te demande de ranger tous ces jeux et jouets avant le repas. »

✓ « Lorsque je reviens du travail et que j'ai de la difficulté à ouvrir la porte tellement il y a de vêtements et de chaussures qui bloquent l'entrée, ma joie de te retrouver fait place à de la déception et du découragement. J'ai besoin de ta collaboration. Peux-tu les ranger en arrivant avant de faire toute autre activité ? »

✓ « Tu as besoin de repos et de divertissement au retour de l'école et moi, j'ai besoin d'ordre une fois de retour à la maison. Peux-tu ranger tes effets personnels avant de jouer et de te reposer ? »

> **Étape 3 : Rappeler et appliquer le code de vie familial : conséquence.**

Selon les situations, vous pouvez employer des phrases telles que :

✓ « Chez nous, l'ordre et le rangement sont essentiels. Rangeons d'abord et tu pourras ensuite aller te baigner chez ton amie. »

✓ « À partir de maintenant, les jouets qui seront sur le parquet au moment du coucher seront rangés dans des sacs pour deux semaines. Je serais vraiment désolé d'avoir à appliquer cette conséquence. »

✓ « Lorsqu'on sème le désordre dans une pièce, il faut la ranger. Je te demande de ranger cette pièce dès que tes amis seront partis, sinon, ils ne seront plus accueillis chez nous. »

✓ « Chez nous, lorsqu'on salit en cuisinant, il faut nettoyer en terminant, et ce, avant toute autre activité. Il n'y aura pas de collation avant que la cuisine soit rangée et nettoyée. »

> **Étape 4 : Aider l'enfant à trouver un comportement de remplacement ou une stratégie aidant au respect de la règle.**

Vous pouvez employer des phrases telles que :

✓ « Qu'est-ce qui t'aiderait à penser de ranger ton manteau en arrivant ? »

✓ « Qu'est-ce qui t'aiderait à te souvenir que ton chat a faim tout autant que toi et qu'il a besoin que tu le nourrisses ? »

✓ « Avez-vous des idées pour garder les pièces communes en ordre sans que j'aie à constamment vous rappeler de ranger ? À partir de maintenant, tout effet personnel qui devrait être rangé et ne l'est pas disparaîtra dans une énorme boîte placée dans le fond du sous-sol. La même règle s'appliquera à tout autre objet non rangé appartenant à votre père ou à moi. »

**〉 Étape 5 : Prévenir la répétition de ce comportement.**

**L'étoile et le guichet automatique :** Les besoins affectifs de votre enfant sont-ils satisfaits ? Est-ce une recherche d'attention ou une recherche de limites de sa part ? Revoyez votre routine de parent. Pouvez-vous amener l'enfant à trouver du plaisir dans l'exécution d'une tâche comme le rangement (voir aussi le tableau à la page 166) ?

**L'arrosoir et les photos :** Se peut-il que votre enfant reçoive beaucoup d'attention grâce à vos répétitions et son opposition ? Dès qu'il fait une tâche, remerciez-le de son aide, félicitez-le pour sa collaboration. Prenez des photos lors de l'exécution de ses tâches ou lorsqu'il range ses effets personnels. Affichez-les.

**Le contrat :** Voilà une situation où la négociation d'un contrat peut faciliter votre quotidien. Les étapes à suivre sont présentées au chapitre 4.

**Les questions plutôt que les sermons :** Vous pouvez questionner l'enfant pour stimuler sa réflexion.

✓ « Pourquoi crois-tu que je te demande de ranger tes effets personnels ? »

✓ « Que se passerait-il s'il n'y avait pas d'ordre ici ou ailleurs dans le monde ? »

**L'environnement adapté :** Favorisez un environnement qui prédispose au rangement : crochets faciles d'accès, grands contenants pour classer les jouets, étagères, etc.

**Les routines :** Ce système facilite grandement le partage des tâches domestiques. Un exemple est donné en annexe.

**La règle des grands-mères :** Ce moyen facilite grandement l'exécution des tâches. On peut mettre de l'avant le principe « Les tâches d'abord, le plaisir ensuite ». Les tâches doivent donc être effectuées avant toute activité ludique ou agréable (sorties, visite d'amis, repas au restaurant, soirée de jeux vidéo, etc.) et les écrans ne s'allument que lorsque les tâches sont effectuées.

**Les contes et les allégories :** Plusieurs allégories ou contes traitent des difficultés liées aux tâches, aux responsabilités et au rangement[22]. Vous pouvez vous y référer.

**Les choix :** L'enfant n'a pas le choix d'effectuer ses tâches, mais peut-il exercer un choix dans l'ordre ou la façon de les faire ? Peut-il choisir à quel moment il lui convient des les effectuer ? Si, malgré ce choix, vous avez encore à répéter, choisissez vous-même le moment approprié.

**L'exemple et le modèle :** Adoptez l'attitude que vous souhaitez voir apparaître chez vos enfants. Quelle attitude adoptez-vous lorsque vous effectuez vos tâches domestiques en présence des enfants, ou encore lorsque vous exercez vos responsabilités quotidiennes à leur égard ? Êtes-vous joyeux, enthousiaste ou vous plaignez-vous sans cesse ? Soyez un exemple inspirant pour votre enfant, notamment en lui montrant que vous débutez par les tâches qui vous tentent le moins pour finir par les plus plaisantes.

**Les réunions de famille :** C'est un excellent moment pour procéder au partage des tâches domestiques à effectuer. Cela peut se faire par un tirage au sort. En plus de permettre une rotation des tâches domestiques, c'est une façon plus amusante de procéder au partage[24].

### Cas particulier : le rangement des chambres

Il est évident que pour cette tâche particulière, vos exigences sont différentes avec un enfant de 3, 8 ou 15 ans. Elles dépendent également de vos critères d'ordre et de propreté. Comme pour les autres tâches, n'attribuez pas d'argent de poche ni de récompenses pour le rangement des chambres. Il s'agit, comme nous l'avons précédemment évoqué, d'une

---

22. Consultez la rubrique « Allégorie » du *Guide Info-Famille, Op. cit.*

participation normale au bon fonctionnement de la maison et de la famille.

Initiez très tôt le jeune enfant à ranger sa chambre. Une fois que vous lui aurez montré comment vous aimeriez qu'il procède, préparez avec lui un tableau illustrant chacune des tâches ou, encore mieux, affichez des photos de lui-même en train de les effectuer. Aidez-le à ranger au son d'une musique entraînante, en vous faisant son assistant : « À quel endroit ranges-tu ceci ? Où aimerais-tu qu'on place cela ? ». Votre enfant découvrira que cela peut être agréable et amusant de ranger et qu'on éprouve une satisfaction à voir sa chambre en ordre.

Pour alléger la tâche durant la fin de semaine, vous pouvez proposer à votre enfant d'âge scolaire de ranger rapidement sa chambre durant la semaine, avant de dormir par exemple. Au minimum, le lit et le plancher doivent être libérés pour prévenir les accidents. La fin de semaine, aidez l'enfant d'âge préscolaire à bien ranger sa chambre. Avisez l'enfant d'âge scolaire que sa chambre doit être rangée avant toute activité de plaisir. Aidez-le aussi à s'organiser. S'il trouve long et ennuyeux d'effectuer cette tâche seul, vous pouvez lui dire : « Si tu m'aides à ranger ma chambre, je t'aiderai ensuite à ranger la tienne ».

La donne peut changer lorsqu'arrive l'adolescence. Généralement, il est plus difficile d'exiger que la chambre de votre adolescent soit rangée (ou même décorée !) selon vos critères. Son besoin d'indépendance, de liberté, de s'affirmer et de faire des choix est important. Sa chambre est son

---

24. Les tirages au sort peuvent être originaux et loufoques. On peut, par exemple, gonfler des ballons le samedi matin en y insérant un papier indiquant les tâches à effectuer. Chacun crève un ballon pour découvrir la tâche qui l'attend. La couleur des ballons peut indiquer l'âge des enfants puisqu'un enfant de 12 ans peut effectuer des tâches qu'un enfant de 3 ans ne peut pas encore faire. Le temps alloué à gonfler les ballons est hautement récompensé par la collaboration de toute la famille.

lieu à lui, son univers et il est vraiment important pour lui de le gérer comme il le souhaite. C'est le lieu privilégié pour afficher son individualité et exprimer sa différence. Certains parents ferment tout simplement la porte de la chambre tout en réclamant le rangement et l'ordre dans les pièces communes. Cependant, pour de nombreux autres parents, il est difficile d'adopter cette attitude.

Qu'est-ce qui est le plus malsain pour l'adolescent : des disputes et des remontrances quotidiennes pour le rangement de sa chambre ou une chambre en désordre ? Posez-vous les deux questions nécessaires avant toute intervention : Une chambre en désordre est-elle dangereuse physiquement ? L'adolescent peut-il s'y blesser ? Non. Si vous n'intervenez pas, cela aura-t-il un impact dans sa vie présente et future ? Dans sa vie présente, il se peut qu'il perde des objets ou en cherche, à l'occasion. Il assumera donc la conséquence naturelle de son désordre. Choisissez vos batailles. Si vous exigez l'ordre et le rangement dans les pièces communes, votre valeur devrait tout de même se transmettre au fil des ans. Vous pouvez cependant exiger qu'il n'y ait ni nourriture ni vaisselle sale dans la pièce. De cette façon, vous vous assurez que la valeur d'hygiène à laquelle vous tenez est transmise.

# Travaux scolaires

 « Les devoirs et les leçons de Nathan durent près de deux heures tous les soirs et il n'est qu'en deuxième année ! Qu'est-ce que ce sera en cinquième ? Il regarde partout, ne s'applique pas, se lève pour de l'eau, pour se rendre aux toilettes, se plaint d'être fatigué, de ne pas savoir comment faire... Un vrai calvaire ! Il n'aime pas que je lui dise quoi faire ni que je corrige ses fautes. Qu'est-ce que je peux faire de plus ? C'est tellement important pour moi qu'il réussisse à l'école ! », raconte Delphine, découragée.

Les devoirs et leçons sont une priorité pour les parents. De leur côté, plusieurs enfants préfèrent envoyer des textos ou regarder la télévision. Comment s'y prendre pour faire de cette période un moment enrichissant autant sur le plan scolaire que relationnel ? Delphine ne peut rien faire de plus sans d'abord tenter de s'y prendre différemment avec son fils. En premier lieu, la réussite scolaire n'est pas sa responsabilité, mais plutôt celle de son fils, comme le mentionne l'orthopédagogue Marie-Claude Béliveau : « Pour les parents, trouver leur juste place dans la vie scolaire de leur enfant n'est pas chose facile. Cela est pourtant essentiel pour que celui-ci développe son autonomie et son sens des responsabilités. Intervenir autrement plutôt qu'un peu plus, accompagner l'enfant sans se substituer à l'enseignant, voilà tout un défi à relever[25]... » Nathan a vite perçu la volonté de sa mère de le voir s'appliquer dans ses devoirs et leçons et réussir à l'école. Du même coup, il a compris que lorsqu'il ne s'applique pas, cette dernière ne le lâche pas d'une semelle et lui prodigue toute l'attention voulue.

Comme sa mère n'a pas fixé de limites claires concernant la période des devoirs et des leçons (limite de temps et limites quant aux comportements dérangeants), Nathan a le champ libre et Delphine n'arrive pas à affirmer son autorité parentale. Pourtant, en deuxième année, on peut déjà laisser l'enfant effectuer ce qu'il est capable de faire seul et l'aider lorsque cela est nécessaire. La responsabilité de Delphine est donc de favoriser l'exécution des devoirs et l'apprentissage des leçons de son fils en l'encourageant, en l'incitant au calme, en affichant une attitude positive (se montrer confiante plutôt que découragée), en respectant sa façon de faire peut-être différente de la sienne et en laissant Nathan corriger lui-même ses fautes afin qu'il identifie ses véritables difficultés.

---

25. Marie-Claude Béliveau, *Au retour de l'école : la place des parents dans l'apprentissage scolaire*, Montréal : Éditions du CHU Sainte-Justine, 2008.

### Causes possibles chez l'enfant

- Des besoins affectifs non satisfaits : Si l'enfant manque d'attention positive, il fera tout pour en obtenir et pourra aller jusqu'à agir de façon négative pour que son parent s'occupe de lui ;

- Une autorité parentale rigide, qui exerce trop de contrôle : Cela peut inciter l'enfant à développer un sentiment d'opposition ;

- Peu ou pas d'autorité parentale et un manque d'interventions adéquates lui signifiant que l'exécution de ses tâches n'est pas un choix, mais une obligation ;

- Des modèles d'adultes qui exécutent des tâches en maugréant. Cela lui montre que faire ses devoirs est toujours compliqué et désagréable ;

- Un environnement qui incite à ne pas effectuer ses tâches (pas de routine préétablie, pas de limites claires, téléviseur allumé, trop de bruit, absence de soutien, etc.).

### Intervenir avec cœur

> **Étape 1 : S'assurer d'être « connecté » à l'enfant, se calmer s'il y a lieu.**

Il est primordial de vous assurer d'être « branché » sur votre enfant avant d'intervenir auprès de lui. Plusieurs auteurs s'entendent pour dire qu'il vaut mieux s'abstenir, changer de pièce, se tenir loin de l'enfant au moment des devoirs et des leçons que de vivre des conflits de façon répétée. Effectivement, comment l'enfant peut-il cultiver le plaisir d'apprendre et maintenir sa motivation dans de telles conditions ? Si l'exercice de notre autorité dans ce domaine est déterminant pour tout le cheminement scolaire de l'enfant, notre attitude l'est tout autant. En fin de journée, alors que nous sommes fatigués — et l'enfant aussi ! —, il est parfois difficile d'offrir le meilleur de nous-mêmes. S'en donner les moyens vaut cependant le coup, car le présent, tout autant que le futur de l'enfant, en dépend.

Plusieurs « décrocheurs » affirment d'ailleurs que le moment des devoirs et des leçons était pour eux source de disputes ou de conflits quotidiens. « L'ambiance qui règne autour des devoirs et des leçons a un effet immédiat sur le plaisir que vit l'enfant et, par conséquent, sur sa motivation, sa concentration, sa mémoire, ses capacités de compréhension, sa confiance en lui, etc. Les enfants n'aiment pas montrer une image négative d'eux-mêmes à leurs parents. Il faut donc tout mettre en œuvre pour que cette période se passe le mieux possible, sans quoi il est préférable de déléguer cette tâche à une tierce personne[26] », rappelle encore Marie-Claude Béliveau.

> **Étape 2 : Nommer les sentiments, les émotions, les besoins et les désirs relatifs à la situation.**

✓ « Lorsque je te vois regarder partout plutôt que t'appliquer et travailler, j'ai peur que tu ne puisses pas effectuer tous les apprentissages nécessaires. J'ai besoin d'être rassurée quant à ta réussite scolaire. »

✓ « Lorsque tu refuses de t'appliquer, je perds le goût de t'aider. J'ai besoin que tu t'investisses dans ta tâche. »

✓ « Je sais que tu as hâte d'aller t'amuser. C'est le moment de tes devoirs et de tes leçons. J'ai besoin de ta collaboration. »

> **Étape 3 : Rappeler et appliquer le code de vie familial : conséquence.,**

Selon les situations, vous pouvez employer des phrases telles que :

✓ « Tu auras accès au jeu de ton choix dès que tes travaux scolaires seront achevés. »

---

26. *Ibid.*

✓ « Je ne te le répéterai plus. Concentre-toi, applique-toi, cesse de perdre ton temps à regarder partout. Je t'accorderai de l'attention et mon soutien lorsque tu seras disposé à travailler. Fais-moi savoir quand tu seras prêt à travailler sérieusement. »

✓ « Tes amis seront les bienvenus une fois que tes devoirs et tes leçons seront terminés. »

• Évitez de punir l'enfant en ajoutant une période supplémentaire aux devoirs et aux leçons. Cela peut avoir un impact très négatif sur la motivation du jeune et sa perception de l'école.

• Évitez également de marchander avec votre enfant : « Tu auras tes 20 minutes de jeu exclusives si tu effectues correctement tes devoirs ou que tu les termines avant 20 heures. » Les 20 minutes de temps d'exclusivité sont inconditionnelles afin que l'enfant garde le sentiment d'être aimé en toute situation.

> **Étape 4 : Aider l'enfant à trouver un comportement de remplacement ou une stratégie aidant au respect de la règle.**

Vous pouvez employer les phrases suivantes :

✓ « Qu'est-ce qui t'inciterait vraiment à faire tes devoirs et tes leçons ? »

✓ « Comment le moment des devoirs et des leçons pourrait-il être agréable pour chacun de nous ? »

✓ « Qu'est-ce qui t'aiderait à apprendre ? À réussir ? »

> **Étape 5 : Prévenir la répétition de ce comportement.**

**L'étoile et le guichet automatique :** Les besoins affectifs de votre enfant sont-ils satisfaits ? Est-ce une recherche d'attention ou une recherche de limites de sa part ? Revoyez votre routine de parent (voir aussi le tableau à la page 166). Pouvez-vous amener l'enfant à trouver du plaisir dans l'exécution des tâches scolaires ? Peut-être serait-il bénéfique de lui accorder ses « 20 minutes de jeu exclusives » avant la période des devoirs et des leçons ?

**L'arrosoir et les photos :** Se peut-il que votre enfant reçoive beaucoup d'attention quand vous répétez ? Dès qu'il s'applique, remerciez-le de sa collaboration, félicitez-le pour ses efforts et prenez-le en photo. Affichez bien à la vue ses réussites scolaires.

**Les questions plutôt que les sermons :** Vous pouvez questionner l'enfant pour stimuler sa réflexion.

✓ « Pourquoi crois-tu que ton enseignant te donne des devoirs et des leçons à faire à la maison ? »

✓ « À quoi servent les devoirs et les leçons ? »

✓ « Si tu ne les fais pas avec sérieux, quelles peuvent être les conséquences ? »

**L'environnement adapté :** Favorisez un environnement qui prédispose au bon déroulement des devoirs et leçons. Un endroit calme, un espace de travail propre et bien éclairé, tout le matériel requis à portée de main, etc. Votre enfant travaille-t-il mieux s'il se trouve près de vous ? Lui accordez-vous la surveillance requise pour son âge, le soutien et les encouragements nécessaires ?

**Les routines :** Les devoirs et les leçons devraient s'inscrire dans une routine au retour de l'école, selon le rythme de vie de votre famille. Il est important qu'ils soient effectués tous les jours dans le même ordre. Cela évite à la fois les discussions et les conflits.

**Les contes et les allégories :** Vous pouvez, par exemple, consulter l'allégorie « Le lionceau Benji[27] » de Michel Dufour. Elle vise notamment à responsabiliser les élèves face à leur rendement scolaire. Elle démontre aussi l'importance de l'école et cherche à prévenir le décrochage.

**Le contrat :** La négociation concernant les tâches scolaires peut être facilitée grâce à un contrat. Les étapes à suivre sont présentées au chapitre 4.

**Les choix :** L'enfant n'a pas le choix d'effectuer ses tâches, mais peut-il exercer un choix dans l'ordre ou la façon de les faire ? Peut-il choisir à quel moment il lui convient de s'y investir ? Vous pouvez lui demander : « Par quoi veux-tu débuter ? Tes verbes, ton devoir de mathématique ? » Lorsque l'enfant a choisi le moment pour faire ses devoirs, il doit s'engager à les faire à la même période chaque jour. Lorsqu'il détermine un moment qui rend sa tâche plus ardue, vous pouvez lui faire part de vos observations et lui dire que vous allez effectuer un choix plus approprié.

**L'exemple et le modèle :** Quelle attitude adoptez-vous par rapport à votre travail ? De quelle façon en parlez-vous ? Démontrez-vous à votre enfant que vous ressentez du plaisir au travail ou mentionnez-vous tout le stress et toutes les difficultés que vous y vivez ? Êtes-vous enthousiaste en quittant la maison le matin ? Et au retour, le soir ? Soyez un exemple inspirant pour votre enfant en mentionnant, par exemple : « Une autre belle journée de défis m'attend aujourd'hui ! J'ai hâte de résoudre ce problème ! »

**Les réunions de famille :** Un problème récurrent lié aux tâches scolaires peut être abordé en famille. Après avoir mentionné ce que vous appréciez chez chacun, vous pouvez demander à chaque membre de la famille ses idées pour faciliter le moment des devoirs et des leçons. Ensemble, vous parviendrez sûrement à trouver une façon d'aider l'enfant qui éprouve des difficultés.

## Et le reste ?

Vous voilà outillé pour faire face à toute situation difficile concernant votre enfant. Certaines d'entre elles sont

---

27. Michel Dufour, *Allégories pour guérir et grandir*, Montréal : Éditions de l'Homme et Éditions JCL, 1996.

demeurées sans réponses ? Beaucoup de situations ne trouveront jamais de réponses dans un livre ni ailleurs qu'en vous. Vous êtes la personne qui possède les plus grandes compétences pour agir auprès de votre enfant, car vous êtes celle qui le connaît probablement le mieux, qui l'aime le plus et qui a le privilège unique d'être son parent.

## Reconnaître et accepter le droit à l'erreur

Si être parent s'apprend, être une autorité bienveillante s'apprend également. Il sera bien difficile d'effectuer un apprentissage d'une telle envergure sans commettre d'erreurs… Si, tout comme moi, vous avez cru pouvoir être un parent qui demeure calme et tendre à tout moment, vous devez avoir ressenti un certain désenchantement. Assumer son autorité parentale de façon aimante, avec sensibilité et fermeté, relève du grand art. Doser l'un et l'autre, mêler ces deux composantes de façon à ce que votre autorité contribue à l'épanouissement de votre enfant tout autant qu'au vôtre exige de développer une multitude d'habiletés.

Face à l'erreur, il peut être facile de ressentir de la culpabilité ou encore de rendre les autres responsables. Toutefois, ce n'est qu'en reconnaissant vos erreurs et en cherchant des moyens de ne pas les répéter que vous pourrez véritablement grandir avec votre enfant : « Je t'ai parlé sur un ton que je regrette. Je te propose en guise de réparation de t'accorder du temps pour une activité de ton choix ou encore de te préparer ton dessert favori. Est-ce que cela te convient ? La prochaine fois que je sentirai la colère monter en moi, avant d'ouvrir la bouche, j'irai me calmer. Je veux me comporter avec toi de façon à ne pas te blesser et à être fière de la mère que je suis. »

Cette façon d'être et de faire fait également en sorte que l'enfant conserve le sentiment d'être aimable et capable, favorisant ainsi le développement de son estime de soi. Certains jeunes ne veulent tout simplement pas s'exercer à de nouvelles activités ou effectuer de nouvelles tâches de peur de commettre des erreurs ou de ne pas réussir. En vous voyant faire des erreurs, les accepter, les réparer puis trouver le moyen de ne plus les répéter, l'enfant peut vous prendre comme modèle auquel s'identifier.

## Un moment de réflexion

Déterminez trois situations où vous pourriez appliquer les 5 étapes de la démarche «Intervenir avec cœur» décrite dans ce chapitre.

### *Situation 1:*

1. Retrouvez votre calme et votre lien d'attachement.

2. Nommez les sentiments, les émotions et les besoins relatifs à la situation.

3. Appliquez le code de vie familial (retrait, conséquence ou réparation).

4. Aidez à trouver un comportement de remplacement ou une stratégie aidant au respect de la règle.

5. Prévenez la répétition de ce comportement.

## Situation 2 :

1. Retrouvez votre calme et votre lien d'attachement.

2. Nommez les sentiments, les émotions et les besoins relatifs à la situation.

3. Appliquez le code de vie familial (retrait, conséquence ou réparation).

4. Aidez à trouver un comportement de remplacement ou une stratégie aidant au respect de la règle.

5. Prévenez la répétition de ce comportement.

## Situation 3 :

1. Retrouvez votre calme et votre lien d'attachement.

2. Nommez les sentiments, les émotions et les besoins relatifs à la situation.

3. Appliquez le code de vie familial (retrait, conséquence ou réparation).

4. Aidez à trouver un comportement de remplacement ou une stratégie aidant au respect de la règle.

   ✎ _____

   _____

5. Prévenez la répétition de ce comportement.

   ✎ _____

   _____

# Conclusion

*Lorsque les pères s'habituent à laisser les enfants,*
*lorsque les fils ne tiennent plus compte de leur parole,*
*lorsque les maîtres tremblent devant leurs élèves et*
*préfèrent les flatter, lorsque finalement les jeunes*
*méprisent les lois parce qu'ils ne reconnaissent pas*
*au-dessus d'eux l'autorité de rien ni de personne,*
*alors c'est là en toute beauté et en toute jeunesse*
*le début de la tyrannie...*

Platon

Comme quoi assumer son autorité n'a, de tout temps, jamais été facile ! La différence entre l'époque de Platon et la nôtre réside dans le fait que nous en savons plus, sans pourtant que nous fassions mieux. À l'époque actuelle, certaines sociétés comme la nôtre ont développé une grande sensibilité envers les enfants, ce qui est une avancée remarquable. Il nous reste à accroître notre fermeté pour arriver à un équilibre souhaitable, autant pour les enfants que pour les adultes en position d'autorité. C'est là le but de ce livre : permettre à l'adulte d'assumer ce rôle d'autorité, de guide indispensable à l'enfant ou à l'adolescent qui ne possède pas encore la maturité pour décider de sa vie, tout en l'outillant à prendre le relais, à se guider lui-même au fil des ans jusqu'à ce qu'il atteigne sa pleine autonomie.

Si l'enfant se sent aimé, attaché à nous, et que nous créons un contexte favorisant son attachement à d'autres adultes, il occupera sa juste place et nous, la nôtre. S'il bénéficie en plus d'une autorité à la fois ferme et respectueuse, il sera amené naturellement à développer les compétences sociales nécessaires à une vie heureuse, à son épanouissement et au développement de son potentiel unique.

En tant que parents, nous sommes les gardiens de nos valeurs, ce qui signifie qu'il n'y a pas de relâche possible et que la constance est de rigueur si nous voulons que ces mêmes valeurs subsistent chez nos enfants. Or, exercer efficacement son autorité peut demander de modifier sa façon de procéder avec son enfant. Cela est comparable à l'apprentissage d'une nouvelle langue et demande, du moins au début, des efforts permanents avec, parfois, un retour aux anciennes méthodes, à ce qui nous a été transmis. Malgré toute notre bonne volonté, ce style, ce nouveau langage ne sera jamais notre « langue maternelle ». Cependant, si nous l'adoptons, les façons d'être et de faire humanisantes qu'il renferme pourraient devenir la langue maternelle de nos enfants. Au même titre que les valeurs, il s'agit d'un héritage à leur transmettre.

Alors que je rentrais chez moi après une conférence, un plat préparé m'attendait sur le comptoir de la cuisine avec une note laissée à mon attention par l'un de mes fils :

## Pour maman

- Faire chauffer 2 minutes et demie
- Déguster ce petit plat préparé avec amour
- Digérer
- De la part de...

Si mes enfants me disent avoir été les « cobayes » des méthodes proposées dans ce livre, je suis pour ma part devenue, au fil des ans, la « cobaye » des conséquences de ces mêmes méthodes ! Comme quoi le fameux « donnant-donnant » qui caractérise la relation parent-enfant est bien plus que deux mots reliés par un trait d'union ; il sous-entend une quantité de pensées, de paroles et de gestes sensibles qui se perpétuent tout au long de cette relation privilégiée.

Que tous les mots de ce livre vous donnent les moyens de concrétiser vos rêves de famille !

# Annexe

# Chapitre 3 • Informer les enfants du code de vie familial, des règles qui en découlent et des conséquences aux manquements

## *Valeur que je veux transmettre : Respect*

☺ **Respect verbal :** On utilise seulement des mots qui sont bons pour nous (aucun mot dénigrant ou blessant).

🎲 **Conséquence lorsque cette règle est enfreinte :** Réparation du tort causé. L'enfant qui utilise des mots blessants doit prendre un dé, le lancer et nommer à celui qui est victime de son manque de respect le même nombre de qualités que le chiffre indiqué sur le dé. Pour chacune des qualités évoquées, il doit préciser un comportement précis sur lequel il se base pour attribuer cette qualité.

☺ **Respect physique :** On se touche avec respect et douceur.

🎲 **Conséquence lorsque cette règle est enfreinte :** Réparation du tort causé. L'enfant qui a blessé physiquement l'autre doit faire un geste qui fasse plaisir à celui-ci ou qui lui fasse du bien.

☺ **Respect du bien d'autrui :** On demande la permission avant d'entrer dans la chambre d'un membre de la famille, la permission d'utiliser un jeu qui nous plaît, etc.

🎲 **Conséquence lorsque cette règle est enfreinte :** L'enfant doit réparer le bien s'il est endommagé, prêter un jeu qui plairait à l'autre ou effectuer tout autre geste visant à réparer le tort causé.

☺ **Respect des différences :** Chacun a droit à sa façon d'être et de penser (interdiction de se moquer ou de rire des autres, de ce qu'il dit ou fait).

🎲 **Conséquence si cette règle est enfreinte :** Réparation du tort causé. L'enfant doit nommer celui qui a une façon d'être et de penser différente de la sienne, ce qui le démarque des autres membres de la famille de façon positive.

# À vous maintenant. À partir de vos valeurs, indiquez les règles et leurs conséquences logiques[*].

☺ *Première valeur que je veux transmettre*

Règle(s) qui en découle(nt) ...............................................................

...............................................................................................................

Conséquence ........................................................................................

...............................................................................................................

...............................................................................................................

☺ *Deuxième valeur que je veux transmettre*

Règle(s) qui en découle(nt) ...............................................................

...............................................................................................................

Conséquence ........................................................................................

...............................................................................................................

...............................................................................................................

☺ *Troisième valeur que je veux transmettre*

Règle(s) qui en découle(nt) ...............................................................

...............................................................................................................

Conséquence ........................................................................................

...............................................................................................................

...............................................................................................................

---

[*] La lecture du chapitre 6 pourra vous aider à trouver l'intervention appropriée aux manquements de vos règles (conséquence, réparation ou retrait) pour compléter ce tableau.

Chapitre 3 • Tableau 1 – La routine « parentale » *

| Parent | Dimanche | Lundi | Mardi | Mercredi | Jeudi | Vendredi | Samedi | Besoins |
|---|---|---|---|---|---|---|---|---|
| Je les réveille tendrement. | Pas de réveil | ○ Annie ○ Louis ☆ | ○ Annie ○ Louis ☆ | ○ Annie ○ Louis ☆ | ○ Annie ○ Louis ☆ | ○ Annie ○ Louis ☆ | Pas de réveil | Amour Attention |
| Je les félicite pour leur routine matinale. | ○ Annie ○ Louis ☆ | ○ Annie ○ Louis ☆ | ○ Annie ○ Louis ☆ | ○ Annie ○ Louis ☆ | ○ Annie ○ Louis ☆ | ○ Annie ○ Louis ☆ | ○ Annie ○ Louis ☆ | Amour Attention Sentiment de compétence |
| Je joue 10 minutes avec eux en fin de journée. | ○ Annie ○ Louis ☆ | ○ Annie ○ Louis ☆ | ○ Annie ○ Louis ☆ | ○ Annie ○ Louis ☆ | ○ Annie ○ Louis ☆ | ○ Annie ○ Louis ☆ | ○ Annie ○ Louis ☆ | Amour Attention Plaisir Liberté Sécurité |
| Au repas du soir, je fais en sorte que chacun nomme un comportement dont il est fier. | ☆ | ☆ | ☆ | ☆ | ☆ | ☆ | ☆ | Amour Attention Sentiment de compétence |
| J'accorde 20 minutes à mon enfant 3 fois par semaine. | Activité familiale choisie à tour de rôle | Alicia ☆ | Thomas ☆ | Justin ☆ | Alicia ☆ | Thomas ☆ | Justin ☆ | Amour Attention Liberté Plaisir Sentiment de compétence Sécurité |

| Je démontre mon appréciation à mes enfants avant la nuit. | ○ Thomas ○ Alicia ○ Justin ☆ | ○ Thomas ○ Alicia ○ Justin ☆ | ○ Thomas ○ Alicia ○ Justin ☆ | ○ Thomas ○ Alicia ○ Justin ☆ | ○ Thomas ○ Alicia ○ Justin ☆ | ○ Thomas ○ Alicia ○ Justin ☆ | Amour Attention Sentiment de compétence |

Source : Éduccœur, Brigitte Racine, 2012

* Lorsque l'action mentionnée est effectuée, l'enfant ou l'adulte peut colorier l'étoile.

## Tableau 2 - La routine du matin*

| Ma routine | Dimanche | Lundi | Mardi | Mercredi | Jeudi | Vendredi | Samedi |
|---|---|---|---|---|---|---|---|
| Je me réveille. | | | | | | | |
| Je fais mon lit. | | | | | | | |
| Je m'habille. | | | | | | | |
| Je déjeune. | | | | | | | |
| Je brosse mes dents. | | | | | | | |

Source : Éduccœur, Brigitte Racine, 2009

* Il est recommandé que les enfants respectent cette routine tous les jours. La fin de semaine, elle peut cependant être exécutée plus tard. Pour plus d'impact, on peut remplacer l'image à colorier par des photos de l'enfant en train d'accomplir ses tâches.

Tableau 3 - La routine du soir*

| Ma routine | Dimanche | Lundi | Mardi | Mercredi | Jeudi | Vendredi | Samedi |
|---|---|---|---|---|---|---|---|
| Je prends mon bain. | | | | | | | |
| Je brosse mes dents. | | | | | | | |
| Je dépose mes vêtements à laver au bon endroit. | | | | | | | |
| Je prépare mes vêtements pour le lendemain. | | | | | | | |
| On me raconte une histoire. | | | | | | | |
| Je me couche et reste dans mon lit jusqu'au matin. | | | | | | | |

Source : Éduceur, Brigitte Racine 2009

* Il est recommandé que les enfants respectent cette routine tous les jours. La fin de semaine, elle peut cependant être exécutée plus tard. Pour plus d'impact, on peut remplacer l'image à colorier par les photos de l'enfant en train d'accomplir ses tâches.

## Chapitre 4 • Tableau 1 - Exemple de routines*

| Notre routine pour les repas | Dimanche | Lundi | Mardi | Mercredi | Jeudi | Vendredi | Samedi |
|---|---|---|---|---|---|---|---|
| Je cuisine. | | | | | | | |
| J'assiste le « chef ». | | | | | | | |
| Je dresse le couvert. | | | | | | | |
| J'aide au service. | | | | | | | |
| Je dis merci pour le repas et demeure assis jusqu'à la fin. | | | | | | | |
| J'aide à desservir. | | | | | | | |
| Je m'occupe du nettoyage de la cuisine. | | | | | | | |
| Notre routine pour le ménage | | | | | | | |
| Je nettoie ma chambre. | | | | | | | |
| Je nettoie la cuisine. | | | | | | | |
| Je nettoie le salon. | | | | | | | |
| Je nettoie la salle de bain. | | | | | | | |
| Je m'occupe du sous-sol. | | | | | | | |

Source : Éduceur, Brigitte Racine, 2009

* Ces routines peuvent être illustrées par des photos de vos enfants et de votre famille à la tâche.

# BIBLIOGRAPHIE

BACUS, A. *L'autorité, pourquoi, comment*, Paris, Marabout, 2005.

BÉLIVEAU, M.-C. *Au retour de l'école*, Montréal, Éditions du CHU Sainte-Justine, 2000.

BEN HABEROU-BRUN, D. « Les bienfaits de l'activité physique », *Perspectives infirmières*, juillet-août 2012.

BENOIT, J.-A. *Le défi de la discipline familiale*, Montréal, Québecor, 1997.

BOURCIER, S. *L'agressivité chez l'enfant de 0 à 5 ans*. Montréal, Éditions du CHU Sainte-Justine, 2008.

BOURCIER, S. *L'enfant et les écrans*, Montréal, Éditions du CHU Sainte-Justine, 2010.

BOURCIER, S., G. Duclos, « La fessée au banc des accusés ». *Magazine Enfants Québec*, novembre 2004.

CHAILLOU, P. *Violence des jeunes*, Paris, Gallimard, 1995.

CHELSOM GOSSEN, D. *La réparation : pour une restructuration de la discipline à l'école*, Montréal, Chenelière/McGraw-Hill, 1997.

CLOUTIER, R. L. Filion, H. Timmermans, *Les parents se séparent : mieux vivre la crise et aider son enfant*, 2e édition, Éditions du CHU Sainte-Justine, Montréal, 2012.

COVEY, S. R. *Les 7 habitudes de ceux qui réalisent tout ce qu'ils entreprennent*, Paris, First Business, 1996.

D'AMOURS, V. *Des problèmes de sommeil résolus grâce à de bonnes habitudes*, RIRE, 12 août 2010.

DELAGRAVE, M. *Ados: mode d'emploi*, Montréal, Éditions du CHU Sainte-Justine, 1999.

DREIKURS, R. *Le défi de l'enfant,* Paris, Robert Laffont, 1972.

DUBÉ, S. *La gestion des comportements en classe,* Montréal, Chenelière Éducation, 2009.

DUCLOS, G. *Guider mon enfant dans sa vie scolaire,* Montréal, Éditions du CHU Sainte-Justine, 2001.

DUCLOS, G. *La motivation à l'école, un passeport pour l'avenir.* Montréal, Éditions du CHU Sainte-Justine, 2010.

DUCLOS, G. *L'estime de soi, un passeport pour la vie.* Montréal, Éditions du CHU Sainte-Justine, 2000.

DUCLOS, G., et M. Duclos. *Responsabiliser son enfant.* Montréal, Éditions du CHU Sainte-Justine, 2005.

DUFOUR, M. *Allégories pour guérir et grandir.* Chicoutimi, Éditions JCL, 1993.

FABER, A., et E. Mazlish. *Jalousies et rivalités entre frères et sœurs,* Paris, Stock, 2003.

FABER, A., et E. Mazlish. *Parler pour que les enfants écoutent, écouter pour que les enfants parlent,* Cap-Pelé, Éditions Relations... plus, inc., 2002.

FABER, A. et E. Mazlish. *Parents épanouis, enfants épanouis,* Cap-Pelé, Éditions Relations... plus, inc., 2001.

FERLAND, F. *Et si on jouait? Le jeu durant l'enfance et pour toute la vie,* Montréal, Éditions du CHU Sainte-Justine, 2005.

FERLAND, F. *Pour parents débordés et en manque d'énergie.* Montréal, Éditions du CHU Sainte-Justine, 2006.

GINOTT, H. *Les relations entre parents et enfants : situations nouvelles de problèmes anciens,* Paris, Casterman, 1968.

GLASSER, W. *La thérapie de la réalité,* Montréal, Éditions Logiques, 1999.

GORDON, T. *Éduquer sans punir,* Montréal, Éditions de l'Homme, 2003.

GORDON, T. *Parents efficaces,* Montréal, Éditions du Jour, 1977.

GUILMAINE, C. *Chez papa, chez maman,* Éditions du CHU Sainte-Justine, 2011.

HALMOS, C. « Parents : trouver la juste autorité », *Psychologies. com,* septembre 2011.

LAPORTE, D. *Pour favoriser l'estime de soi des tout-petits.* Montréal, Éditions du CHU Sainte-Justine, 1997.

MARTELLO, E. *Enfin je dors… et mes parents aussi.* Montréal, Éditions du CHU Sainte-Justine, 2007.

MATÉ, G. Entrevue Institut Vanier de la famille, *Transition,* automne 2005.

MONTBOURQUETTE, J., J. Desjardins-Proulx, M. Ladouceur, *Je suis aimable, je suis capable : parcours pour l'estime et l'affirmation de soi.* Montréal, Novalis, 1998.

MONTBOURQUETTE, J., I. D'Aspremont, M. Ladouceur, *Stratégies pour développer l'estime de soi,* Montréal, Novalis, 2003.

NADEAU, C. « Du pupitre au divan ou le manque d'activité physique des enfants », *Yoopa.ca,* février 2013.

NELSON, J. *Positive Discipline,* New York, Random House, Inc., 2006.

NEUFELD, G., et G. Maté, *Retrouver son rôle de parent,* Montréal, Éditions de l'Homme, 2005.

PADOVANI, I. « La CNV : qu'est-ce que c'est ? », site francophone de la Communication non violente, février 2013.

PEACOCK, F. *Arrosez les fleurs, pas les mauvaises herbe ! : une stratégie qui révolutionne les relations professionnelles, amoureuses et familiales,* Montréal, Éditions de l'Homme, 2007.

ROSENBERG, M. B. *La communication non violente au quotidien,* Paris, Éditions La Découverte, 2005.

ROSENBERG, M. B. *Les mots sont des fenêtres,* Paris, Éditions La Découverte, 2005.

VAILLANT, M. *La réparation. De la délinquance à la découverte de la responsabilité.* Paris, Gallimard, 1999.

VALLIÈRES, S. *Les Psy-trucs pour les enfants de 0 à 3 ans,* Montréal, Éditions de l'Homme, 2011.